Wolfgang Bromme

RELIGIÖSE SYMBOLIK JUGENDLICHER IDENTITÄT

Zur Synthese pietistischer Frömmigkeit und empirischer Entwicklungspsychologie in der evangelischen Jugendarbeit

Verlag Peter Lang

Frankfurt am Main · Bern · New York

CIP-Kurztitelaufnahme der Deutschen Bibliothek

Bromme, Wolfgang:
Religiöse Symbolik jugendlicher Identität : zur
Synthese von pietist. Frömmigkeit u. empir. Ent=
wicklungspsychologie in d. evang. Jugendarbeit /
Wolfgang Bromme. — Frankfurt am Main ; Bern ;
New York : Lang, 1986.
  (Studia Irenica ; Bd. 31)
  ISBN 3-8204-9768-4
NE: GT

ISSN 0081-6663
ISBN 3-8204-9768-4
© Verlag Peter Lang GmbH, Frankfurt am Main 1986
Alle Rechte vorbehalten.

Druck und Bindung: Weihert-Druck GmbH, Darmstadt

STUDIA IRENICA

Herausgeber
AXEL HILMAR SWINNE
in Zusammenarbeit mit
EDMUND WEBER

Institut für wissenschaftliche Irenik an der Universität Frankfurt/M.

Band 31

Verlag Peter Lang
Frankfurt am Main · Bern · New York

Er hat uns fähig gemacht,
Diener des neuen Bundes zu sein,
der nicht vom Buchstaben,
sondern vom Geist bestimmt ist.
Denn der Buchstabe tötet,
aber der Geist macht lebendig.

2. Korintherbrief 3,6

VORWORT

Nicht wenige Zeitgenossen haben auf verschiedene Weise die hier vorliegende Arbeit unterstützt.

Für die finanzielle Unterstützung des Druckes danke ich dem Kirchenpräsidenten der EKHN Helmut Spengler und Pfr. Dr. Ernstrichard Cannawurf von der Ev. Bethlehem-Gemeinde, Frankfurt.

Für die Abdruckgenehmigung einer Zeitschriftenseite danke ich der Redaktion des "baustein" und der Fotografin Christa Petri.

Für ihre Offenheit danke ich den zehn Jugendlichen, die sich für die Tiefen-Interviews zur Verfügung gestellt haben.

Für die Unterstützung der Schreibarbeiten danke ich meinen Eltern sowie Kurt Berger, Barbara Bromme, Christoph Busch, Hans Glattkowski, Jens Lukacs, Matthias Schlund und Ulrich Vorländer.

Und schließlich danke ich Prof. Dieter Stoodt dafür, daß er mir den Symbolbegriff wichtig gemacht hat sowie Prof. Edmund Weber für die vielen Gespräche, die meinem Geist und meinem Herz oft Flügel verliehen haben!

Zum Schluß noch eine linguistische Anmerkung in Sachen Männersprache: Nachdem das Pronomen "man" als patriarchalisch entlarvt worden ist, wird es in der neueren Literatur häufig durch "frau" (was auch nicht zutreffender ist) oder "man/frau" (was mir recht umständlich erscheint) ersetzt. Ich bin so frei, in dieser Arbeit, von Zitaten abgesehen, das neue Pronomen "mensch" zu gebrauchen. Die Leser und Leserinnen mögen prüfen, ob dieses Wort gewöhnungswürdig ist.

Frankfurt-Sossenheim, im Juni 1986   Wolfgang Bromme

INHALT

Der Interview-Leitfaden (5.2.3) ist nochmals auf einem ausklappbaren
Faltblatt am Ende des Buches abgedruckt, damit beim Lesen der Inter-
view-Protokolle (8.2) die Fragen zu überblicken sind (S. 163).

13

1. DAS PROBLEM: EVANGELISCHE JUGENDARBEIT ZWISCHEN ANSPRUCH UND WIRKLICHKEIT

Ein Mangel an "Herzensfrömmigkeit" war 1675 für SPENER das vordringliche Problem der evangelischen Kirche. Der von seinem frommen Wunsch (1) ausgehende Impuls breitete sich aus und führte zu der als "Pietismus" bekanntgewordenen Bewegung. Im Zuge der aufkommenden Jugendbewegung zu Beginn unseres Jahrhunderts wurde in der pietistischen Tradition mit evangelischer Jugendarbeit begonnen. Sie steht in direkter Linie zu einem großen Teil heutiger evangelischer Jugendarbeit. Deren Anspruch war und ist zugleich pädagogischer und theologischer Art: das pietistische Anliegen der Predigt soll in "jugendgemäßen", der Erwachsenenkirche fremden, Formen kultiviert werden. Ziel ist eine jugendgemäße Art evangelischer Frömmigkeit.

Dieser Anspruch - die Essenz pietistisch orientierter Religionspädagogik - erweist sich jedoch in der erziehungswissenschaftlichen und theologischen Diskussion als Illusion. Die Religionspädagogik pietistischer Jugendarbeit ist weder jugendgemäß, noch fördert sie evangelische Frömmigkeit. Stattdessen reproduziert sie zum einen die Merkmale der Erwachsenengesellschaft, gegen die Jugendliche sich im Interesse ihrer eigenen Identitätsentwicklung wehren müssen; zum anderen vermittelt sie ein Zerrbild dessen, was nach evangelischer Auffassung Glaube ist.

Die vorliegende Arbeit folgt zum konstruktiven Beleg dieser These dem "empirischen Ansatz" (2) in der Erziehungswissenschaft, versucht also

"die methodische Naivität ... im Hinblick auf die Erfassung der jeweils gegenwärtigen Erziehungswirklichkeit, also all der Vorgänge, Institutionen, Faktoren, die den tatsächlichen Ablauf von erzieherischen oder erzieherisch bedeutsamen Prozessen in der jeweiligen Gegenwart ausmachen oder bestimmen" (3)

zu überwinden. In diesem Sinne sollen die für die Jugendarbeit in pietistischer Tradition in Anspruch genommenen Grundlagen auf ihre empirische Gültigkeit hin untersucht werden. Wenn z.B. der "Ring der evangelischen Jugendwerke in Hessen" (EJW), als ein typischer Vertreter der pietistischen Tradition, sich intentional die folgende Präambel gibt: "Einen anderen Grund kann niemand legen außer dem, der gelegt ist, Jesus Christus" (4), so ist zu fragen, ob dort nicht desungeachtet funktional

"heimlich auf einen anderen Grund gebaut und damit dann trotz alles scheinbaren Biblizismus jenes biblische Gut doch nicht wirklich zur Darstellung gebracht" (5)

wird.

---

(1) vgl. SPENER: Pia Desideria
(2) KLAFKI: Aspekte, S.29
(3) a.a.O., S.30; darin sieht KLAFKI den "wunden Punkt der geisteswissenschaftlichen Pädagogik" (ebd.)
(4) 1 Kor 3,11; EJW: Grundlagen, S.2
(5) BARTH: Rechtfertigung, S.7

Vor zehn Jahren wurde diese Frage von den Trägern evangelischer Jugendarbeit unter den Kategorien "missionarisch vs. emanzipatorisch" diskutiert. Auf Grund der Fixierung auf diese Scheinalternative war das Ergebnis eine Polarisierung, die lediglich eine "pietistsche" und eine "aufklärerische Unfruchtbarkeit" (1) hervorbringen konnte. Zu entwickeln wäre dagegen eine Synthese aus pietistischer und anti-pietistischer Theorie, also eine nach-pietistische (2), die SPENERs Anliegen der auf Frömmigkeit zielenden Predigt unter den von der Erziehungswissenschaft dargestellten Bedingungen der Lebenswirklichkeit heutiger Jugendlicher anstrebt. Es geht sozusagen um eine "herzensfromme Überwindung des Pietismus" als Handlungsorientierung für evangelische Jugendarbeit.

Dafür bietet die vorliegende Arbeit folgenden Argumentationsgang an:

- Kapitel 2 stellt das Erbe, nämlich den theologischen und pädagogischen Anspruch der Jugendarbeit in pietistischer Tradition dar und verdeutlicht ihn am Beispiel des EJW;

- Kapitel 3 leitet aus einigen exemplarischen Ergebnissen der Entwicklungspsychologie erziehungswissenschaftliche Voraussetzungen heutiger Jugendarbeit ab;

- Kapitel 4 abstrahiert theologische Voraussetzungen einer predigenden Jugendarbeit aus systematisch-theologischen und religionspädagogischen Theorien;

- Kapitel 5 stellt zur Illustration der Ausgangsthese eine vom Verfasser entwickelte und durchgeführte stichprobenartige empirische Untersuchung "zur funktionalen Auswirkung der Jugendarbeit des EJW auf das Verständnis christlichen Glaubens bei Jugendlichen" vor, deren Ergebnisse mit Hilfe der eingeführten erziehungswissenschaftlichen und theologischen Kategorien ausgewertet werden; (3)

- Kapitel 6 skizziert schließlich als Ziel dieser Arbeit Grundlagen einer Theorie nach-pietistischer Jugendarbeit.

Als Kristalisationspunkte dieses auf der Grenze zwischen Erziehungswissenschaft und Theologie anzusiedelnden Unternehmens erweist sich dabei zum einen der von ERIKSON in der Entwicklungspsychologie betonte Begriff der Identitätskrise - womit die Relevanz des vorgetragenen Ansatzes primär auf Jugendliche im Pubertätsalter eingegrenzt ist - und zum anderen der von Paul TILLICH, dem Grenzgänger der Theologie (4), eingeführte Symbolbegriff(5).

(1) BARTH: a.a.O., S.8
(2) Da die Jugendarbeit in pietistischer Tradition der kirchengeschichtlichen Periode des Neupietismus zuzurechnen ist, wäre präziser der umständliche Ausdruck "nach-neupietistisch".
(3) DERESCH weist darauf hin, daß die Funktion religiöser Symbole für die Persönlichkeitsbildung Jugendlicher in kirchlichen Jugendgruppen noch empirisch zu untersuchen wäre; insbesondere hinsichtlich der Frage, "ob die Verwendung religiöser Symbole wirklich den Freiheitsspielraum der Selbstentfaltung Jugendlicher im Rahmen der jeweiligen Sozialisation erweitert oder nicht vielleicht mehr Freiheit auslöscht und die Jugendlichen manipulativ den herrschenden Verhältnissen ausliefert." (DERESCH: Kirchliche Jugendarbeit, S.266) Die im 5. Kapitel dargestellte Untersuchung ist als ein Beitrag zu dieser notwendigen Forschung zu verstehen.
(4) Vgl. TILLICH: Auf der Grenze
(5) In einer Reihe von neueren Veröffentlichungen zur Religionspädagogik wer-

---

den diese beiden Begriffe ebenfalls an zentraler Stelle rezipiert (z.B.
DERESCH: a.a.O.). Das besondere Anliegen der vorliegenden Arbeit besteht
darin, den neuen Ansatz kirchlicher Jugendarbeit, der mit den Begriffen
Identität und Symbol angerissen ist, ausdrücklich im Kontext der pietistischen Tradition zu begründen und auszuführen.

2. DAS ERBE: JUGENDARBEITS-THEORIEN ZWISCHEN
PIETISTISCHER THEOLOGIE UND AUTORITÄRER PÄDAGOGIK

Ein großer Teil heutiger evangelischer Jugendarbeit setzt die pietistische Tradition fort und beruft sich auf sie. Bestimmte Vorstellungen von Frömmigkeit - und damit einhergehend, von Erziehung - kennzeichnen diese Tradition, die im folgenden in einem deduktiven Gedankengang dargestellt wird.

Ausgehend (2.1) von einem kurzen Rekurs auf die historischen Ursprünge des Pietismus wird (2.2) an Hand der sog. Polarisierungsdiskussion das Spektrum gegenwärtiger Jugendarbeits-Theorien erläutert, bei dem insbesondere die Merkmale der Jugendarbeit in pietistischer Tradition, sowie deren Gegenentwürfe, interessieren. Schließlich wird (2.3) der "Ring der Evangelischen Jugendwerke in Hessen" (EJW) als ein typischer Repräsentant dieser Tradition identifiziert.

2.1 Pietismus und Erweckungsbewegung

2.1.1 SPENERs "Pia Desideria"

Der Begriff "Pietist" entstand vermutlich als Spottname (1) für die Anhänger Philipp Jakob SPENERs, des Seniors der lutherischen Kirche in Frankfurt am Main. Dessen 1675 erschienene Schrift "Pia Desideria", zu deutsch: fromme Wünsche, kritisiert die orthodox-lutherische Kirche seiner Zeit, und zwar nicht die reformatorische Lehre, sondern - anderthalb Jahrhunderte nach der Reformation -

"die äußere Gestalt unserer evangelischen, obwohl wahren und in der Lehre reinen Kirche" (2).

Für SPENER gehört zum wahren Christentum (3) vor allem die "Wiedergeburt" (4) des Einzelnen und eine Haltung der "Herzensfrömmigkeit" (5). Er macht seinen Zeitgenossen sechs

"Vorschläge durch welche dem verderbten Zustande der evangelischen Kirche abzuhelfen wäre" (6):

---

(1) vgl. FAHLBUSCH; Taschenlexikon, Bd. III, S.180
(2) SPENER: Pia Desideria, S.49
(3) Das Pia Desideria erschien zunächst als Einleitung einer Neuauflage der "Vier Bücher vom wahren Christentum" von Johann ARNDT (1555-1621). vgl. WEBER: Johann Arndts vier Bücher
(4) vgl. SCHMIDT: Speners Wiedergeburtslehre
(5) HEUSSI: Kompendium, S.395
(6) SPENER: a.a.O., Überschrift zum III. Teil

- Bibellese der Laien in privaten collegia pietatis;
- allgemeines Priestertum der Laien anstelle des "angemaßten Monopols des geistlichen Standes" (1); das impliziert auch die "erste Grundforderung des Christentums, die Verleugnung seiner selbst" (2);
- tätiger Glaube;
- Übung herzlicher Liebe in Religionsstreitigkeiten;
- gemüthafte und erbauliche Theologenausbildung;
- erbauliche Predigten.

SPENERs Schrift wirkte als Initialfunke einer Erneuerungsbewegung innerhalb des deutschen Protestantismus des ausgehenden 17. Jahrhunderts, deren "Programmschrift" (3) sie wurde. Bezüglich SPENER, dem "Patriarch der Pietisten" (4), können die Merkmale des Pietismus folgendermaßen zusammengefasst werden:

- Anknüpfung an LUTHERische Theologie, die SPENER durch eine Fülle von LUTHER-Zitaten demonstriert (5);
- collegia pietatis;
- Recht und Pflicht aller Christen zur Ausübung "geistlicher" Tätigkeiten - Ablehnung des klerikalen Monopols;
- Haltung der Selbstverleugnung;
- Absonderung von der (ungläubigen) Welt;
- Handeln aus Nächstenliebe;
- biblizißtische Argumentation in der Lehre;
- besondere Betonung emotionaler, erbaulicher Glaubensanteile.

2.1.2   Gesamtpietismus

Der Pietismus ist als kirchliche Bewegung keineswegs auf SPENERs Umfeld beschränkt geblieben. Räumlich verteilte er sich in Deutschland zunächst auf drei Zentren: Halle (A.H.FRANCKE), Württemberg (J.A.BENGEL) und Herrnhut (Graf v. ZINZENDORF). Auf die damit verbundenen Unterschiede innerhalb der Bewegung braucht hier nicht näher eingegangen werden. Zeitlich erstreckt sich der deutsche Pietismus vom Ende des 17. Jahrhunderts bis in die Gegenwart.

---

(1) SPENER: Pia Desideria, S.71
(2) a.a.O., S.31
(3) SCHMIDT: Wiedergeburt und neuer Mensch, S.129
(4) BÖHME, A.W. zit. ebd.
(5) Zur Bedeutung der LUTHER-Studien für SPENERs Theologie siehe WALLMANN: Philipp Jakob Spener, S.240ff. SPENER rezipierte LUTHER demnach insbesondere bezüglich folgender vier Aspekte: (a) Glaube als ein lebendiges Werk Gottes im Menschen; (b) allgemeines Priestertum aller Gläubigen; (c) Lob der mystischen Literatur; (d) der Vorschlag aus LUTHERs Vorrede zur deutschen Messe, es sei eine dritte Form des Gottesdienstes einzurichten unter denen, die mit Ernst Christen sein wollten (WALLMANN: a.a.O., S.246f). Die reformatorischen Grundkategorien Gesetz und Evangelium stehen in SPENERs LUTHER-Rezeption nicht mehr an zentraler Stelle. Dies mag ein Grund dafür sein, warum der Pietismus oft eher Gesetzesfrömmigkeit als Glaube an das Evangelium bewirkt hat - was in der vorliegenden Arbeit am Beispiel der Jugendarbeit in pietistischer Tradition gezeigt wird. Zu Gesetz und Evangelium s.u. Kap. 4.2

HEUSSI nennt (1) zwei Hauptphasen: Im Anschluß an das Erscheinen der "Pia
Desideria" (1675) stand der deutsche Protestantismus zunächst von ca. 1690
bis ca. 1730 "unter der Herrschaft des Pietismus" (2), also etwa bis zum
Beginn der Aufklärung in Deutschland. In der Zeit des Übergangs von der
Aufklärung zur "romantischen Reaktion", d.h. ab dem Jahr 1817, siedelt HEUSSI
die "Erweckung" als den "modernen Pietismus" (3) an. Diese "Erweckungsbewe-
gung" des 19. Jahrhunderts ist die historische Wurzel evangelischer Jugendarbeit, die darum hier als "in pietistischer Tradition stehend" bezeichnet
wird (4).

Im weiteren Argumentationsverlauf wird der Begriff "Erweckung" mit HEUSSI (5)
dem Pietismus-Begriff subsummiert. Dazu wird eine Definition von "Pietismus"
nötig, die einerseits weit genug ist, um die Implikationen des Phänomens pietistischer Religiosität zu erfassen, andererseits aber dem Umstand Rechnung
trägt, daß "die Bewegung die innere und äußere Einheit völlig verlor" (6).
Dieser Anforderung kommt LEHMANN nach:

> "Eine Definition, die nicht abstrakt und für den historischen Ver-
> lauf belanglos sein will, darf deshalb nicht statisch normativ sein,
> sondern muß als ein auf die historische Entwicklung des Pietismus
> bezogenes Modell verstanden werden." (7)

Für den "in den deutschen Territorien seit dem Ende des 17. Jahrhunderts entstandenen Pietismus" (8) unterscheidet LEHMANN eine engere Definition,

> "welche alle konstitutiven Elemente einschließt ... von einer
> weiteren, ... welche die Faktoren umfasst, die sich im Laufe
> der Zeit veränderten." (9)

In Anlehnung an LEHMANNs Gliederung seien als konstitutive Elemente genannt:

A. Emotionale Privaterbauung im kleinen Kreise

Diese fand in den "collegia pietatis, Erbauungsstunden, Konventikeln" (10)
statt, und bewirkte eine "subjektive Scheidung der Gläubigen auf der unter-
sten Ebene der Kirche" (11). In den Konventikeln wurden Gebet, Gesang und
Schriftauslegung gepflegt. Die Betonung des Gemüthaften, Emotionalen zielt
ab auf das subjektive, emotionale Bekehrungserlebnis des Individuums. Im
"Bußkampf übergibt sich der Mensch Christus". Diese "Wiedergeburt" ist meist
zeitlich und räumlich lokalisierbar.

---

(1) HEUSSI: Kompendium, S.395ff
(2) ebd.
(3) ebd.
(4) vgl. die "Pariser Basis" des CVJM-Weltbundes von 1855
(5) HEUSSI: a.a.O.
(6) RGG, Bd. IV, Sp. 1250
(7) LEHMANN: Pietismus, S.83
(8) a.a.O., S.86
(9) a.a.O., S.83
(10) ebd.
(11) a.a.O., S.84

B. Eigene geistige Traditionen

- Laienprinzip, als Alternative zur Theologenkirche. Dies wurde allerdings oft zur Anti-Theologie, statt zur Theologie für alle.
- Patriarchen: Anerkennung der religiösen Autoritäten, nämlich SPENER gleichberechtigt neben LUTHER; außerdem der jeweils regional den Konventikeln vorstehenden Patriarchen (1).
- Erbauungsliteratur neben der Bibel, auch als Auslegungsmaßstab zur Bibel, was einer "Loslösung der Exegese von der Dogmatik" (2) gleichkommt.
- Naiver Biblizißmus einhergehend mit der Intensivierung des Bibelstudiums der Laien angesichts der in der Theologie aufkommenden, seitens des Pietismus negativ als "Bibelferne" eingestuften, Bibelkritik.

C. Bruderschaft der Wiedergeborenen

Die Konventikel waren nach außen abgrenzend auf Grund ihres Erwählungsbewußtseins (auch gegenüber den volkskirchlichen Christen!) und der Trennung von "der Welt", was sich z.B. durch "die puritanische Abneigung gegen frohe Volkssitten (Niklastag, Weihnachtsfest u.a.)" (3) zeigte. Nach innen jedoch praktizierten sie die Überwindung von Standes- und Konfessionsgrenzen auf Grund der Verbundenheit in der Frömmigkeit. Die Struktur der Konventikel, nämlich die Voraussetzung einer von den jeweiligen Mitgliedern akzeptierten (!) Wiedergeburt

> "bürgte ... stets dafür, daß der Konformismus und der Wille zur Harmonie die kritische Meinung des Einzelnen verdrängte." (4)

Der Gegensatz zu den "Weltkindern" kommt in der "Heiligung" zum Ausdruck, einem ethisch-moralischen Streben als diesseitiger Auswirkung des auf das Jenseits bezogen (!) geglaubten Heils.

Diese drei konstitutiven Merkmale des Pietismus werden nun um drei variable ergänzt; darin kommt die Spannweite pietistischer Lehre und Lebensweise, wie sie sich an verschiedenen Orten und zu verschiedenen Zeiten dargestellt haben, zum Ausdruck. Auf eine detaillierte Darstellung der historischen Entwicklung kann im Rahmen dieser Arbeit verzichtet werden.

A. Praxis Pietatis

Die Praxis Pietatis, das aus dem Glauben hervorgehende "Christentum der Tat" (5) brachte beachtliche Leistungen auf sozialem Gebiet hervor: den Ausbau der Armen- und Waisenpflege sowie der "Inneren" und "Äußeren" Mission. Der teilweise Erfolg ist auf die persönliche Opferbereitschaft im Zuge der emotionalen Beteiligung und dem Streben nach "Heiligung" vieler Pietisten zurückzuführen. Der Umstand, daß zu der quer durch alle Gesellschaftsschichten gehenden Bewegung eben auch wohlhabende Menschen gehörten, die ihre Mittel einbrachten, bewirkte dabei viel. Andererseits wurde die sozial-ethische Forderung nicht überall und zu allen Zeiten befolgt, so daß LEHMANN konstatiert, daß sie "nicht zum Wesen des historischen Pietismus" (6) gehörte.

---

(1) vgl. Buchtitel "Väter der Christenheit" von F. HAUSS
(2) RGG, Bd. IV, Sp. 1256
(3) ebd.
(4) LEHMANN: a.a.O., S.85
(5) SPENER: Pia Desideria, S.73
(6) LEHMANN: a.a.O., S.87

B. Pietistische Theologie

Die pietistische Theologie wurde nie zu einem geschlossenen System ausgebaut, was u.a. auf die Autorität einzelner lokaler bzw. regionaler Patriarchen, die z.T. konkurrierende Konvertikel innerhalb eines Gebietes unter sich hatten, zurückzuführen ist. Uneinigkeit bestand z.B. in der Frage, ob der "Bußkampf" einmaliges oder täglich zu wiederholendes Ereignis im Glauben des Einzelnen sei.

C. Sittliche Maßstäbe und Lebenswandel

Die sittlichen Maßstäbe und der Lebenswandel der Pietisten waren zwar formal gleichbleibend auf eine Absonderung von der "Welt", also den Nicht-Pietisten, fixiert; was dies aber konkret hieß, hing stark von den jeweiligen Zeitumständen und den Lebensgewohnheiten der betreffenden sozialen Schicht ab.

Zusammenfassung: Als Pietismus wird die 1675 durch SPENER ausgelöste Bewegung innerhalb der evangelischen Kirche des 17. und 18. Jahrhunderts bezeichnet, deren Anliegen die Herzensfrömmigkeit war. Konstitutive Merkmale aller pietistischen Gruppen sind die emotionale Privaterbauung in kleinen Kreisen, eigene geistige Traditionen (Laienprinzip, Patriarchen, Erbauungsliteratur, naiver Biblizißmus) und ein abgrenzendes Erwählungsbewußtsein der Mitglieder. Hinzu kommen als von Ort zu Ort variable Merkmale: besondere diakonische Leistungen (Praxis Pietatis), pietistische Theologie und auf die Absonderung von der nicht-pietistischen Umwelt gerichtete sittliche Maßstäbe für den Lebenswandel der Mitglieder.

2.2 Jugendarbeit in pietistischer Tradition

2.2.1 Vorbemerkungen zur Terminologie

Das Attribut "pietistisch" ist eine inhaltliche, keine institutionell-organisatorische Abgrenzung kirchlicher Tradition. Obwohl der Pietismus als Bewegung hauptsächlich innerhalb des Protestantismus entstand und wirkte bzw. wirkt, kann er nicht als auf den institutionalisierten Protestantismus begrenzt angesehen werden. Insofern impliziert auch die Eingrenzung "Jugendarbeit in pietistischer Tradition" keine Beschränkung auf Jugendarbeit der evangelischen Kirche, obwohl die inhaltliche Ausrichtung von Jugendarbeit, die mit dem Attribut "pietistisch" angezeigt ist, hauptsächlich im protestantischen Raum angesiedelt ist (1) .

Jugendarbeit im Sinne einer außerfamiliär und außerschulisch institutionalisierten Pädagogik ist, verglichen mit dem Pietismus, eine relativ junge Erscheinung. GIESECKE siedelt den Begriff der "modernen Jugendarbeit" an der Wende zum 20. Jahrhundert an (2). Der Begriff "Tradition" spiegelt wider, daß hier eine sich neu entwickelnde (pädagogische) Form mit (religiösen) Inhalten einer jahrhundertealten Tradition besetzt wurde, bzw. die Suche nach Möglichkeiten zur Aktualisierung der Tradition selbst an der Hervor-

---

(1) vgl. AFFOLDERBACH: Grundsatztexte, S.321
(2) GIESECKE: Jugendarbeit, S.314

bringung neuer Formen wesentlich beteiligt war (1). So hat z.B. HAMEL seit 1901 die Idee der Schüler-Ferientour aus dem rheinischen "Bibelkränzchen" aufgegriffen und in ihrer Form (Organisation, Tagesverlauf etc.) weiterentwickelt, zu einem Zeitpunkt, als der Berliner "Wandervogel" gerade erst entstand; auch BADEN-POWELLs erstes Ferienlager für "boyscouts" fand erst sechs Jahre später statt (2).

Auch die heutige evangelische Jugendarbeit befindet sich in einer vergleichbaren Situation, insofern neue Formen des Ausdrucks und der Reflexion ihrer religiösen Botschaft gesucht werden müssen, wenn der Bewegung (!) der ihr zu Grunde liegenden Tradition Raum gegeben werden soll.

Worin die pietistische Tradition für die gegenwärtige evangelische Jugendarbeit besteht, wurde im Rahmen der sog. "Polarisierungsdiskussion" (3) auf den Begriff gebracht. Zwar findet sich in den Dokumenten, auf die nachfolgend eingegangen wird, nur selten das Wort "pietistisch", jedoch fehlt es nicht an Merkmalen, die oben als für den Pietismus typisch charakterisiert wurden. Für den entsprechenden Typus von Jugendarbeit verwendet AFFOLDERBACH die Bezeichnung "missionarisch-evangelistische Jugendarbeit" (4). Einen anderen Vorschlag machen ELTZNER/WIZISLA in ihrem Aufsatz "Frömmigkeitsentwicklungen in der evangelischen Jugendarbeit" (5). Sie verwenden die Bezeichnung "Jesusbezogene Frömmigkeit" neben "Gemeindebezogener", "Gemeinschaftsbezogener" und "Gesellschaftsbezogener" (6). Die Bezeichnung scheint zunächst unangemessen, wenn mensch die Betonung der "Christologie" gegenüber der "Jesulogie" im Rahmen der Polarisierungsdiskussion beachtet (7). ELTZNER/WIZISLA betonen damit aber die Fixierung auf die Bibellese und Predigt (8), die für die entsprechende Jugendarbeit bezeichnend ist, als deren Anliegen

> "verbindliches Christsein in der grundlegenden Hinwendung zu Jesus Christus (Bekehrung, Wiedergeburt), in der bleibenden Verbindung mit ihm (Nachfolge) und in den ethischen Konsequenzen (Heiligung)" (9)

genannt werden. Damit sind sie zutreffend als "Erben des Pietismus" (10) klassifiziert. Wenn im weiteren Verlauf dieser Arbeit von "Jugendarbeit in pietistischer Tradition" gesprochen wird, so ist damit das hier Gesagte impliziert.

2.2.2   Die Pointierung der Jugendarbeit in pietistischer Tradition
         in der sog. Polarisierungsdiskussion

Der Begriff "Polarisierungsdiskussion" bezeichnet im weiteren Sinne die Auseinandersetzung um Selbstverständnis, Aufgaben und Ziele der evangelischen

---

(1) vgl. AFFOLDERBACH: Grundsatztexte, S.190
(2) vgl. EJW: Standpunkte, S.58
(3) AFFOLDERBACH: a.a.O., S.307
(4) AFFOLDERBACH: a.a.O., S.577 (Schlagwortregister)
(5) ELTZNER/WIZISLA zit. in AFFOLDERBACH: Praxisfeld, S.103ff
(6) ebd.
(7) ARNOLD zit. in AFFOLDERBACH: Grundsatztexte, S.354ff
(8) In der vorliegenden Arbeit wird an Stelle des im Pietismus üblichen Begriffs "Verkündigung" von "Predigt" gesprochen, von Zitaten abgesehen.
(9) ELTZNER/WIZISLA zit. in AFFOLDERBACH: Praxisfeld, S.104
(10) ebd.

Jugendarbeit der Nachkriegszeit (1), die ihren Niederschlag in zahlreichen
Grundsatzerklärungen fand. Im engeren Sinne meint der Begriff eine Phase der
offenen Diskussion, die innerhalb der "Arbeitsgemeinschaft der Evangelischen
Jugend Deutschlands" (AEJ) zu Anfang der 70er Jahre geführt wurde. Ausgelöst
durch die "ROHRBACH-Thesen" (2) von 1970, fand sie einen Abschluß in der

> "Darstellung der gemeinsamen Aufgaben und der Schwerpunktprogramme
> in der Arbeitsgemeinschaft der Evangelischen Jugend und ihren Mit-
> gliedsverbänden" (3),

einem AEJ-Beschluß von 1974. Daß dieser Abschluß der offenen Diskussion nicht
Klärung im Sinne von Einigung (4) war, betont das Vorwort des Dokuments:

> "Ein Konzept, das alle theoretischen Ansätze, alle methodischen
> Überlegungen und praktischen Formen harmonisiert, kann und wird
> es nicht geben." (5)

Die gegenwärtige Situation in der evangelischen Jugendarbeit ist damit tref-
fend beschrieben. Die Polarisierungsdiskussion thematisierte, was sich seit
den 60er Jahren an Grundkonflikten ergeben hatte und sichtbar geworden war im

> "Rückgang christlicher Frömmigkeitstraditionen. ... Die Mittel-
> punktstellung von Bibelarbeit und Verkündigung wurde infrage-
> gestellt und bedeutete eine Verunsicherung der überkommenen Ge-
> stalt evangelischer Jugendarbeit." (6)

Politisches Engagement und die Einbeziehung gesellschaftlicher Randgruppen
("kirchenfernes Milieu") (7) wurden zu Hauptaufgaben evangelischer Jugendarbeit erklärt. Auf Grund dieser Entwicklung äußerten sich Vertreter der
Jugendarbeit in pietistischer Tradition pointiert mit Erklärungen folgender
Art: die Predigt sei conditio sine qua non für die Erkenntnis der Befreiung
durch Jesus Christus, die im "Betroffensein durch die Agape Gottes in Jesus
Christus" (8) als eine grundlegende Veränderung im Sinne einer Wiedergeburt
bestehe.

---

(1) CANNAWURF zeigt in seinem historischen Überblick (ders.: Primanerforum,
    S.9ff), daß die Wurzeln der späteren offenen Polarisierung bereits im
    Wiederaufbau der evangelischen Jugendarbeit nach 1945 lagen. "Ein ein-
    heitliches, theologisches oder sozialdiakonisches Konzept für die evan-
    gelische Jugendarbeit im Nachkriegsdeutschland entstand ... nicht."
    (a.a.O., S.19) "In gemeinsamen Grundsatzerklärungen der evangelischen
    Jugend wurden die unterschiedlichen Positionen und Zielvorstellungen
    nicht geklärt, sondern verschleiert." (a.a.O., S.20)
(2) AFFOLDERBACH: Grundsatztexte, S.320ff
(3) a.a.O., S.112ff
(4) Mit Hilfe der in der Polarisierungsdiskussion verwandten Kategorien
    "missionarisch vs. emanzipatorisch" konnte es zu keiner Einigung kommen.
    Dazu s.u. Kapitel 4.1
(5) AFFOLDERBACH: a.a.O., S.112ff
(6) a.a.O., S.25f
(7) ebd.
(8) a.a.O., S.348

"Missionarische Jugendarbeit will die persönliche Begegnung des jungen Menschen mit Jesus Christus." (1)

"Der Jugendliche soll nicht auf den Sand eigener Erfahrung bauen, sondern Christus selbst die Ehre geben und nicht an Christus vorbei seine Selbstverwirklichung suchen" (2).

"Evangelische Jugendarbeit muß sich an Jesus orientieren, also nicht 'auch' an Jesus" (3).

Damit wird erneut proklamiert, was schon viel früher in der evangelischen Kirche über Jugendarbeit gesagt worden war:

"Aller Dienst der Kirche an ihrer Jugend muß das Ziel haben, sie in Lebensgemeinschaft mit dem Gekreuzigten und Auferstandenen zu bringen, wie er sie seiner Gemeinde durch das Wort und Sakrament gibt." (4)

Für BONHOEFFER ist damit zugleich eine Einschränkung verbunden:

"Unsere Frage ist nicht: Was ist die Jugend und was ist ihr Recht?, sondern: was ist die Gemeinde und welcher Ort kommt der Jugend in ihr zu?" (5)

In der Polarisierungsdiskussion wurde ferner geäußert, Christus sei zugleich Grund und Kritik (!) menschlicher Emanzipation. Die Theologie solle in erster Linie "christologisch", nicht "jesulogisch" (6) sein; d.h. nicht eine ethische Ausrichtung des Lebens auf die im Neuen Testament überlieferte Lebensweise Jesu hin, sondern die Betroffenheit (!) durch das Christusgeschehen, wie es nach Anleitung der Reformation als Alternative zum Gesetz (7) herausgestellt wurde, sei das Ziel der Theologie. Der konkurrierenden, auf Emanzipation ausgerichteten evangelischen Jugendarbeit wird vorgeworfen, daß in den von ihr intendierten Emanzipationsprozessen das Evangelium nicht explizit vorkomme. Der Name Jesu Christi werde nur selten genannt, seine Geschichte kaum erzählt, christliche Freiheit werde auf die Erfahrung der Emanzipation von gesellschaftlichen und persönlichen Zwängen reduziert; das Evangelium gerate damit in eine Anhängerstellung und werde der Thematisierung von Gruppenprozessen untergeordnet.

Zusammenfassung: Die Polarisierungsdiskussion der 70er Jahre innerhalb der AEJ stellte missionarische und emanzipatorische Jugendarbeit gegeneinander. Das explizit an den Namen Jesu Christi gekoppelte subjektiv-emotionale Bekehrungserlebnis der Jugendlichen, das evtl. auch psychische und soziale Emanzipation zur untergeordneten Folge (!) haben kann, wurde dabei als das Ziel von Jugendarbeit in pietistischer Tradition deutlich.

---

(1) AFFOLDERBACH: Grundsatztexte, S.378
(2) a.a.O., S.379
(3) a.a.O., S.359
(4) BONHOEFFER zit. in AFFOLDERBACH: Praxisfeld, S.189
(5) BONHOEFFER zit. a.a.O., S.190
(6) vgl. ARNOLD zit. in AFFOLDERBACH: Grundsatztexte, S.354ff
(7) vgl. Kapitel 4.2

2.3   Beispiel für Jugendarbeit in pietistischer Tradition:
       "Ring der Evangelischen Jugendwerke in Hessen" (EJW)

Das EJW, heute eigenständiger Kreisverband des CVJM (Westbund), geht zurück
auf die 1898 von dem Frankfurter Kaufmann Albert HAMEL begonnene Jugendarbeit, die zunächst (1899) unter der offiziellen Bezeichnung "Bibelkränzchen"
bekannt wurde. Die Organisationsform des "Kränzchens" war damals die einzig
legale Struktur für außerschulische Jugendarbeit mit Oberschülern. In seiner
88-jährigen Geschichte hat dieses Werk pietistische Elemente durchgehend erhalten, zumindest in seiner Intention.

       A. Bekenntnis zu Jesus Christus (Predigt)

Schon in der Bezeichnung "Bibelkränzchen" war die Intention zum Ausdruck gebracht, Jugendliche mit der Bibel zu konfrontieren. HAMELs Nachfolger im Amt
der Leitung des Werkes, Paul BOTH, schreibt 1929/30: "Es geht uns um ein
Großes: Den jungen Menschen ... Christus zu bringen." (1) In der Präambel
des EJW (1980) heißt es:

       "Einen anderen Grund kann niemand legen außer dem, der gelegt ist,
       Jesus Christus. (1. Kor. 3,11)" (2)

In den neun Grundlagenthesen zur Satzung (3) werden ausdrücklich "Jesus
Christus als ... Grund und Ziel unserer Jugendarbeit" und die Bibel hervor-
gehoben. Was im Pietismus "Herzensfrömmigkeit" genannt wird, umschreibt
HAHN für das EJW:

       "Beschäftigung und Auseinandersetzung mit der Theologie als Wissen-
       schaft sind wichtig; entscheidend ist aber der persönliche Glaube.
       Eine Theologie, die nicht Kopf und Herz anspricht, bietet zu wenig." (4)

       "Das Evangelische Jugendwerk versteht sich als ein Teil des CVJM-
       Westbundes und der CVJM." (5)

Damit beruft es sich indirekt auf die "Pariser Basis" des CVJM von 1855:

       "Die Christlichen Vereine Junger Männer haben den Zweck, solche
       jungen Männer miteinander zu verbinden, welche Jesum Christum
       nach der Heiligen Schrift als ihren Gott und Heiland anerkennen,
       in ihrem Glauben und Leben seine Jünger sein und gemeinsam da-
       nach trachten wollen, das Reich ihres Meisters unter jungen
       Männern auszubreiten." (6)

       B. Strukturmerkmale

       a. Kleine Kreise

Die Jugendarbeit wurde und wird, von besonderen Veranstaltungen (Freizeiten
etc.) abgesehen, in kleinen Gleichaltrigen-Gruppen geleistet (7). Jede Gruppe

(1) HAHN: Jugendbund, S.3
(2) EJW: Grundlagen, S.2
(3) a.a.O., S.1
(4) EJW: Standpunkte, S.63
(5) EJW: Informationsblatt
(6) AFFOLDERBACH: Grundsatztexte, S.159
(7) vgl. EJW: Standpunkte, S.9

wird von ein bis zwei Mitarbeitern geleitet. Die kleinen Gruppen sind, was
ihren Zweck betrifft, den pietistischen collegia pietatis vergleichbar:

"Alle Programmpunkte sind eigentlich kein Selbstzweck, sondern
stehen im Dienst der Verkündigung, die ja in Andacht und Bibel-
gespräch ihren festen Sitz hat, deren Verbindlichkeit sich aber
an dem messen lassen muß, was bei all dem anderen Programm
glaubwürdig vorgelebt wird." (1)

b. Laienprinzip

"Das Laienprinzip als Prinzip der Mitarbeit aller, die den Mis-
sionsauftrag bejahen, wurde von Anfang an praktiziert und hat
sich stets bewährt." (2)

1984 gehörten knapp 400 ehrenamtliche und etwa ein Dutzend hauptamtliche Mitarbeiter zum EJW (3). Selbst wenn mensch von den Ehrenamtlichen die (durch
Bundeswehr, Ausbildung) eher passiven abzieht, bleibt eine klare Tendenz
zum Laienprinzip deutlich sichtbar. Zu fragen ist allerdings, ob diesem for-
malen Laienprinzip entsprechend auch funktional den jüngeren Mitarbeitern
gleiche theologische Kompetenz zuerkannt wird, was sich etwa darin manifestieren könnte, daß auch Jüngere vor Älteren predigen.

c. Führung

Mit HAMEL und BOTH hatte das Werk von 1898 bis 1966 zwei charismatische Patriarchen als Leiter. Seit dem Tod BOTHs wird ein Konzept "geistlich fundier-
ter Teamarbeit" (4) vertreten. In BOTHs Äußerungen kommt klar ein positiv
besetzter Führungsbegriff zum Ausdruck, der im folgenden Kapitel erläutert
wird. Auch heute hat, zumindest bis zur Altersgruppe der 15/16-jährigen
Jugendlichen, jede Gruppe ein bis zwei Leiter/innen.

C. Diakonische Aktivität

Wohltätige Aktionen ("Brot für die Welt" u.ä.) mit den Jugendlichen und Geldsammlungen unter jugendlichen Freizeitteilnehmern gehören zumindest in neu-
erer Zeit zu regelmäßigen Aktivitäten. Ob allerdings ein Jugendwerk in seinen
diakonischen Aktivitäten gegenüber Außenstehenden an denen der historischen
pietistischen Diakonie (Waisenhäuser etc.) gemessen werden kann, ist fraglich,
weil die Jugendarbeit selbst in gewissem Sinne diakonisches Handeln - der
Mitarbeiter an den Jugendlichen - ist.

Um die diesem Jugendarbeitskonzept impliziten Probleme herauszuarbeiten,
deren Existenz unten an Hand der Interview-Aussagen jugendlicher EJW-Mit-
glieder zum Ausdruck kommt, ist es wichtig, die funktionalen Wirkungen zu
untersuchen, die mit den genannten Intentionen einhergehen. Unter diesem
Gesichtspunkt wird nun der Führungsbegriff Paul BOTHs, dem eine 1981 erschienene Dissertation (5) gewidmet wurde, erläutert.

---

(1) EJW: Standpunkte, S.9
(2) a.a.O., S.63 und vgl. HAHN: Jugendbund, S.138
(3) Da das EJW pfadfinderische und nichtpfadfinderische Jugendarbeit macht,
    gibt es nebeneinander "Pfadfinderführer" und "Mitarbeiter", die hier je-
    doch nicht unterschieden werden.
(4) EJW: Standpunkte, S.63
(5) HAHN: Jugendbund

Zusammenfassung: Das EJW war und ist intentional in pietistischer Tradition stehend, indem es
- "Herzensfrömmigkeit" anstrebt, wenn auch nicht verbunden mit der
  zwingenden Art des "Bußkampfes";
- die Predigt des Evangeliums durch "Wort und Werk" (1) als seine
  grundlegende Aufgabe nennt;
- alle Jugendlichen, unabhängig von Konfessions- und Schichtzugehörig-
  keit einlädt, im Sinne der "Pariser Basis" des CVJM Jesus Christus
  anzunehmen;
- Jugendliche in kleinen Kreisen zusammenfasst, in denen Elemente religiöser Erbauung (Gebet, Singen, Bibelarbeit, Andacht, Losung) die
  wesentlichen Programmpunkte darstellen;
- das Laienprinzip bejaht;
- den Dienstbegriff sowohl nach innen (Dienst an den Jugendlichen) wie
  nach außen (Ordnungsdienste, Geldsammlungen) bejaht, wenn auch im
  Laufe der historischen Entwicklung Abstriche gemacht wurden (2).

2.4 Der Führungsbegriff bei Paul BOTH

2.4.1 Darstellung

Von 1923 bis 1966 leitete Paul BOTH (1903-1966) das EJW (3). Er prägte einen
positiven Führungsbegriff. BOTH setzte die Erziehungsbedürftigkeit des Jungen
(seine pädagogische Arbeit galt ausschließlich Jungen) voraus, distanzierte
sich jedoch von den nicht "jugendgemäßen" (4) Formen der zeitgenössischen institutionalisierten Erziehung, die ihm in der Kirche und in seiner Lehreraus-
bildung begegneten. Insofern ist bei BOTH "Führer" der positive und kritische
Gegenbegriff zum "Erzieher", und zwar auch im Bewußtsein der geführten Jungen
selbst. BOTH nahm damit reformpädagogische Ideen (5) auf, also den "Versuch,
innerhalb der institutionalisierten Erziehung eine Gewichtsverlagerung zum
Kind und Jugendlichen hin zu erreichen" (6). Verlagert wird dabei nicht die
Mittelpunktstellung des Erziehenden, sondern seine Haltung! Der Führer ist
für BOTH "Vorbild" (7), er bedarf der "fortlaufenden Eigenbildungsarbeit"(8),
seine Seele darf nicht verkümmern, er selbst bleibt eine "an Gott gebundene
Persönlichkeit" (9). BOTH selbst verkörperte seine Vorbild-Pädagogik, denn er
verhielt sich seinen Mitarbeitern gegenüber so, wie sie sich den Jungen gegenüber verhalten sollten: "er schenkte ihnen Vertrauen ('verstehen') und er
vertraute ihnen Aufgaben ... an" (10).

(1) Titel eines EJW-Mitteilungsblattes
(2) Z.B. wird die Heliand-Pfadfinderschaft im EJW heute kaum noch, wie nach
    1945, "Dienstgemeinschaft" genannt; vgl. HAHN: Jugendbund, S.48ff
(3) Damals noch "Evangelisches Jungen- und Jungmännerwerk"
(4) HAHN: Jugendbund, S.64
(5) vgl. a.a.O., S.68
(6) SCHWENK: Reformpädagogik, S.487
(7) ebenso BADEN-POWELL zit. in HAHN: a.a.O., S.114
(8) BOTH zit. in HAHN: a.a.O., S.72
(9) BOTH zit. a.a.O., S.46
(10) HAHN: a.a.O., S.138

Führung geschieht für BOTH "ganzheitlich" (1), im täglichen Zusammenleben und nicht allein auf kognitiver Ebene. Für BOTH war das Ferienlager daher ein wichtiges Element der Jugendarbeit; es ermöglichte das Führen in "ganzheitlicher Existenz" (2). Dasselbe Anliegen stand für ihn hinter der Verwendung von Leitbildern aus der Geschichte. Er wollte

> "Bilder und Symbole ... wirken ... lassen in den tieferen Schichten
> der Seele, ... nicht nur in der rationalen Erfassung." (3)

Innerhalb der straffen Form, d.h. der Führung, muß "Raum sein für Geistiges, das des leitenden Bildes nicht entbehren kann" (4).

Führung ist nicht Selbstzweck, sondern Mittel für das Ziel des Gemeindebaues, "daß im christlichen Raum Formen gefunden werden, die an letzte Werte gebunden sind" (5). Das Entstehen der evangelischen Jugendbünde war die Antwort auf das Fehlen kirchlicher Lebensformen für Jugendliche (6). Auch von BOTH wurde der Erlebnisraum Jugendarbeit als "jugendgemäß, evangeliumsgemäß, missionarisch" (7) gestaltete Gemeinde (!) interpretiert.

BOTH verstand seine Jugendarbeit als Spielraum, der Jungen anregen und herausfordern sollte; als ein "Übungsgelände gestaltender Tat" (8), in dem Jungen lernen und üben, Verantwortung zu übernehmen und Aufgaben treu zu erfüllen, und dies als ihre persönliche Weise der Nachfolge Jesu (!) zu erleben.

> "Wir wollen uns üben, ... unserem B.K., wie überhaupt dem Reiche
> Gottes zu dienen." (Pfadfinderregel von 1924) (9)

Der Strukturierung dieses Übungsgeländes dient die "pädagogische Reibung"(10): der Führer gibt Ordnungen vor und ermöglicht damit Orientierung, ohne daß "die rein subjektiven Ordnungen (der Jungen), die zumeist die Ordnung des jeweils Stärkeren darstellen" (11), sich durchsetzen würden. Der Junge soll zur "Persönlichkeit und zugleich zum dienenden Glied am Ganzen" (12) der christlichen Gemeinde werden.

Die Grenzen von "Zucht und Ordnung", die "pädagogische Grundkategorien" (13) BOTHs darstellen, sind durch den Begriff "Dienst der Liebe" (14) markiert. Gehorsam, Zucht und Ordnung sind die Form, in die der Junge sich aus eigenem Willen einfügen soll. "Er soll sich frei, aber nicht willkürlich betragen" (15). Dieses Erziehungsziel fand bei BOTH exemplarisch in der Übernahme einer

---

(1) SEIDELMANN zit. in HAHN: Jugendbund, S.117
(2) ebd.
(3) HAHN: a.a.O., S.119
(4) ebd.
(5) STANGE zit. a.a.O., S.53
(6) vgl. HAHN: a.a.O., S.56
(7) a.a.O., S.64
(8) BOTH zit. a.a.O., S.55
(9) a.a.O., S.122
(10) HAHN: a.a.O., S.74
(11) ebd.; Ergänzung W.B.
(12) BOTH zit. a.a.O., S.66
(13) HAHN: a.a.O., S.66
(14) a.a.O., S.74
(15) BOTH zit. a.a.O, S.66

von der "Christlichen Pfadfinderschaft Deutschlands" (CPD) erstellten Ab-
wandlung des Pfadfindergesetzes BADEN-POWELLs, einer jugendgemäßen "Ethik
in Kurzform" (1), seinen Niederschlag. Hier hieß es nicht mehr pauschal:
"Der Pfadfinder ist ..." sondern "Wir wollen ..." (2). BOTH verstand Führung
als "elastische Ordnung, die dem Leben dient" (3). Daß BOTH selbst einen
starren Führungsbegriff, der Gehorsam zum Selbstzweck macht, ablehnte, zeigt
HAHN an Hand zahlreicher Aufzeichnungen BOTHs aus dessen eigener Lehreraus-
bildung in Usingen (4).

Die pietistischen Elemente waren auf Lagern und in Gruppenstunden die Andacht, Gebetsgemeinschaft, Einzelseelsorge, Bibelarbeit und das Abendmahl
(5). Sie dienen der "inneren Führung" (6). Die Gruppen-Bibelarbeit wird als
"aktives Suchen, Lesen und Besprechen im kleinen Kreise" und als "Anleitung
zur 'mündigen Gemeinde'" (7) beschrieben. Austausch und Übereinstimmung mit
der Gleichaltrigengruppe ist eine jugendgemäße Variante der pietistischen
Bibellesetradition - so jedenfalls in der Intention BOTHs. Das Ziel der Predigt etc. besteht darin, "den Menschen mit Jesus zusammenzubringen" (8).
Dies ist, wie der Führungsbegriff, ganzheitlich zu verstehen: Glaube betrifft
nicht allein den kognitiven Bereich.

> "Bildung bedeutet, sich dem Geist Gottes öffnen, der die Impulse
> gibt, damit ein Mensch hineingestellt werden kann in eine Form
> und in ein Bewußtsein, das seine ganze Existenz umfasst." (9)

Der Impuls der pietistischen Bewegung wird also in dem Lebensraum Jugendarbeit aufgenommen und soll den Jugendlichen Orientierung für ihr Leben geben. Für BOTH geht es um Jesus-Frömmigkeit, "daß Er Gestalt gewinnt in uns
und in all den Seinen" (10).

BOTHs Pädagogik läßt sich als eine Mischung pietistischer, reformpädago-
gischer und autoritärer Elemente bezeichnen. Zur pietistischen Tradition
gehören die in der kleinen Gruppe gepflegten Elemente Andacht, Bibellese,
Gebetsgemeinschaft und die Betonung von "Dienst" und "Tat". In den Begriffen
"jugendgemäß", "Vorbild" und "tiefere Schichten der Seele" ist die Tradition
der Reformpädagogik identifizierbar. Schließlich weisen die Begriffe "pädagogische Reibung", "Gehorsam, Zucht und Ordnung" und der Führungsbegriff
selbst auf die Tradition autoritärer Führung - im Sinne LEWINs (11) - hin.

2.4.2   Zur Problematik der Selbstentfaltung des "geführten" Jugendlichen

Die Problematik der BOTHschen Pädagogik zeigt sich, wenn die beschriebene Intention auf ihre empirische Funktion für die Entwicklung der Jugendlichen hin

---

(1) HAHN: Jugendbund, S.124
(2) vgl. a.a.O., S.120ff
(3) GUARDINI zit. a.a.O., S.74
(4) HAHN: a.a.O., S.20ff, 66ff u.a.
(5) vgl. a.a.O., S.128
(6) KILLINGER zit. a.a.O., S.128
(7) a.a.O., S.130; vgl. MITSCHERLICH (zit. in BROCHER: Gruppendynamik, S.9),
    der von Bildung als einer "Suchbewegung" spricht.
(8) BOTH zit. in HAHN: a.a.O., S.134
(9) HAHN: ebd.
(10) BOTH zit. in HAHN: a.a.O., S.137
(11) vgl. BROCHER: a.a.O., S.27f

reflektiert wird, was hier exemplarisch unter dem Aspekt der Selbstentfaltung geschehen soll. Selbstentfaltung wird bei BOTH widersprüchlich thematisiert. Einerseits wird sie als Teil religiöser Erfahrung abgelehnt, wenn es heißt, Ziel sei

"nicht Willensbildung der sittlich-religiösen Persönlichkeit, sondern Auslieferung des Willens an Jesus ... im Rahmen einer Gotteserfahrung" (1).

"Es wurde (andererseits) bei jedem mit einer 'Begabung' gerechnet. Sie musste sich nicht in großen Talenten äußern, sondern in Haltung, Einsatz und Treue." (2)

Damit ist die Problematik der Selbstentfaltung nicht geklärt. Offen bleibt nämlich, welche Anteile der individuellen Persönlichkeit "ausgeliefert" und welche gefördert werden sollen. Auch die Bibel beantwortet diese Frage bekanntlich nicht eindeutig: "Will mir jemand nachfolgen, der verleugne sich selbst" (Mt 16,24) und "Alles ist mir erlaubt ..." (1 Kor 6,12) spiegeln ebenfalls diese Spannung wider. In der konkreten Situation der Jugendarbeit fällt die Beurteilung der Selbstentfaltung in die Kompetenz des Führers, der zugleich als Prediger des Evangeliums wie als Pädagoge fungiert.

"Der Mensch ist Übermittler einer Wahrheit, die seine eigene Existenz übersteigt. Aber losgelöst von Menschen ... spricht diese Wahrheit nur indirekt; sie bedarf des personalen Zeugnisses ... (da der) Jugendliche nicht losgelöst von der Person des Verkündigers abstrakt nach 'der' Wahrheit fragt." (3)

In die Kompetenz des Führers fällt auch die Auswahl der "Gruppe und ihrer Glieder" (4). Als Idealbild wird schließlich der "Jugendführer, der mitreißt, verantwortlich nach oben und führend nach unten" (5) bezeichnet. Der Anteil an der Strukturierung der - zugleich religiösen und pädagogischen - Situation, welcher auf den Führer fällt, ist bewußt groß. Daher wird die Art und Weise, mit der er agiert und reagiert, einen entsprechend großen Einfluß auf intra- und interpsychische Prozesse unter den Gruppenmitgliedern haben. Für die Predigt des Evangeliums heißt dies, daß das personale Zeugnis die Botschaft, mit der die Jugendlichen konfrontiert werden sollen, beeinflußt. Die Gefahr der individuellen, d.h. an die individuelle Persönlichkeitsstruktur des Führers angepassten, Fehlinterpretation liegt bei einem derartigen Führerprinzp auf der Hand.

Den Wert der individuellen Selbstentfaltung des Jungen hat BOTH nicht rundweg abgelehnt. Für ihn steht "nicht Stoff im Vordergrund, sondern der Mensch" (6). Die Begabung des Jungen sei zu fördern; Aufgabe des Führers sei das "Verstehen" im Sinne von "stärken und mehren" (7). Er nimmt damit einen Zentralbegriff SPRANGERs (8) auf, der gerade die oben genannte Gefahr der vom Führer

(1) HAHN: Jugendbund, S.69f
(2) a.a.O., S.137; Ergänzung W.B.
(3) a.a.O., S.129; Ergänzung W.B.
(4) a.a.O., S.116
(5) BOTH zit. a.a.O., S.136
(6) BOTH zit. a.a.O., S.137
(7) vgl. HAHN: a.a.O., S.138
(8) HAHN (a.a.O., S.138) weist auf den hohen Stellenwert, den SPRANGERs "Psychologie des Jugendalters" (1924) für BOTH hatte, hin.

individuell verfälschten Predigt impliziert! SPRANGERs "verstehende Psychologie" basiert auf der Annahme, daß der Jugendliche sich selbst nicht verstehen kann und sich danach sehnt, verstanden zu werden. Dem entspricht die "verstehende Erziehung", die die unbewußten, latenten, positiven Gaben des Jugendlichen verstärkt und die ebenso vorhandenen negativen nicht verstärkt. Diesen Vorgang nennt SPRANGER das "emporbildende Verstehen". Ob der charismatische BOTH auf Grund solcher theoretischer Modelle de facto den Jugendlichen zur Selbstentfaltung verhalf - wofür der Erfolg seiner Arbeit spräche - , soll hier nicht diskutiert werden. Kritisch zu fragen ist dagegen nach dem Verständnis des "Emporbildens" bei den anderen Führern, die seine Theorien übernahmen. Die Gefahr einer entsprechenden Festlegung durch einmal übernommene Einstellungen hat BOTH selbst in einer späteren Phase seines Wirkens erlebt, als er die Einengung der Jugendarbeit durch eine Absolutsetzung des pfadfinderischen Stils erkannte, die anderen Führer aber festgelegt blieben:

> "Da aber seine engsten Mitarbeiter alle in dieser Weise des bündischen Stils geprägt waren, blieb die Erkenntnis zunächst noch Theorie ... nur langsam und über Jahre hin entwickelten sich neue Formen" (1).

BOTHs Anlehnung an die "Verstehende Psychologie" zeigt seine Intention: jugendgemäß zu arbeiten, indem er die Jungen versteht, wie sie sind. Damit ist für ihn der Führer als glaubwürdiger Prediger und Vorgesetzter des Jungen legitimiert. In der Pfadfinderregel von 1924 sagt BOTH:

> "Wir wollen ... unseren Führern stets durch bereitwilligen, fröhlichen Gehorsam ihr Amt erleichtern" (2).

Erziehung ist für BOTH eine "Form christlichen Dienstes" (3). Diesem Dienst wäre es allerdings hilfreich, würden neben den Intentionen auch die funktionalen Wirkungen beachtet. Indem BOTH intentional Zucht und Ordnung dadurch eingrenzt, daß er sie "in den Dienst der Liebe" (4) stellt, ist nicht garantiert, daß die Führer dies funktional ebenso umsetzen. Diese Gefahr ist nicht aus der Jugendarbeit zu verbannen, wie STÄHLIN feststellt:

> "die Warnung vor jeder Überheblichkeit des menschlichen Erziehers und Führers darf doch nicht dazu führen, daß die Aufgabe der Führung selbst, die uns eben auf dem Boden des Evangeliums und der darin begründeten Gemeinde erwächst, übersehen und vernachlässigt wird." (5)

Diese Feststellung paßt zu BOTHs positivem Führungsbegriff. Der Gefahr der Überheblichkeit ist es allerdings angemessen, daß sie thematisiert wird, zumindest von den Führern selbst. Zu fragen ist, ob das, was sich hinter der Formel "Auslieferung des Willens an Jesus Christus" (6) verbirgt, zu einer Übung der Selbstwahrnehmung verhilft oder diese gar verhindert. Ferner gilt

---

(1) HAHN: Jugendbund, S.132
(2) BOTH zit. a.a.O., S.122
(3) HAHN: a.a.O., S.57
(4) a.a.O., S.74
(5) STÄHLIN zit. in HAHN: a.a.O., S.57
(6) HAHN: a.a.O., S.69

32

die Frage auch für das Verhältnis der Jugendlichen zum Führer: fördert oder
hindert ein "stets bereitwilliger, fröhlicher Gehorsam" (1) die Selbstwahrnehmung des Führers? Der "Jugendführer, der mitreißt, verantwortlich nach
oben und führend nach unten" (2), wird unten, sprich: beim Jugendlichen, das
"emporbilden", was er selbst oben, sprich: in seiner persönlichen Frömmigkeit, als positiv erlebt. Er muß sich fragen lassen, welche Anteile seiner
Persönlichkeit (Phantasien, psychische Strukturen, internalisierte soziale
Strukturen etc.) er dabei mitpredigt und ob diese dem Grund seiner Predigt,
dem Evangelium, entsprechen oder widersprechen.

"Ich meine, wir haben das Recht, zu verlangen, daß der Lehrer oder
Erzieher seine Konflikte kennen und beherrschen gelernt hat, ehe
er die pädagogische Arbeit beginnt. Sonst dienen ihm die Zöglinge
nur als ein mehr oder weniger günstiges Material, um seine eigenen
unbewußten und ungelösten Schwierigkeiten an ihnen abzureagieren." (3)

Wenn HAHN in seinen Thesen über die Funktion von Zucht und Ordnung bei BOTH
feststellt:

"(Der) theologische Zusammenhang ... hat sich in der Praxis oft ver-
schoben in eine Überbetonung der Zucht und Ordnung. Dabei löste sich
der eigentliche Begründungszusammenhang auf: aus der Gottes-Gabe ...
wurde eine ethische Forderung" (4) und ferner

"Allerdings lag die Betonung meist mehr auf Kraft und Zucht, als auf
Liebe." (5)

so liegt der Verdacht nahe, daß eben ein Mangel an Fähigkeit zur Selbstwahrnehmung, der SPRANGERs - und damit BOTHs - Ansatz implizit ist,
die Voraussetzung dafür waren. Selbstwahrnehmung der Führer und Kritik-
fähigkeit der Jugendlichen sind in der Jugendarbeit nicht von selbst gegeben.
Sie müssen erlernt und geübt werden.

Diese Einsicht hat sich nach AFFOLDERBACH seit den 50er Jahren in der evangelischen Jugendarbeit durchgesetzt:

"Nicht mehr der charismatische Führer ist heute gefragt, sondern der
ausgebildete Jugendleiter, der seine Aufgaben berufsmäßig wahrnimmt.
... Begabung und Charisma sind nicht mehr allein ausreichend, sondern
Kenntnisse und Fähigkeiten müssen durch Ausbildung erlernt werden. ...
(Der Mitarbeiter) ist nicht mehr Führer, sondern Berater, der sich als
Partner dem Jugendlichen gleichstellen und ihm Gesprächspartner sein
soll." (6)

Mit dem letzten Satz wird allerdings nicht nur die negative Seite des BOTH-
schen Führungsbegriffs - die Mißbrauchstendenz - , sondern auch seine positive Seite - die Einflußnahme in der Gruppe gegen das Recht des Stärkeren -
abgelehnt. Anstelle dieses Anti-Führungs-Ansatzes soll hier BOTHs Führungs-
Ansatz kritisch weiterentwickelt werden. Die Erkenntnisse LEWINs "über das

(1) BOTH zit. in HAHN: Jugendbund, S.122
(2) a.a.O., S.136
(3) Anna FREUD: Psychoanalyse, S.61
(4) HAHN: a.a.O., S.73; Ergänzung W.B.
(5) a.a.O., S.71
(6) AFFOLDERBACH: Grundsatztexte, S.32; Ergänzung W.B.

Verhalten von Gruppen unter verschiedenen Arten der Führung" (1) setzen
voraus, daß Führung eine in allen Gruppen (2) vorhandene Funktion ist, so
daß nicht von Führen vs. Nicht-Führen, sondern von verschiedenen Führungs-
stilen zu sprechen ist. LEWIN unterscheidet den autoritären bzw. autokrati-
schen, den laissez-faire- und den freiheitlich demokratischen Stil (3).
AFFOLDERBACH gebraucht die Begriffe "Führer" und "Berater" in dem oben zitierten Satz als Alternativen. Was er "beraten" nennt, ist aber nach LEWIN
auch eine Art von Führung, nämlich nach dem freiheitlich demokratischen Führungsstil. Dabei nutzt der Leiter seinen Einfluß auf die Gruppe zur Etablierung demokratischer Verhaltensweisen in der Gruppe.

> "Im 'freiheitlich demokratischen Stil' behält der Gruppenleiter
> weitgehend die Führung, jedoch gibt er der ... Gruppe genügend Hil-
> fen, die jeweilige Lösung von ... Problemen soweit selbständig
> durchzudiskutieren, daß eine optimale Übereinstimmung erreicht wird.
> ... Er ... versucht, seinen Einfluß ... auf den Fortgang der Rei-
> fungsprozesse der Gruppe so minimal wie möglich zu halten bis die
> Gruppe in der Lage ist, sich selbst verantwortlich zu führen." (4)

In der Praktizierung des freiheitlich demokratischen Führungsstils, der in
der Praxis allerdings nicht bloß den Willen, sondern auch die Selbstwahr-
nehmungsfähigkeit der Jugendleiter voraussetzt, liegt eine Synthese von
BOTHs positivem Führungsbegriff und dem Anliegen der Selbstentfaltung der
Jugendlichen. Die Annahme BOTHs, daß der Erlebnisraum Jugendarbeit der
Strukturierung durch den Gruppenleiter bedarf, weil sich anderenfalls das
Recht des Stärkeren durchsetzt, bleibt aktuell, wenn auch das Lernziel demokratischer Verhaltensweisen für ihn keine Bedeutung hatte. Allein der Umstand, daß in der heutigen Erziehungswissenschaft und Jugendarbeit selbst-
verständlicher als zu BOTHs Zeiten von demokratischen Verhaltensweisen gesprochen wird, garantiert noch nicht die Internalisierung solcher Intention
durch die Jugendlichen oder Gruppenleiter. Hier gilt EBELINGs Feststellung:

(1) BROCHER: Gruppendynamik, S.27
(2) Was LEWIN in Schulklassen feststellte, ist von BROCHER für die Erwachsenenbildung ebenso angewandt worden, wie es hier auf die Jugendarbeit
übertragen wird. Dies liegt nahe, weil in allen drei Handlungsfeldern
ein Leiter oder Leitungsteam und eine Gruppe in Beziehung zueinander stehen. Zwar spricht BROCHER auch davon, daß "das neue Prinzip der Gruppendynamik ... über den freiheitlich demokratischen Führungsstil hinaus"
ging, so daß "Führung ... nicht mehr als die Funktion eines Leiters ...
angesehen, sondern als eine Funktion der Gruppe selbst, d.h. aller Gruppenmitglieder" angesehen wurde (a.a.O., S.29); aber alleine die Tatsache,
daß sein Buch "Gruppendynamik und Erwachsenenbildung" "in vielen Bereichen der erzieherischen, helfenden und menschenführenden Berufe unver-
ändertes Sachinteresse" findet (a.a.O., S.1), belegt, daß in Bildungs-
gruppen die Selbstführung der Gruppe Lernziel, aber nicht Ausgangspunkt
ist. Darum ist nicht der Verzicht auf Führung, sondern die Realisierung
des freiheitlich demokratischen Führungsstiles zu fordern. Wieviel mehr
gilt dies für die Jugendarbeit, deren Klientel aus Schule und Elternhaus
noch mehr an hierarchische Strukturen gewöhnt ist, als die Teilnehmer
von Erwachsenenbildungs-Veranstaltungen.
(3) vgl. BROCHER: a.a.O., S.27
(4) a.a.O., S.28

"Das Hauptproblem ist nicht, ob man dem Menschen seine Freiheit läßt,
sondern wie man ihm zu seiner Freiheit verhilft, die er keineswegs
schon damit gewinnt, daß man ihm Freiheit läßt." (1)

Zusammenfassung: Die Intention BOTHscher Pädagogik besteht darin, durch
ganzheitliche Führung die Bereitstellung jugendgemäßer Handlungsräume und
darin die Bildung einer auf Herzensfrömmigkeit begründeten Diensthaltung
zu erreichen. BOTH vermischt also pietistische, reformpädagogische und
autoritäre Elemente. Seine SPRANGER angelehnte verstehende Führung läßt
Selbstentfaltung der Jugendlichen nur für bestimmte, vom Führer jeweils
als positiv erachtete, Ausschnitte der Persönlichkeit zu. Dies kann
Selbstentfaltung fördern, insofern damit auch versteckte oder verdrängte
Persönlichkeitsanteile angeregt und gegen das Recht des Stärkeren in der
Gruppe verteidigt werden. Diese Intention fordert aber beim Führer einen
Mangel an Selbstwahrnehmung für die individuellen psychologischen Bedingungen, die er in seinen pädagogischen und theologischen Einfluß hinein-
mischt, geradezu heraus. Außerdem stabilisiert autoritäre Führung genau
die Autoritätserwartungen, die Jugendliche aus ihrem frühen Eltern-Kind-
Verhältnis mitbringen und mißachtet die Chance des Pubertätsalters (2),
eine echte, weil von Elternfiguren unabhängige, Selbstverantwortung zu
erlernen. Ein freiheitlich demokratischer Führungsstil dagegen stellt
eine Synthese der von BOTH betonten Einflußmöglichkeit des Führers und
dem Ziel der Selbstentfaltung der Jugendlichen dar.

2.5   Exkurs: Heimliche Botschaften und heimlicher Lehrplan

Ob im heutigen EJW und in vergleichbaren Jugendverbänden BOTHs Pädagogik
einer neueren gewichen ist oder nicht, wird sich an der Frage nach der pädagogischen Struktur erweisen, die noch keineswegs automatisch mit den Begriffen einer vergangenen Epoche abgelegt sein muß. Zur notwendigen Sensibilisierung für funktionale Wirkungen von Erziehung ist der von ZINNECKER eingeführte Begriff des "heimlichen Lehrplanes" (3) hilfreich, da er den allgemeinen Begriff der funktionalen Erziehung konkretisiert. Die Untersuchung des
heimlichen Lehrplanes stellt in der Unterrichtsforschung ein "Gegenmodell" (4)
dar, indem es

"dem offiziellen Lehrplan und dem öffentlichen Schulziel den nicht-
amtlichen Lehrplan und die nichtveröffentlichte pädagogische Wirkung" (5)

entgegenhält. Den Begriff aus der Unterrichtsforschung auf die Jugendarbeit
zu übertragen, ist legitim und sinnvoll, weil seine Pointe in dem Bezug auf
öffentliche Lernziele liegt, deren es auch in der evangelischen Jugendarbeit
genug gibt. Durch eine Vielzahl verbaler Botschaften (Andacht, Bibelarbeit)

(1) EBELING: Dogmatik I S.86
(2) vgl. MILLER, s.u. Kapitel 3.2.8
(3) ZINNECKER: Der heimliche Lehrplan
(4) a.a.O., S.183
(5) ebd.

sollen Jugendliche dem christlichen Glauben nähergebracht werden, womit ein
Lernziel formuliert ist. Die Botschaften können auch als Nah-Lernziele, das
Kennen des christlichen Glaubens als Fern-Lernziel bezeichnet werden.
ZINNECKERs Ansatz auf die evangelische Jugendarbeit zu übertragen, heißt
also, nach den heimlichen Botschaften und dem heimlichen Lern-Fernziel der
Jugendarbeit zu fragen und mit dem öffentlich proklamierten Anspruch zu
konfrontieren.

Schüler lernen gemäß dem heimlichen Lehrplan z.B.:

- "sich öffentlich beurteilen zu lassen und diese Urteile über die
  eigene Leistung als Maßstab dafür zu nehmen, daß man als Person
  normal ist und Selbstachtung zeigen darf";
- "sich die äußere Anerkennung des Lehrers zu bewahren, indem sie
  persönliche Fehler und Schwächen vertuschen und riskante intellek-
  tuelle Herausforderungen abwehren" (1);
- "Die eigenen Gedanken und diejenigen der Schulkollegen sind nicht
  richtig" (2).

Schon diese wenigen Beispiele aus der von ZINNECKER aufgeführten langen Liste
heimlicher Lernziele zeigen, daß es sich hierbei vorrangig um solche handelt,
die dem Schüler etwas über sich selbst, sein soziales Umfeld und seine sozialen Beziehungen sagen. Die christliche Predigt soll den Jugendlichen ebenfalls Auskunft über sie selbst, ihr Umfeld und ihre Beziehungen geben. Sollten nun die offiziellen Botschaften den heimlichen, und damit der offizielle
Lehrplan dem heimlichen, widersprechen, so muß dies im Rahmen der Jugendarbeit noch fataler sein, als es in der Schule schon ist. Denn in der Schule
ist eine Unterscheidung zwischen fachbezogenem und sozialem Lernen offensichtlich - wenn auch den Schülern und Lehrern meist nicht bewußt; in der
Jugendarbeit dagegen würden offizielle und heimliche Botschaften den selben
Bereich betreffen: die Identität der Jugendlichen.

Beispiel für eine heimliche Botschaft aus der evangelischen Jugendarbeit ist
die folgende Abbildung (siehe nächste Seite) aus der evangelischen Jugendzeitschrift "baustein" des CVJM-Westbundes. Dort ist der Satz "Der bequemere
Weg hat viele Vorteile und nur einen Nachteil: Es ist nicht der Weg Jesu"
mit dem Bild eines Jugendlichen, der die Zeitschrift "POP" in den Händen
hält, illustriert. Die heimliche Botschaft besagt: Die Unbequemlichkeit, die
mit dem christlichen Glauben verbunden ist, besteht in der Ablehnung einer
bestimmten Jugendkultur, für die dieses Bild bezeichnend ist (Kleidung, Sit-
zen auf der Straße, Beschäftigung mit Pop). Demnach wäre ein Mensch über subkulturelle Verhaltensweisen als Glaubender bzw. Nichtglaubender zu identifi-
zieren.

Die Leser/innen mögen selbst nach weiteren Beispielen Ausschau halten. Zur
Sensibilisierung für heimliche Botschaften in der evangelischen Jugendarbeit
können Fragen folgender Art dienen:

- In welchem Zusammenhang wird vom christlichen Glauben gesprochen?

- Welche Rolle spielen Menschen jeweils dabei?

- Welche Personen sprechen vom christlichen Glauben? Sind es immer nur die
  Ältesten (z.B. im Jugendkreis der Leiter, in der Mitarbeiterversammlung
  der Hauptamtliche) ?

(1) DREEHEN, SILBERMANN, HOLT zit. nach ZINNECKER: a.a.O., S.198
(2) POSTMAN, WEINGARTNER zit. ebd.

Der
bequemere Weg
hat viele
Vorteile
und nur einen
Nachteil:
Es ist
nicht der Weg
Jesu

Abbildung aus der evangelischen Jugendzeitschrift des CVJM-Westbundes
"baustein" Nr. 9/80, S.3 - Foto: Christa Petri, Regensburg
Abdruck mit freundlicher Genehmigung.

- Welche Äußerungen, Beiträge, Stimmungen werden im Rahmen der Predigtsituation als unpassend oder störend beurteilt (Lachen, Albern, Angst)?
- Welche Sprache wird beim Predigen gesprochen? Alltagssprache oder eine Sondersprache? Gibt es bestimmte Begriffe, die ausschließlich dann verwandt werden, wenn vom christlichen Glauben gesprochen wird? (1)
- Welcher Tonfall wird beim Predigen oder Beten gebraucht (gedämpft, zornig, ernst)?
- Welche Sprache wird in der verwendeten Litaratur gebraucht (Bibelübersetzungen, Liederbücher)?
- Wird im Rahmen der Predigt über konkrete Erfahrungen der Jugendlichen (!) gesprochen, z.B. Angst, Wut, Spaß? In welchem Zusammenhang wird über Sexualität gesprochen?
- Wann wird in einer Versammlung zur "Stille" aufgefordert? Werden damit Kommunikationsprozesse (z.B. unmittelbar nach einem Referat) abgewürgt?
- Was erfahren die Jugendlichen in einer Predigt über das Verhältnis zwischen Kindern und Eltern?
- Welche aktuellen Themen werden in das Gespräch über den Glauben einbezogen, welche ausgeklammert? Wie wird z.B. über Politik gesprochen?
- Wird von einem Abstand zwischen Leiter und den Jugendlichen gesprochen? Wird dies in Zusammenhang mit dem Glauben gebracht?
- Besteht der Eindruck, daß Jugendliche sich angesichts der Predigt klein oder groß fühlen können?
- Werden den Jugendlichen konkrete Schritte zum Glauben vorgeschlagen? Sind diese unter- oder überfordernd für Jugendliche?
- Welche Gefühle, Ängste, Hoffnungen sind für Jugendliche mit dem in der Predigt Gesagten verbunden?
- Läuft die Kommunikation über den christlichen Glauben "sternförmig" über den Leiter oder "kreisförmig" zwischen allen Gruppenmitgliedern? Was wird dadurch über die theologische Kompetenz der Gruppenmitglieder gesagt?
- Werden Bibelzitate im Kontext einer Predigt im Sprachstil angeglichen, also sinngemäß widergegeben, oder stets formelhaft rezitiert? Was wird dadurch über die Alltagsnähe der Bibelzitate ausgesagt?
- Verändern sich während des Gesprächs über den christlichen Glauben die Mimik, Gestik, Körperhaltung des Leiters?
- Was lernen Jugendliche durch all diese Details über den christlichen Glauben?

---

(1) ZINK gibt sehr treffende Beispiele für vier "grausige" Sprachtypen in der christlichen Predigt: die Sprache Kanaans, den christlichen Jargon, den weltlichen Jargon und die geistliche Kraftsprache. (ZINK: Das biblische Gespräch, S.165ff)

Zusammenfassung: Der von ZINNECKER in die Unterrichtsforschung eingeführte Begriff des heimlichen Lehrplans konfrontiert offizielle Lernziele mit solchen, die unerkannt aber nachhaltig die Schüler etwas
über sich selbst und ihre sozialen Beziehungen lernen lassen. Auf die
evangelische Jugendarbeit übertragen kann dieser Begriff für die
neben den offiziellen Zielen der christlichen Predigt wirksamen heimlichen Lernziele sensibilisieren, die durch unzählige heimliche Botschaften (wie dem illustrierten Spruch über die Jesus-Nachfolge) vermittelt werden.

3. PÄDAGOGISCHE VORAUSSETZUNGEN:
    JUGENDLICHE ZWISCHEN KINDHEIT UND ERWACHSENENALTER

Kirchliche Jugendarbeit ist Arbeit der Kirche an der Jugend. Diese Feststellung klingt banal, verweist aber auf einen spannungsreichen Zusammenhang. Dies wird deutlich, wenn mensch die beiden Personengruppen, die mit
den Stichworten "Kirche" und "Jugend" genannt sind, näher betrachtet.
In welchem Verhältnis stehen sie zueinander? Die Redeweise von der "Arbeit
an der Jugend" deutet auf ein Subjekt-Objekt-Verhältnis der Art, daß Kirche
(d.h. in der Regel Erwachsene) eine Tätigkeit vollzieht, die an sich schon
definiert ist, z.B. als "Mission", und nun bloß durch die Zuordnung zu einer
bestimmten Adressatengruppe, der Jugend, von anderen vergleichbaren Tätigkeiten unterschieden ist. Eine Theorie so verstandener Jugendarbeit wird aus
der Perspektive der Erwachsenen gebildet. Beispielhaft für dieses Verständnis ist BONHOEFFERs oben zitierte These:

>   "Unsere Frage ist nicht: Was ist die Jugend und was ist ihr
>   Recht?, sondern: Was ist die Gemeinde und welcher Ort kommt
>   der Jugend in ihr zu?" (1)

Die zu Anfang dieses Kapitels genannte Definition von kirchlicher Jugendarbeit läßt dagegen noch eine zweite Lesart zu, nämlich aus der Perspektive
der Jugend. Die Kirche wird dann verstanden als ein Träger unter vielen,
die institutionalisierte Jugendarbeit betreiben. Außerdem ist institutionalisierte Jugendarbeit nur eine von verschiedenen Formen der Freizeit-
gestaltung Jugendlicher. Aus dieser Perspektive muß in Anlehnung an die
These BONHOEFFERs folgende Antithese formuliert werden:

>   Unsere Frage ist nicht: Was ist die Kirche und was ist ihr
>   Anliegen?, sondern: Was ist die Jugend und wie muß Jugendarbeit
>   konzipiert sein, um einen der Jugend adäquaten Lebensraum dar-
>   stellen zu können?

Selbst wenn diese Fragestellung von Erwachsenen, gleichsam im Namen der
Jugend, vorgetragen wird, weil ja in der Regel Erwachsene Jugendarbeit
machen bzw. konzipieren (wo Jugendliche sie machen), so nimmt sie doch die
Perspektive der Jugend ein.

3.1 Das Modell der Identitätskrise nach Erik ERIKSON

Der Systematisierung der Jugend-Perspektive dient die Erziehungswissenschaft
Da das Anliegen der vorliegenden Arbeit eher in der Synthese erziehungs-
wissenschaftlicher und theologischer Erkenntnisse als in einer umfassenden
vergleichenden Darstellung des gegenwärtigen erziehungswissenschaftlichen

---

(1) BONHOEFFER zit. nach AFFOLDERBACH: Praxisfeld, S.190

Diskussionsstandes liegt, muß hier die weitgehende Einschränkung auf einen
exemplarischen Ansatz erfolgen. Dieser soll erstens in der gängigen Fach-
literatur anerkannt sein, wobei unterstellt wird, dies sei ein Indiz für
seine empirische Gültigkeit (1); er soll zweitens die Beziehungen zwischen
Jugendalter und Kindheit bzw. Erwachsenenalter darstellen; er soll drittens
Beziehungen zu religionspädagogischen Theorien aufweisen. Diese Kriterien
erfüllt ERIKSONs Modell der Identitätskrise.

3.1.1 Die Pubertät als zentrale Krise der lebenslangen Identitätsentwicklung

Nach ERIKSON besteht die vorrangige Lebensaufgabe des Individuums in der
"Epigenese der Identität" (2). In Anlehnung an FREUDs Einteilung der Onto-
genese in fünf psycho-sexuelle Phasen (3) nennt er acht Lebensphasen, denen
je eine "Modalität" (4), d.h. Erlebnis- und Handlungsgrundform, zugeordnet
wird. Der Begriff "Epigenese" impliziert die grundlegende Annahme,

"der Prozess vollziehe sich in sukzessiven ... Veränderungen, die
durch Wechselwirkungen mit Umwelteinflüssen hervorgerufen werden" (5).

Jede der Lebensphasen wird als psycho-soziale Krise erlebt, deren jeweilige
Bewältigung bzw. Nichtbewältigung je eine Modalität für das weitere Leben
determiniert. Die vier Krisen der Kindheit begründen

- Vertrauen vs. Mißtrauen;
- autonomen Willen vs. Scham und Zweifel;
- Initiative vs. Schuldgefühl;
- Tätigkeit vs. Minderwertigkeitsgefühl.

Diese vier Modalitäten bauen aufeinander auf, jede ist eine Weiterentwicklung der vorangehenden. Ziel dieser Entwicklung ist Selbständigkeit als
Grundmerkmal des Erwachsenseins. Grundlegend für die gesamte Entwicklung ist
die erste Modalität, darum nennt ERIKSON sie "Urvertrauen" bzw. "Urmißtrau-
en" (6).

Die Pubertät beinhaltet insofern die zentrale "normative Krise" (7), als in
ihr die Modalitäten, welche das Individuum im Laufe seiner Kindheit entwickelt hat, nun in der Konfrontation mit der aktuellen Umwelt, der Gesellschaft, zur Identität synthetisiert werden. Die Leistung dieser Synthese
kann das Individuum erst in der Pubertät erbringen, weil erst in ihr die
notwendigen Voraussetzungen gegeben sind: die physiologische und kognitive
Entwicklung haben einen entsprechenden Stand erreicht und die Gesellschaft
erkennt dem Jugendlichen erste soziale Verantwortung zu. Die Suche nach
Menschen und Ideen, an die der Jugendliche glauben kann (Vertrauen), kon-

---

(1) Z.B. GAGE/BERLINER: Pädagogische Psychologie und OERTER/MONTADA: Ent-
    wicklungspsychologie. Daß ERIKSONs Modell auch kritisiert wird, ändert
    nichts an seiner grundsätzlichen Anerkanntheit. Zur Kritik siehe z.B.
    OERTER/MONTADA: a.a.O., S.108
(2) ERIKSON: Jugend, S.91
(3) vgl. OERTER/MONTADA: a.a.O., S.97ff
(4) ERIKSON: a.a.O., S.97ff
(5) FRÖHLICH/DREVER: Wörterbuch, S.118
(6) ERIKSON: a.a.O., S.97

kretisiert sich in der mit Gleichaltrigen gemeinsam vollzogenen (Vertrauen) autonomen Wahl von Tätigkeitsfeldern, die der eigenen Initiative Raum geben.

3.1.2 Die Bedeutung der "Anderen" für die Identitätskrise

Die Identitätskrise stellt ein psycho-soziales "Moratorium" (1) dar, d.h. eine allgemein anerkannte, quasi vertragliche Freistellung von bestimmten Pflichten und Bindungen seitens der Gesellschaft. Jugendliche werden noch nicht vollständig am Maßstab des Erwachsenseins gemessen und können deshalb mit ihrem Verhalten und Erleben "experimentieren" (2). Dabei sind sie auf bestätigende Rückmeldungen Erwachsener angewiesen, mit denen ihnen allmählich persönlicher Status, Funktion und Bedeutung zuerkannt werden. Die persönliche Identität (3) bildet sich relativ (positiv und negativ) zur Gruppen-Identität einer Gleichaltrigengruppe und zu der von der Elterngeneration repräsentierten Identität. Darum stehen individuelle und historisch-gesellschaftliche Identitätskrisen häufig zueinander in Beziehung.

Persönliche Identität beruht auf realisitischer Selbstachtung, nicht auf narzißtischer Erweiterung der infantilen Omnipotenzphantasien. Voraussetzung ist die "Wahrnehmung der Selbstgleichheit und Kontinuität der eigenen Existenz in Raum und Zeit" (4) einschließlich deren Anerkanntheit durch "signifikante Andere" (5). Sie führt zur Überzeugung des Ichs von der Fähigkeit, sich innerhalb einer sozialen Wirklichkeit organisieren zu können. Mit der "Verankerung der ... Existenz im Hier und Jetzt" (6) schließt das Individuum die Identitätskrise ab, womit der Übergang ins Erwachsenenalter erfolgt. Damit entsteht die Aufgabe an der nächsten Generation, der die Erwachsenen "ihre Identität schuldig" (7) sind.

3.1.3 Negative Identität

Erleben Jugendliche die Differenz zwischen gesellschaftlich erwünschter Identität und ihrer eigenen aktuellen Situation als unüberbrückbar, so bleibt ihnen nur der Ausweg in "negative Identität" (8), d.h. eine

"rebellische Identitätsbildung ... die sich beharrlich auf alle jene Identifizierungen und Rollen stützt, die ihnen in kritischen Entwicklungsstadien als die unerfreulichsten und gefährlichsten und doch auch als die wirklichsten vorgestellt wurden" (9).

Negative Identität verstärkt sich selbst im Sinne einer "selbsterfüllenden Prophezeihung" (10). Sie stellt für Jugendliche immer eine Notlösung dar, in die ihre Umwelt sie treibt. ERIKSON sieht auch in einer negativen Identität noch eine unbewußte und indirekte "Bitte um brüderliche Bestätigung" (11)

---

(1) ERIKSON: a.a.O., S.146
(2) a.a.O., S.160
(3) a.a.O., S.47; auf ERIKSONs Unter-
    scheidung von "persönlicher Iden-
    tität" und "Ich-Identität" wird
    in dieser Arbeit nicht eingegangen.
(4) a.a.O., S.47

(5) ebd.
(6) a.a.O., S. 39
(7) a.a.O., S. 29
(8) a.a.O., S. 88
(9) a.a.O., S. 24
(10) WATZLAWICK: Kommun., S.95
(11) ERIKSON: a.a.O., S.24

3.1.4 Ideologie als Vorstufe der Identität

Ideologie stellt die notwendige Vorstufe der Identität dar. Indem sich Jugendliche von den moralischen Vorgaben ihrer Kindheit, nämlich der Orientierung an den durch die Eltern repräsentierten Werten und Normen, loslösen, sind sie angewiesen auf "systematisch vereinfachte Allgemeinorientierung in Raum und Zeit" (1). Jedes zusammenhängende System von Ideen kann zu diesem Zweck aufgegriffen und verwertet, also zur Ideologie gemacht werden. Das "ideologische Potential einer Gesellschaft" (2) ist nicht über die Intention derer, die Ideologiebildung auslösen, sondern über die psycho-logische Funktion, die diese für die Jugendlichen einnimmt, also nicht intentional, sondern funktional, zu erklären. Zu unterscheiden sind dabei folgende sieben Einzelfunktionen:

- Angesichts der Ungewissheit der eigenen Entwicklung bekommen Jugendliche eine vereinfachte Zukunftsperspektive;
- angesichts der Diskrepanz zwischen innerer und sozialer Welt bekommen sie das Gefühl von Übereinstimmung;
- angesichts des subjektiven Erlebnisses von unsicherer Befangenheit im Verhalten bekommen Jugendliche ein System uniformer Verhaltensweisen;
- angesichts subjektiver Hemmungs- und Schuldgefühle bekommen sie den Freiraum zu kollektivem Experimentieren mit Verhalten;
- angesichts des Bedürfnisses zum Wettstreit mit Anderen bekommen sie die kollektive Anerkennung ethischer Verhaltensregeln zur Kanalisierung des Wettstreites;
- angesichts der subjektiv erlebten Begrenztheit bekommen Jugendliche den Bezug auf geographisch-historische Rahmendaten;
- angesichts des Dilemmas, einerseits sich nicht ganz ohne die Hilfe Älterer orientieren zu können, andererseits der Kinderrolle entfliehen zu wollen, bekommen Jugendliche per Projektion phantasierter Omnipotenz auf den Ideologieträger eine akzeptable "Unterwerfung unter Führer" (3).

Ideologien sind gekennzeichnet durch polarisierende Denkschemata, Starre, Kompromisslosigkeit, Allgemeingültigkeitsansprüche. Sie fordern auf zu standartisierten Verhaltensprinzipien, seien diese nun total resignativ, total agressiv, total produktionsorientiert, total traditionalistisch. Die Pointe weitverbreiteter Ideologien liegt darin, daß sie durch "selbsterfüllende Prophezeihungen" (4) verifiziert werden, wenn eine Generation größtenteils nicht über das Stadium der Ideologisierung hinauskommt und auf dieser Grundlage dann ihre Umwelt baut, die wiederum die Vorannahmen bestätigt.

Zusammenfassung: Das vorrangige Ereignis der Pubertät ist nach ERIKSON die Identitätskrise, also die Aufgabe des Individuums, seine in der Kindheit erworbenen Modalitäten nun zu einer erkennbaren Gesamtheit zu synthetisieren. Durch das in einem gesellschaftlichen Moratorium der Jugend zugestandene Experimentieren mit Erleben und Verhalten sowie die Rückmeldungen seitens der Umwelt darauf entwickeln Jugendliche ihre

(1) ERIKSON: a.a.O., S.196   (4) WATZLAWICK: Menschliche, S.95
(2) a.a.O., S.133
(3) vgl. a.a.O., S.194

persönliche Existenzweise und Selbstachtung. Wird ihnen allerdings jegliche positive Rückmeldung verwehrt, müssen sie negative Identitäten
ausbilden. Notwendiges Zwischenstadium auf dem Weg zur Identität stellt
für Jugendliche die Identifizierung mit Ideologien dar, die ihnen Orientierung und Halt in ihrer unsicheren Situation geben, indem sie entgegen
der realen Differenziertheit des Lebens bipolare Denkmuster vorgeben.

3.2 Normative Ableitungen aus ERIKSONs Modell der Identitätskrise für eine Theorie der Jugendarbeit

ERIKSONs Darstellung vermischt deskriptiv-explikative mit normativen Elemen-
ten. Schon seine grundlegenden Kategorien "Vertrauen vs. Mißtrauen" beinhal-
ten eine Wertung. Dementsprechend haben die nun folgenden idealtypischen Ab-
leitungen für eine Theorie der Jugendarbeit ebenfalls normativen Charakter.

Jugendarbeit als außerfamiliär und außerschulisch institutionalisierte Erziehung ist historisch gesehen die gesellschaftliche Reaktion auf das Phänomen
des Jugendalters, das vor der industriellen Revolution nicht als eigener Le-
bensabschnitt existierte. Eine pädagogische Theorie der Jugendarbeit muß den
Bedingungen Rechnung tragen, unter denen die Jugendlichen heute leben. Aus
besagten Gründen bietet sich ERIKSONs Theorie dafür an. Jugendarbeit stellt
für die Jugendlichen einen eigenen Lebensraum außerhalb der Familie (Kindheit)
und Schule bzw. Betrieb (Erwachsenenalter) dar. Sie ist Umwelteinfluß im Sinne
der Epigenese der Identität, d. h. sie steht in Wechselwirkung mit der Identitätsentwicklung der Jugendlichen. Die Wirkung, die sie auf diesen Prozeß aus-
übt, soll in einer Theorie der Jugendarbeit darum reflektiert werden.

3.2.1 Zur Ich-Identität (1)

Die spezifische Klientel der Jugendarbeit besteht aus Individuen, die mehr
oder weniger intensiv und bewußt eine psycho-soziale Krise durchleben. Die
Jugendlichen erleben in ihrer Person Erweiterung und Differenzierung der
physiologischen, kognitiven und sozialen Potenzen und Bedürfnisse. Die At-
traktivität des Lebensraumes Jugendarbeit gegenüber Familie und Ausbildung
hängt ab von dem Maß, in welchem er diesen Veränderungen Raum gibt; und zwar
nicht allein im passiven Sinn von "gewähren lassen", sondern auch aktiv durch
bestätigende Rückmeldung, die den Jugendlichen Status, Funktion und Bedeutung
zumißt. Dabei werden die Jugendlichen mehr oder weniger deutlich zum Ausdruck
bringen, wie die einzelnen Modalitäten im Laufe ihrer individuellen Primärsozialisation besetzt wurden. Wenn die Identitätskrise sie erneut vor die
Aufgabe stellt, Vertrauen zu entwickeln, werden ihre positiven und negativen
Kindheitserfahrungen mit Vertrauen zum Tragen bzw. Nichttragen kommen. Jugendarbeit soll den Jugendlichen neue Erfahrungen mit Vertrauen, auch die Erfahrung, daß ihnen Vertrauen entgegengebracht wird, ermöglichen. Etwaige Miß-
trauensäußerungen seitens der Jugendlichen sollen nicht moralisierend verdrängt, sondern zum Ausdruck gebracht werden. Der Jugendleiter wird den

(1) Der Begriff Ich-Identität wird hier nur zur Unterscheidung von der Gruppen-Identität eingeführt, aber synonym für "persönliche Identität" verwandt, wogenen ERIKSON nochmals unterscheidet. Vgl. ERIKSON, a.a.O., S.47

44

Jugendlichen ggf. zunächst zur Sprachfähigkeit verhelfen müssen. Jugendarbeit hat insofern auch eine therapeutische Funktion.

Ähnliches gilt für die drei anderen Modalitäten: Autonomie, Initiative und Produktivität. Jugendarbeit soll Erfahrungen autonomen Willens bei Jugendlichen fördern, ggf. auch fordern, wo auf Grund der Primärsozialisation eine Grundhaltung zwanghaften Selbstzweifels jegliche autonomen Bestrebungen einschränkt. Zu einer im Sinne ERIKSONs positiven Identität (die durch die optimale Entwicklung der individuellen Möglichkeiten gekennzeichnet ist) gehört zwar nicht zwanghafte Schrankenlosigkeit, aber die Affirmation der eigenen Fähigkeit, etwas zu wollen. Machtkämpfe der Jugendleiter gegen Autonomiebestrebungen der Jugendlichen würden die Identitätsausbildung behindern.

Jugendarbeit soll die Initiative der Jugendlichen unterstützen. Wenn bei Jugendlichen in Folge des ödipalen Konfliktes primärprozeßhafte Schuldgefühle als unterbewußte Selbstbestrafungsreaktion auf Initiative bestehen, so soll Jugendarbeit dies unter psychologischen, nicht unter moralischen Kategorien thematisieren, damit einer Etablierung grundsätzlichen Schuldgefühls in der Identität der Jugendlichen entgegengewirkt werden kann.

Jugendarbeit soll Erfahrungen kultivierter Produktivität (im Gegensatz zur Entfremdung industriell-kapitalistischer Produktion) ermöglichen. Gerade wenn bei Jugendlichen aus der Kindheit Minderwertigkeitsgefühle bestehen, sollen sie dazu herausgefordert werden, ihre latente kreative Potenz zu entdecken und auszuleben. Jugendarbeit wird auch die für die Jugendlichen anstehende Berufsentscheidung thematisieren, und zwar primär hinsichtlich der kreativen, nicht der finanziellen Aspekte. Gerade angesichts der derzeitigen Jugendarbeitslosigkeit sind positive Erfahrungen mit eigener Arbeit wichtig zur Identitätsbildung.

Jugendarbeit identifiziert sich mit der Entwicklungsaufgabe der Jugendlichen, eine Identität ausbilden und der drohenden "Identitäts-Verwirrung" (1) entgegenwirken zu müssen. Voraussetzung zur Identität in diesem Sinne ist ein realistischer Umgang der Jugendlichen mit sich selbst. Nur wenn Potenzen und Hemmungen realistisch erfaßt werden, ist eine freie Entwicklung der Identität möglich. Jugendarbeit wird Raum zur Erkenntnis von Unterschieden unter den Mitgliedern einer Gruppe zur Verfügung stellen. Nicht illusionäre Gleichmacherei durch rigide Unterordnung Aller unter die Gruppennormen und Verdrängung unkonformer Selbstanteile, sondern realistische Erkenntnis des Selbst und der anderen Gruppenmitglieder begünstigen die Identitätsbildung der Individuen. Jugendarbeit wird geeignete Mittel zur Förderung solcher Wahrnehmungsleistungen suchen, womit z.B. auf die Gruppendynamik verwiesen sei.

3.2.2   Zur Gruppen-Identität

Der soziale Aspekt der Identität ist die Kehrseite dieser Medaille. Wenn die Ich-Identität eine "erfolgreiche Variante einer Gruppen-Identität" (2) ist, darf Jugendarbeit auch nicht auf den Aufbau eben dieser Gruppen-Identität verzichten. In der Jugendgruppe spiegelt sich die allgemeine Tatsache wider, daß das Individuum in der Spannung von Individualität und Sozialität existiert. Die Ich-Identität der Jugendlichen bildet sich aber nicht nur in Relation zur

(1) ERIKSON: a.a.O., S.220; an anderer Stelle auch: "Rollenverwirrung" (S.87); OERTER/MONTADA (dies.:a.a.O., S.104) sprechen von "Rollendiffusion"
(2) ERIKSON: a.a.O., S.46

Gruppen-Identität der Gleichaltrigen (peers), sondern diese entwickelt sich auch relativ zur Identität der Elterngeneration. Es gibt so etwas wie eine kollektive Identität, die jede Generation mehr oder weniger unterschiedlich gegenüber der überlieferten ausbildet. Vor allem wenn diese in deutlicher Opposition zur Erwachsenen-Identität steht, kommt dem Lebensraum Jugendarbeit eine besondere, nämlich konkurrierende Bedeutung gegenüber Familie und Schule bzw. Betrieb zu. Jugendarbeit wird sich in diesem gesellschaftlichen Konflikt auf die Seite der jungen Generation stellen, zumindest aber ein Freiraum zur Ausbildung der neuen Gruppen-Identität sein müssen. Jugendarbeit wird in dem Maße Offenheit der Jugendlichen für existentielle Fragen entgegengebracht bekommen, wie sie der jungen Generation die Artikulation von Kritik an überkommenen und die Suche nach alternativen Identitätsanteilen ermöglicht. Gerade wenn die Jugendleiter selbst eher für die Gruppen-Identität der älteren Generation repräsentieren, ist Selbstkritikfähigkeit nötig. Eine bloße "kulturelle Konsolidierung" (1), den Jugendlichen spürbar als ein "Gefühl des Eingebettetseins" (2) in die Erwachsenen-Identität, kann nicht Interesse der Jugendarbeit sein, wenn diese die Perspektive der Jugendlichen ernstnimmt; denn kulturelle Konsolidierung wirkt immer

> "auch zugunsten eingewurzelter Privilegien, erzwungener Opfer, institutionalisierter Ungleichheit und eingebauter Widersprüche, die den Kritikern jeder Gesellschaft deutlich werden." (3)

Andererseits bietet

> "nur eine derartige Konsolidierung die Koordinaten für die Spannweite der Identitätsbildungen einer Periode" (4),

d.h. Jugend entwickelt ihre Identität im Konflikt mit der von den Erwachsenen repräsentierten Identität, zu der sie irgendeine Stellung beziehen muß. Jugendarbeit kann die gesellschaftliche Funktion eines Forums zum Austragen dieses Generationenkonfliktes übernehmen. Voraussetzung dafür ist, daß die pubertäre Grundhaltung des Alles-in-Frage-Stellens nicht negativ besetzt und als "krankhafter Zustand" (5) diffamiert wird; stattdessen ist den Jugendlichen Echtheit für ihre Äußerungen zuzugestehen, die zum Ausleben der "Experimentierphase" (6) unbedingt nötig ist. An dieser Stelle sei schon vorweggenommen, daß die Einübung des "praktischen Diskurses" (7) dazu unerläßlich ist. Gerade wenn die Jugendarbeit im Rahmen einer Erwachsenen-Organisation, z.B. der Kirche, institutionalisiert ist, sollten die Erwachsenen ein höchsteigenes Interesse daran haben. Eine konstruktive, nämlich dialogische Beziehung zur nächsten Generation ist auch für die Erwachsenen ein Gewinn, denn die Jugend kann die Fehler der Erwachsenen klarer sehen und ausdrücken. Darin aber besteht der Ansatz zur Weiterentwicklung. Wenn die Erwachsenen die Jugend bloß sich angleichen wollen, bringen sie sich selbst um diese Chance, außerdem um das Vertrauen der Jugend - für die Jugendarbeit wäre dies tödlich.

---

(1) ERIKSON: a.a.O., S.28
(2) a.a.O., S.29
(3) ebd.
(4) a.a.O., S.28
(5) ERDHEIM: Gesellschaftliche, S.297
(6) a.a.O., S.248
(7) s.u. Kap. 3.2.9

3.2.3 Zur negativen Identität

Falls ein partnerschaftlicher Dialog zwischen den Generationen nicht statt-
findet, kommt es leicht zur Ausbildung negativer Identität. Jugendarbeit soll
sensibel für diese unbewußte, aber eindeutige Äußerung Jugendlicher sein.
Die Ausbildung einer negativen Identität ist ja nicht Ausdruck grundsätzlich-
en Unwillens zur Sozialität, sondern eher die höchst konflikthafte Äußerung
von Hilflosigkeit. Die "Bitte um brüderliche Bestätigung" (1) in Gestalt des
Nonkonformismus wird (angesichts der geltenden Leistungsorientierung) in
Schule und Betrieb kaum, in der Familie wenig, verstanden werden. Insofern
ist Jugendarbeit der einzige institutionalisierte Lebensraum der Jugendlichen, innerhalb dessen sinnvolle Alternativen zur negativen Identität an-
geboten werden können. Konkret ist bei den betroffenen Jugendlichen nach-
zuprüfen, inwiefern die von ihnen als unüberwindlich erlebte Diskrepanz zwischen gesellschaftlicher Forderung und eigenen Bedürfnissen phantasiert ist,
inwiefern und aus welchen Gründen Projektionen die Ursache der Ausbildung
negativer Identität darstellen. Jugendarbeit hat also auch zur Selbstwahrnehmung zu verhelfen; keineswegs darf sie gesellschaftliche Vorurteile moralisierend gegen jugendliche Erlebnis- und Handlungsweisen übernehmen. Weniger offensichtlich, aber von gleicher Wirkung, ist eine gleichgültige Haltung der Jugendarbeit gegenüber der Tendenz zur negativen Identität bei Jugendlichen.

3.2.4 Zur Lebenswelt der Jugendlichen

Identität bildet sich im Rahmen des Hier und Jetzt. Darauf geht Jugendarbeit
in doppelter Weise ein: Im engeren Sinn, indem sie die Wahrnehmung der Situation fördert und das Ensemble aller menschlichen Sinnesorgane anspricht,
also nicht nur auf Kopfarbeit beschränkte Möglichkeiten zur Aktivität gibt,
aber auch die Reflexion von Interaktionen, also die Metakommunikation, ermöglicht.

Im weiteren Sinne steht "Hier und Jetzt" für die Lebenswelt der Jugendlichen.
Da die Identität zur Bewältigung der Anforderungen der gesamten Lebenswelt
dienen soll, wird Jugendarbeit deren Thematisierung Raum geben. Jugendliche
sollen die Möglichkeit haben, die Erlebnisse aus allen Bereichen ihrer Lebenswelt in die Jugendarbeit einzubringen. Dazu gehört auch die besondere
gesellschaftliche Stellung des Jugendalters zwischen Kindheit und Erwachsenenalter. Während die Familie die Jugendlichen tendenziell in ihrem Selbstän-
digkeitsdrang einschränkt, also die Kindheit auszudehnen versucht, schränkt
die Ausbildung sie tendenziell mit Pflichten ein, sie verlagert also das Erwachsenenalter zeitlich nach vorn. Jugendarbeit steht, als der dritte institutionalisierte Lebensraum neben Familie und Ausbildung, insofern zwischen
diesen beiden Einschränkungen, als sie weder Kindheits-, noch Erwachsenen-
Institution ist. Darum hat nur sie die Möglichkeit, ausschließlich das Jugendalter, also das Moratorium, zu institutionalisieren. Hier stellt sich
die Frage, ob Jugendliche ihren Freiraum überhaupt innerhalb einer Institution adäquat erleben können, ob also ein Moratorium zu institutionalisieren
ist. Der Begriff des Moratoriums selbst legt diese Annahme nahe, da er auf
eine vertragliche Sicherung verweist. Aufgabe der Institution ist es also,
für die Einhaltung dieses "Vertrages" zwischen Erwachsenen-Gesellschaft und

---

(1) ERIKSON: a.a.O., S.24

Jugend zu sorgen. Zunächst gilt dies für ihren eigenen Bereich: Sie darf keine Macht über die Jugendlichen - die ihr das u. U. sogar zugestehen würden - ausüben. Die Leistungs- und Konsummaximen der kapitalistischen Industriegesellschaft (ERIKSON bezieht sich auf die US-amerikanische Jugend) darf sie nicht tradieren. Voraussetzung dieses für das Moratorium idealen Zustandes ist allerdings, daß die Jugendleiter weder bewußt noch unbewußt die Rolle der Eltern bzw. Lehrer/Ausbilder einnehmen, daß sie also die Jugendlichen nicht mehr als Kinder, aber auch noch nicht als Erwachsene ansehen, sondern vielmehr ihren jeweiligen individuellen Entwicklungsstand beachten. Zwar kann zur Jugendarbeit auch die Vermittlung von Kenntnissen und Fähigkeiten an die Jugendlichen gehören, jedoch darf keine ausschließliche gegenseitige Rollenfixierung auf ein Lehrer-Schüler-Verhältnis stattfinden. Paradoxerweise laufen Jugendleiter aber Gefahr, gerade durch ihre Bemühung um der Jugendlichen Emanzipation diese zu Objekten ihrer Tätigkeit zu machen und sie dadurch zu "infantilisieren" (1). Auch stehen Jugendleiter selbst der Erwachsenen-Generation oft näher als der Jugend und repräsentieren die Erwachsenen-Identität, laufen also Gefahr, diese durch die Jugendarbeit unkritisch zu vermitteln. Die selbstkristische Frage der Jugendleiter, ob sie als "Anwälte" der Jugend deren Perspektive einnehmen, stellt ein geeignetes Korrektiv hierfür dar.

Ob von der Jugendarbeit direkte politische Wirkungen auf die Lebenswelt der Jugendlichen ausgehen, ist für die psychologische Funktion des Moratoriums nicht entscheidend. Selbst wenn Jugendarbeit anstelle politischen Bewußtseins bei Jugendlichen einen Rückzug in alternative gesellschaftliche Nischen bewirkt, kann sie einen zur Identitätsbildung geeigneten Raum darstellen. Die Frage nach der politischen Wirkung der Jugendarbeit ist also für die Entwicklung der Identität - nicht dagegen für deren politischen Gehalt - unerheblich.

3.2.5   Zum Problem der Vorgaben-Pädagogik

Es genügt zur Sicherung des Moratoriums nicht, daß Jugendarbeit passiv auf die Ausübung von Konsum- und Leistungsdruck verzichtet. Denn mit dem Theologen EBELING ist zu konstatieren:

> "Das Hauptproblem ist nicht, ob man dem Menschen seine Freiheit läßt, sondern wie man ihm zu seiner Freiheit verhilft, die er keineswegs schon damit gewinnt, daß man ihm Freiheit läßt." (2)

Den Jugendlichen zur Freiheit von aller Fremdbestimmung zu verhelfen, heißt: ihnen aktiv Orientierungspunkte geben; ihre existentiellen Fragen aufgreifen; der Sinnkrise, die in der Pubertät latent schwelt, zum Ausdruck verhelfen; ihnen Sprachfähigkeit und damit eigene Kompetenz für ihre Identitätssuche geben. Hier sei schon behauptet, was unten mit dem Symbolbegriff begründet wird, daß nämlich Religion - nicht aber Ideologie! - die dafür prädestinierte menschliche Ausdrucksform ist. Wenn aber Religion zur Folie des Moratoriums wird, dann muß religiöse Jugendarbeit die hier ausgeführten Bedingungen erfüllen, selbst wenn sie dadurch zu einer Sonderform von Religion wird - womit die oben formulierte Antithese zu BONHOEFFERs Proklamation (3) unterstrichen sei. Die inhaltliche Vorgabe soll den Jugendlichen zum Aufbau eines Selbst-

(1) vgl. BROCHER: Gruppendynamik, S.48
(2) EBELING: Dogmatik I, S.86; vgl. Kap. 2.4.2
(3) s.o. Kap. 3.0

und Weltbildes verhelfen bzw. sie dabei unterstützen. Vorgabe-Pädagogik kann auf zweierlei Weise geschehen, die sehr unterschiedliche Folgen haben:

Vorgabe-Pädagogik als "emporbildendes Verstehen" im Sinne SPRANGERs (1) würde in der Jugendarbeit nur einem seitens der Jugendleiter als positiv bewerteten Ausschnitt der Lebenswelt der Jugendlichen Raum geben. Nicht nur negativ besetzte Maximen der Erwachsenen-Gesellschaft würden abgeschirmt, sondern auch deren Niederschlag im Bewußtsein der Jugendlichen. Zur Sprache kommen dürfte nur, was den Jugendleitern positiv erschiene, alles andere müßte von den Jugendlichen verdrängt werden.

Was dies konkret bedeuten kann, soll an einem Beispiel aus dem EJW gezeigt werden. Hier wird auf Jugendfreizeiten in der Regel das Mitbringen von Kassettenrecordern u.ä. Geräten verboten, also der für die meisten Jugendlichen selbstverständliche Musikkonsum aus der Jugendarbeit ausgegrenzt, weil er als für die Jugendarbeit hinderlich kategorisiert ist. Damit ersparen sich die Leitungsteams der Freizeiten gewisse Probleme, etwa die für alle Beteiligten spürbare psychische Belastung eines fortwährenden Lärmpegels; einen Mangel an Konzentration der Jugendlichen auf Programmpunkte der Freizeit; den Rückzug einzelner Jugendlicher in die privatisierte Welt zwischen ihren Walkman-Kopfhörern; und was der Begleiterscheinungen der gegenwärtigen Jugend-Musik-kultur mehr sind. Aus Gründen der Kräfteökonomie ist es auch sinnvoll, daß Leitungsteams gewisse Spielregeln setzen, die dann meistens eine Eingrenzung für die Freizeitteilnehmer bedeuten. Gleichwohl ist der Preis, nämlich die funktionale Wirkung solcher Maßnahmen zu bedenken, die faktisch die Tabuisierung eines Ausschnittes der jugendlichen Lebenswelt durch die Jugendarbeit darstellen. Diese Art von Vorgabe-Pädagogik bringt sich um die Chance, einen wichtigen Teil der gegenwärtigen Jugendkultur - und damit des Lebensgefühls Jugendlicher - überhaupt nur angemessen thematisieren, geschweige denn beeinflussen zu können.

Eine alternative Vorgabe-Pädagogik würde dagegen mehr die Thematisierung gerade der als jugendfeindlich eingeschätzten Gegenstände versuchen: Jugendliche dürfen in der Jugendarbeit alles äußern, was sie internalisiert haben, und alles mitbringen, was ihnen wichtig ist. Inhaltliche Vorgaben seitens der Jugendleiter werden direkt und als offensichtliche Stellungnahme zu den Vorgaben der Jugendlichen (!) thematisiert. Z.B. würde auf einer Freizeit im Anschluß an eine gemeinsame Musik- und Discophase ein Gespräch über die Erlebnisse, Gefühle und Gedanken der Jugendlichen (und Leiter) beim Musikkonsum angeregt. Dabei würde vielleicht auch ein Bewußtsein für die Probleme dieser Jugendkultur entstehen können. Ob innerhalb kurzer Zeit wirklich Lernprozesse in Gang kommen, ist fraglich. Aber anders ist eine echte Auseinandersetzung mit den Jugendlichen nicht möglich, denn

> "Etwas Unbewußtes kann man nicht mit Proklamationen oder Verboten
> abschaffen. Man kann sich nur dafür sensibilisieren, um es zu
> erkennen, bewußt zu erleben und es unter Kontrolle zu bekommen." (2)

In dem problematischen Grenzfall, daß die legitimierte Ausübung von Verhaltensweisen deren Thematisierung verhindert ("Discosucht" auf einer Freizeit), würde der Kompromiß einer "vertraglichen" Regelung zwischen Leitungsteam und Jugendlichen erforderlich.

(1) vgl. Kap. 2.4.2; dort ging es um den Aspekt der Selbstentfaltung, hier um den der Vorgabe in SPRANGERs Pädagogik.
(2) MILLER: Drama, S.146

3.2.6   Zur Ideologisierungs-Tendenz

Inhaltliche Vorgaben der Jugendarbeit können von Jugendlichen leicht als
Ideologie mißbraucht werden, indem auf sie - oder die Person der Jugendleiter - idealisierende Omnipotenzphantasien projeziert werden. Der Lebensraum
Jugendarbeit kann dadurch zu einem Ort der "Unterwerfung" (1) unter Ideologie und damit der Flucht vor den Anfoderungen der Identitätskrise werden,
obwohl er von den Jugendleitern als Erfahrungsraum für Freiheit intendiert
ist.
Die scheinbare Alternative zur inhaltlichen Vorgabe wäre der Verzicht auf
Leitung, bzw. ein laissez-faire-Leitungsstil. Angesichts der Orientierungsbedürftigkeit und Ideologie-Aufgeschlossenheit der Identität suchenden Jugendlichen scheidet sie allerdings aus. Die Gesellschaft würde in den Leer-
raum eindringen. In der Schul- und Arbeitszeit tut sie es offensichtlich
durch Anpassungszwänge. In der Freizeit tut sie es versteckt und den Jugendlichen unbewußt durch Werbung (Konsumzwang) und Medien (Meinungsbildung).
Die Jugendlichen "sind den überredenden Einflußnahmen kommerzieller Interes-
senten ausgesetzt" (2). Das Dilemma aus Orientierungsbedürftigkeit einerseits
und Ideologisierungsgefahr andererseits liegt also in der Natur der Sache.
Jugendleiter sollten es ständig reflektieren.

3.2.7   Exkurs: Die peer-group

Die peer-group (Gleichaltrigen-Gruppe) ist der natürliche Ort des Freiraums
Jugendlicher. Jugendarbeit wird darum der Bildung von peer-groups Raum geben.
Diese stellen die von Jugendlichen intuitiv institutionalisierte Form der
Gemeinschaft im Moratorium dar. Die peer-group ermöglicht den Jugendlichen
am ehesten die Erfüllung ihrer Bedürfnisse, soweit diese über die physiolo-
gisch lebensnotwendigen hinausgehen.

> "Nahezu alle ... Funktionen (der peer-group) hängen eng mit der
> Identitätsbildung zusammen. Unter günstigen bzw. normalen Beding-
> ungen kann also die Peer-group eine wichtige Funktion für die Ge-
> winnung einer starken Ich-Identität erhalten." (3)(Ergänzung W.B.)

HAMACHEK nennt sieben Funktionen der peer-group: (4)

- Ersatz für die Familie - Geborgenheit, Status;
- stabilisierender Einfluß auf die pubertären Emotionsschwankungen;
- Quelle der Selbstachtung - die peer-group teilt Status zu;
- Quelle von Verhaltensstandards - Rollenübernahme ggf. auch in
  Opposition zur Elterngeneration;
- die Sicherheit der Zahl - Solidarität der peers gegenüber Eltern
  und Lehrern;
- Gelegenheit zur Übung durch Handeln - Experimentieren mit Verhaltensweisen kann sanktionsfrei und ohne Legitimationsdruck geschehen - Einübung von sozialem Verhalten;
- Gelegenheit zur Vorbildübernahme und Nachahmung - die Orientierung
  richtet sich z.T. auch auf gleichaltrige Vorbilder.

---

(1) ERIKSON: a.a.O., S.194   (3) OERTER/MONT.:a.a.O.S.285
(2) PACKARD zit. in BUTTON: Gruppenarbeit, S.27 (4) vgl. a.a.O., S.284f

Grundmerkmal all dieser Funtionen ist die "symmetrische Interaktion" (1).
Jugendarbeit auf peer-group-Basis soll diese Struktur nicht zerstören. Sie
wird Herrschaft nur in dem Maße ausüben, als es zur Aufrechterhaltung symmetrischer Interaktion nötig ist. Nicht Sachautorität der Jugendleiter ist
auszuschließen, aber deren repressiver Einsatz zum Zweck des Herrschafts-
aufbaues.

3.2.8   Exkurs: Das Drama der Erziehung zur Selbstverachtung (MILLER)

Symmetrische Interaktionsformen werden weiter unten für die Jugendarbeit als
Dialog und Diskurs konkretisiert. Dazu sind die Erkenntnisse von Alice
MILLER wichtig, die auf den Kreislauf hinweisen, der eine dialogische Hal-
tung für die meisten Zeitgenossen unmöglich macht.

Quelle der Selbstachtung ist nach MILLER für jeden Menschen ein "gesunder
Narzißmus" (2), d.h. eine "unangezweifelte Sicherheit, daß empfundene Gefühle und Wünsche zum eigenen Selbst gehören" (3). Dieses Gefühl entspringt
der Erfahrung des Kleinkindes, welches seine Mutter "narzißtisch besetzen" (4)
darf, d.h. ihre bedingungslose Achtung erfährt. Eine "narzißtische Störung"
(5) tritt ein, falls umgekehrt die Mutter (aus einem Mangel in ihrer eigenen
Kindheit heraus) "mit Hilfe ihres Kindes ihre eigenen narzißtischen Bedürfnisse ... befriedigen" (6) muß. Im Kind wird das "Gebot, die Eltern zu schonen" (7) verankert, so daß das Kind auf die im menschlichen Zusammenleben un-
vermeidbaren Kränkungen, die es erfährt, nicht mit den angemessenen Gefühlen
(Wut, Ärger, Trauer) reagieren darf, weil diese die Eltern nicht schonen
würden.

> "In einem solchen Fall können die zum Alter des Kindes gehörenden
> natürlichen narzißtischen Bedürfnisse ... nicht als Teil der sich
> bildenden Persönlichkeit integriert werden, sondern werden abge-
> spalten" (8).

Da das Kind seine daraus resultierende Verachtung nicht gegen die Mutter
richten kann, leitet es sie um gegen das eigene Selbst und setzt damit die
von der Mutter begonnene "Unterdrückung des Lebendigen" (9) selbst fort.

> "Was geschieht nun mit diesem ungelebten weil verbotenen Zorn?
> Er löst sich leider nicht auf, sondern verwandelt sich mit der
> Zeit in einen mehr oder weniger bewußten Haß gegen das eigene
> Selbst." (10)

Für die Jugendarbeit ist nun wichtig, daß

> "die Pubertät ... den Jugendlichen oft ganz unerwartet mit der
> Intensität seiner wahren Gefühle (konfrontiert) nachdem es ihm
> bereits gelungen sein mag, sie während der Latenzzeit von sich
> fernzuhalten. Mit dem biologischen Aufbruch seines Wachstums

---

(1) OERTER/MONTADA: a.a.O., S.761
(2) MILLER: Drama, S.60
(3) ebd.
(4) ebd.
(5) a.a.O., S.63

(6) ebd.
(7) MILLER: Anfang, S.80
(8) MILLER: Drama, S.63
(9) MILLER: Anfang, S.77
(10) a.a.O., S.80

wollen diese Gefühle (Wut, Zorn, Auflehnung, Verliebtheit, sexuelle
Wünsche, Begeisterung, Freude, Verzauberung, Trauer) voll leben,
doch in vielen Fällen würde das für das psychische Gleichgewicht der
Eltern eine Gefahr bedeuten." (1)

Die "Chance der Pubertät" (2) besteht darin, daß die Jugendlichen es nun
nachholen können, mit ihrem "Selbst in Berührung" (3) zu kommen. Da die narzißtischen Bedürfnisse der meisten Eltern dem aber entgegenstehen, bleibt
diese Chance "ungenützt" (4).

"Die innere Not, der Konflikt zwischen der Sehnsucht nach dem wahren
Selbst und der Notwendigkeit der Anpassung an die Bedürfnisse der
Eltern, wird nicht erlebt" (5).

Das nötige Austrauern wird wieder unterdrückt, die Gefühle verachtet. Später
werden diese Kinder selbst Kinder erziehen und den Kreislauf der Selbst-
Verachtung damit weitertreiben. Wenn im folgenden das Ideal einer dialogischen Beziehung für die Jugendarbeit proklamiert wird, so ist die Überwindung, zumindest aber das Verständnis des von MILLER beschriebenen Kreis-
laufes durch die Jugendleiter eine notwendige Bedingung für ihre Realisierung.
Die "ungenützte Chance der Pubertät" (6) ist ein Ansatzpunkt für dialogische
Beziehungsmuster in der Jugendarbeit.

3.2.9. Dialog und Diskurs

Symmetrische Interaktionsformen beschreibt L.v.WERDER unter den Stichworten
"Dialog und Diskurs" (7). Dialog meint "die Durchbrechung der Instrumentali-
sierung des anderen für private Zwecke" (8), ähnlich wie BUBERs Unterscheidung von "Ich-Du-Beziehung" und "Ich-Es-Beziehung" (9). Als Voraussetzung zur
Dialogfähigkeit nennt v.WERDER in Anlehnung an KRAPPMANN:

"1. Rollendistanz, d.h. die Fähigkeit zur Reflexion von Normen.
 2. Ambiguitätstoleranz, d.h. die Fähigkeit, auch ohne Bedürf-
    nisbefriedigung sich an Interaktionen beteiligen zu können.
 3. Empathie, d.h. Einfühlungsvermögen in Interaktionspartner.
 4. Identitätsdarstellung, d.h. die Fähigkeit, die eigene Identität
    in Interaktionen einbringen und behaupten zu können." (10)

(1) MILLER: Anfang, S.130 (Erste Klammer: Ergänzung W.B.)
(2) ebd.
(3) a.a.O., S.131
(4) a.a.O., S.130
(5) a.a.O., S.132
(6) a.a.O., S.130
(7) L.v.WERDER: Alltägliche, S.62
(8) ebd.
(9) BUBER: Ich und Du, S.7ff
(10) L.v.WERDER: a.a.O., S.63; vgl. MILLERs Gedankengang: 1. Rollendistanz
     setzt Distanz der Erwachsenen zu ihren eigenen Abwehrreaktionen gegen-
     über Gefühlsäußerungen voraus; 2. Ambiguitätstoleranz setzt die Aufar-
     beitung eigener narzißtischer Störungen voraus; 3. Empathie setzt das
     Zulassen der von Jugendlichen repräsentierten eigenen Gefühle der Er-
     wachsenen voraus; 4. Identitätsdarstellung setzt Identität ohne abge-
     spaltene Selbst-Anteile voraus.

Mit "Diskurs" wird die systematisierte sachorientierte Form solcher Interaktion bezeichnet. Der gemeinsame praktische Diskurs stellt "einen organi-
sierten und organisierbaren Freiraum zur Verfügung" (1). Die Funktion des
Diskurses besteht nach v.WERDER darin,

> "das unrefektierte Alltagswissen, in dem Widersprüche ruhig neben-
> einander bestehen, zu hinterfragen, zu ordnen und auf sozialwissen-
> schaftliche Einsichten zu beziehen, um die Individuen zu aktiver
> Auseinandersetzung mit Grenzsituationen zu motivieren." (2)

Der Diskurs ist insofern Verwirklichung der "Ich-Du-Beziehung" (3), als in
ihm die Gedanken des Gegenübers ernst genommen werden. STOODT nennt als
Kriterien für den "praktischen Diskurs" im Religionsunterricht:

> "1. Erfahrungen müssen hinterfragt werden.
> 2. Die Annahme, das gegenwärtig Bestehende sei überbietbar, wird
>   vorausgesetzt.
> 3. Nur das gilt, was argumentativ verteidigt werden kann.
> 4. Gewissensentscheidungen Einzelner zum Aussteigen aus dem Dis-
>   kurs werden jederzeit akzeptiert, aber nie für die Gruppe
>   verabsolutiert." (4)

Die Jugendleiter greifen das Bedürfnis der Jugendlichen nach symmetrischer
Interaktion dann auf, wenn sie auf die Einübung von Dialog und Diskurs hin-
arbeiten. Dazu sind alle Beteiligten auf eine unvoreingenommene Selbstwahrnehmung, d.h. auch auf Rückmeldungen durch andere angewiesen. Gruppendyna-
mische Elemente sind dazu hilfreich. Die Jugendleiter können nicht auf Supervision verzichten, denn vor allem von ihnen gehen Wirkungen auf die Inter-
aktionsgewohnheiten der Gruppe aus; von ihrem Verhalten hängt es wesentlich
ab, ob die Jugendlichen einen Freiraum in der Jugendarbeit finden oder in
die innere oder äußere Emigration getrieben werden.

---

(1) BROCKMANN/STOODT: Schülerorientierung, S.258
(2) L.v.WERDER: a.a.O., S.68
(3) BUBER: a.a.O., S.7ff
(4) STOODT: Seminarmitschrift W.B.

Zusammenfassung: Eine Theorie heutiger Jugendarbeit muß sich an ihren pädagogischen Voraussetzungen, nämlich an der Situation der Jugendlichen orientieren, die hier mit ERIKSON als Identitätskrise beschrieben ist. Jugendarbeit stellt den Versuch dar, in einem institutionalisierten Rahmen das gesellschaftliche Moratorium zu verwirklichen. Dabei hilft sie Jugendlichen,

- insoweit sie ihnen das individuelle Ausleben von Vertrauen, Autonomie, Initiative und Produktivität sowie deren jeweilige Gegensätze ermöglicht und psychologisch zu verstehen hilft statt es moralisch zu beurteilen;
- insoweit sie der jungen Generation ihr Anderssein zugesteht und dadurch ein kreatives Austragen des Generationenkonfliktes fördert statt die kollektive Identität der Erwachsenen-Generation als Maßstab zu proklamieren;
- insoweit sie Ansätze zu negativer Identität positiv akzeptiert und den Jugendlichen ihr Ausweichen in Negation verstehen hilft;
- insoweit sie Wahrnehmungsfähigkeit für die mit der Jugendarbeit gegebenen Situationen und Kommunikationsstrukturen schärft und Metakommunikation ermöglicht;
- insoweit sie als Anwalt der Jugendlichen einen von den in Familie und Schul- bzw. Arbeitswelt herrschenden Strukturen und Maximen der Leistungs- und Konsumorientierung freien Lebensraum für jugendgemäßes experimentelles Verhalten schafft;
- insoweit sie mit inhaltlichen Vorgaben zur aktiven Identitätssuche herausfordert;
- insoweit sie auf die Lebenswelt der Jugendlichen eingeht und für deren unbewußte Wirkungen sensibilisiert statt sie vom Bereich der Jugendarbeit abzugrenzen;
- insoweit sie Ideologisierungs-Tendenzen der Jugendlichen als Übergangsstadium zuläßt, aber gleichzeitig für die Differenziertheit des realen Lebens sensibilisiert, die sich gegen jede Ideologisierung sperrt;
- insoweit sie in ihren Gruppen die für das Pubertätsalter natürliche peer-group-Struktur beibehält und den Gruppen solche Jugendleiter zuordnet, die ihre Sachautorität der peer-group-spezifischen symmetrischen Interaktion einordnen;
- insoweit die Jugendleiter die Kränkungen ihrer eigenen Kindheit verstehen und die darin begründeten Gefühle zulassen und damit auch den Jugendlichen helfen, die in der Pubertät wieder aufkommenden intensiven Gefühle (Wut, Trauer etc.) in ihr Selbst zu integrieren;
- insoweit sie die bereits vorhandene Neigung Jugendlicher zu symmetrischer Interaktion durch die Einübung von Dialog und Diskurs verstärkt.

4. THEOLOGISCHE VORAUSSETZUNGEN:
   PREDIGT ZWISCHEN LEBENSERFAHRUNG
   UND CHRISTLICHER ÜBERLIEFERUNG

4.1   Zur Beziehung von Sozialwissenschaft und Theologie

In den vorigen zwei Kapiteln wurde festgestellt: Jugendarbeit steht in dem
Maße in pietistischer Tradition, als sie eine klare Priorität auf die aus-
drückliche Predigt des Evangeliums setzt. Verzichtet sie darauf, so kann sie
nicht als "pietistisch" bezeichnet werden. Gleichzeitig hat sie sich an psychologischen Erkenntnissen über das Jugendalter messen zu lassen. Nur wenn
sie auf die Anforderungen, deren Erfüllung Voraussetzung zur optimalen Entwicklung der Fähigkeiten Jugendlicher darstellen, eingeht, kann sie als ver-
antwortliche Jugendarbeit bezeichnet werden. Eine Theorie evangelischer Jugendarbeit kommt heute nicht mehr umhin, diese beiden Aspekte zu berücksich-
tigen. Halbherzig wurde dies schon in der Polarisierungsdiskussion versucht,
nötig wäre dagegen das "interdisziplinäre Gespräch" (1).

4.1.1   Hemmschuh der Polarisierungsdiskussion: Der Unsinn der Alternative

In der Polarisierungsdiskussion wurden die Kategorien "missionarisch" und
"emanzipatorisch" gegeneinandergestellt. Mit Recht wurde dies auch als
"der Unsinn der Alternative" (2) bezeichnet. Aufschlußreich für die Grund-
struktur der Polarisierungsdiskussion ist der Verlauf der gegenseitigen An-
näherungsversuche. Bezeichnend dafür ist etwa das Doppelreferat zum Thema
"Emanzipation und Herrschaft Jesu Christi in der evangelischen Jugendarbeit"
(3), das auf dem Höhepunkt der Polarisierungsdiskussion von zwei Vertretern
gegenläufiger Jugendarbeitskonzeptionen in der AEJ gehalten wurde. Hier wurden von beiden Seiten aus Brückenschläge versucht. Obwohl beide dem jeweils
anderen Anliegen evangelischer Jugendarbeit indirekt oder zweitrangig Raum
zuerkennen, bleibt doch der Eindruck bestehen, daß Emanzipation und Predigt
des Evangeliums um das Primat in der Jugendarbeit konkurrieren müßten.
Für SCHANZ wird das Reich Gottes

        "in der Bibel in individuellen und gesellschaftlichen Befreiungs-
        vorgängen beschrieben ... Aus dieser Intention kann evangelische
        Jugendarbeit nicht ausbrechen, ohne das Evangelium zu verkürzen." (4)

Dies stellt einen Brückenschlag zur pietistischen Tradition dar, wenn mensch
es vergleicht mit den Äußerungen ROHRBACHs:

---

(1) AFFOLDERBACH: Praxisfeld, S.170
(2) HASSLER zit. in CANNAWURF: Primanerforum, S.23; zur Polarisierungs-
    diskussion siehe oben Kap. 2.2.2
(3) AFFOLDERBACH: Grundsatztexte, S.361ff
(4) a.a.O., S.371

"Evangelische Jugendarbeit kann von ihrer Zielsetzung her nicht daran interessiert sein, 'anders' zu sein als Jugendarbeit, die sich
nicht als evangelische Jugendarbeit versteht." (1)

Andererseits nennt SCHANZ nicht die Notwendigkeit der expliziten und verbalen
Predigt und begründet dies damit, die "befreiende Bewegung des Evangeliums"
(2) sei nicht an die "Begriffe" (3) gebunden. Damit übernimmt er in dieser
für die Gegenseite grundlegenden Frage den Ansatz der ROHRBACH-Thesen, nämlich einer auf Verhalten nach der Intention Agape reduzierten Predigt, ohne
die "mündliche Mitteilung von Jesus Christus" (4).

TESCHNER seinerseits macht den Brückenschlag zur Emanzipationsforderung,
indem er Selbständigkeit, Überwindung von Trägheit, Distanz zum Selbst und
zur Umwelt, Kommunikation und gesellschaftliche Aktionen als Nebenprodukte
des allein durch die "mündliche Mitteilung von Jesus Christus" (5) stift-
baren Glaubens darstellt, ihnen also auch Raum in der evangelischen Jugendarbeit zuerkennt. Aber hier scheint der Kompromiß darin zu bestehen, daß
im Gebrauch sozialwissenschaftlicher Begriffe eine oberflächliche Anlehnung
an Emanzipationstheorien gesucht wird, ohne deren kritisches Moment an die
eigene Konzeption und Praxis grundlegend heranzulassen, das etwa darin bestehen kann, verbale Bekenntnisse zu Jesus Christus auf ihre Bedeutung für
Selbständigkeit und ähnliche psychische Qualitäten hin zu untersuchen.

In der Polarisierungsdiskussion konnte es über eine kompromißhafte Annäherung beider Seiten hinaus nicht zu einer echten Synthese kommen, weil mit
den Kategorien "missionarisch vs. emanzipatorisch" Hauptbegriffe zweier Disziplinen gegeneinandergestellt wurden. Theologie wurde gegen Sozialwissenschaft ausgespielt.

4.1.2   Alternative zur Polarisierungsdiskussion: Das interdisziplinäre
        Gespräch

Weil kirchliche Jugendarbeit ebenso ein gesellschaftlicher wie ein inner-
kirchlicher Faktor ist, muß sie sich auch beiden Seiten gegenüber verantworten. Genauer gesagt sind es drei Faktoren: Jugendliche, Gesellschaft und
Kirche, die "als konstitutive Faktoren in die Theoriebildung kirchlicher Jugendarbeit eingehen müssen" (6). Dies ist die Konsequenz der "Etablierung
der Jugendarbeit als eigenständiger Erziehungsinstitution bzw. als Teil des
gesellschaftlichen Erziehungs- und Bildungssystems" (7). Jugendarbeit ist
nicht mehr allein eine kirchliche Aktionsform unter anderen, sondern Kirche
ist auch ein Träger unter anderen von Jugendarbeit. Indem Jugendarbeit zum
Forschungsgegenstand der Erziehungswissenschaft wurde, mußte die Kirche ihre
Jugendarbeit in nicht-theologischen, sozialwissenschaftlichen Kategorien begründen. Dies hat freilich auch BOTH schon in der ersten Hälfte dieses Jahrhunderts getan, als er die Begriffe und Ideen der Reformpädagogik in den
Dienst seines pietistischen Predigtanspruches stellte. Allerdings ging es

---

(1) zit. in AFFOLDERBACH: Grundsatztexte, S.324
(2) zit. a.a.O., S.371
(3) ebd.
(4) vgl. a.a.O., S.378
(5) vgl. ebd.
(6) BÄUMLER: Kirchliche, S.4
(7) AFFOLDERBACH: a.a.O., S.24

am Anfang des Jahrhunderts noch darum, Jugendarbeit überhaupt als eigenständigen Erziehungsbereich gesellschaftlich zu etablieren (1), wogegen nach 1945, besonders in der Zeit der Polarisierungsdiskussion, die bereits institutionalisierte Jugendarbeit seitens der Erziehungswissenschaft über den Emanzipationsbegriff kritisiert wurde. Anfangs ging es um die Existenz, später um die Qualität von Jugendarbeit. Zu dieser pädagogischen Fragestellung kam nun noch die theologische "Notwendigkeit zur Formulierung spezifisch christlicher Zielvorstellungen und der Rechtfertigung dieser Ziele" (2). Um eine in diesem Sinne angemessene Theorie kirchlicher Jugendarbeit voranzutreiben, ist das interdisziplinäre Gespräch von Theologie und Erziehungswissenschaft nötig, dessen Ziel die "exakte Erfassung des gesamten Objektbereichs Jugendarbeit" (3). Dabei entsteht das wissenschaftstheoretische Problem der angemessenen Kategorien: Sind theologische Kategorien angemessen, um erziehungswissenschaftliche Probleme zu erfassen? Können sozialwissenschaftliche Kategorien die Wirklichkeit, die mit Begriffen wie "Glaube" und "Evangelium" bezeichnet werden, adäquat erfassen? Zwar ist beiden Wissenschaften der Objektbereich gemeinsam, aber dies müßte sich auch darin manifestieren, daß ihre Kategorien zueinander in Beziehung statt gegeneinander gesetzt werden, zugunsten einer gemeinsamen Theorie. Dies sei am Beispiel der bereits zitierten (4) BONHOEFFER-These und der entsprechenden Antithese verdeutlicht; die Synthese aus beiden muß lauten:

> Die Frage nach religiöser Jugendarbeit ist nicht bloß: Was ist die Jugend? oder bloß: Was ist die Kirche? Sondern: Wie kann Religion der Jugend so mitgeteilt werden, daß sie ihr zum Aufbau ihrer Identität verhilft? Oder noch pointierter: Welche Relevanz hat Religion für die Identität des Menschen?

Was hier beispielhaft formuliert ist, zeigt die Verfahrensweise des interdisziplinären Gesprächs: Die aus den einzelnen Disziplinen stammenden Kategorien werden derart kombiniert, daß sachliche Zusammenhänge entdeckt und die zu Grunde liegenden Theorien dadurch erweitert werden. Die vorliegende Arbeit bietet neben dem bereits eingeführten Identitätsbegriff (Kap.3) dafür die im folgenden zu behandelnden Kategorien an: Gesetz und Evangelium (Kap. 4.2), Glaube (4.3), Symbol (4.4), Seelsorge (4.5) und Teilnehmerorientierung und Zielrahmenentscheidung (4.6), um sie schließlich in zehn Syn-Thesen (4.7) zusammenzufassen.

Zusammenfassung: Während auf der Ebene der Polarisierungsdiskussion nur eine oberflächliche Annäherung der missionarischen und emanzipatorischen Jugendarbeitskonzepte möglich ist, können in einem interdisziplinären Gespräch Sozialwissenschaften und Theologie mit Hilfe gemeinsamer oder aufeinander bezogener Kategorien den Objektbereich Jugendarbeit gemeinsam theoretisch erfassen. Die neben dem Identitätsbegriff dazu geeigneten Kategorien sind im Folgenden darzustellen.

---

(1) Z.B. Albert HAMEL, der Gründer des EJW, mußte entsprechenden "Pioniergeist" aufbringen: "Wer um die Jahrhundertwende mit Jungen auf eine mehrtägige Wanderfahrt ging, der unternahm damals etwas Unerhörtes."
EJW: Standpunkte, S.58
(2) AFFOLDERBACH: Grundsatztexte, S.26
(3) AFFOLDERBACH: Praxisfeld, S.171
(4) s.o. Kap. 3.0

4.2 Gesetz und Evangelium

4.2.1 Gesetz und Evangelium bei LUTHER

Für eine Theorie evangelischer Jugendarbeit stellt die Theologie LUTHERs ein Korrektiv dar, weil mit Hilfe ihrer Kategorien der Begriff "evangelisch" zu qualifizieren ist. Insbeondere in der theologischen Auseinandersetzung mit der pietistischen Tradition, die sich ja auch auf LUTHER beruft, ist ein Rekurs auf dessen Theologie hilfreich (1). Für LUTHER ist ein

"zentraler Punkt seiner gesamten Theologie ... die ... Rechtfertigung des vor Gott sündigen Menschen allein durch den Glauben an Christus" (2).

Hinter dieser Erkenntnis steht "die theologisch grundlegende Unterscheidung von Gesetz und Evangelium" (3), worin sich in erster Linie das anthropologische Grundproblem "der Identität und Kontinuität des Menschen mit und zu sich selbst" (4) verbirgt. Die Identität des Menschen sieht LUTHER nicht in der "Selbst-Rechtfertigung" (5) des Menschen begründet, sondern allein im Evangelium als der "Christusbotschaft" (6), die "immer wieder gewonnen werden muß, undzwar aus der Schrift" (7). Der Unterscheidung von Gesetz und Evangelium korrespondiert die von weltlichem Reich und Christi Reich. Das Gesetz konstituiert das weltliche Reich, umfasst alle "Grund-Ordnungen menschlichen Lebens und Zusammenlebens ... und begründet seine (des Menschen) Verantwortung in ihnen" (8). Insofern Gott durch das Gesetz dem Menschen die mitschöpferische Aufgabe der Welterhaltung gibt, offenbart er im Gesetz sein "Erhaltungshandeln" (9). Insofern Gott durch das Evangelium dem Menschen seine Identität durch Christus, "von dem her menschliche Existenz in Wahrheit... empfangen ... werden kann" (10), gibt, offenbart er sein "Erlösungshandeln" (11). Diese "anthropologische Grund-Aussage und -Bestimmung" (12) kann der Mensch annehmen in "Glauben als dem dezidierten Verzicht ... auf Selbst-Begründung" (13), womit er noch als Bürger des weltlichen Reiches zugleich schon dem Reich Christi angehört. Die "Freiheit eines Christenmenschen" (14) ist zugleich Freiheit vom Gesetz - insofern es als Grund der Identität verstanden wird - und Freiheit zum Gesetz - insofern es als Ermöglichung menschlichen Zusammenlebens verstanden wird.

---

(1) Dabei kann in diesem Rahmen der Beleg durch Sekundärliteratur weitgehend genügen. Verwandt wurden die Artikel "Evangelium" v.C.BURCHARD, "Luther" v.M.SCHLOEMANN, sowie "Gesetz und Evangelium" und "Zwei-Reiche-Lehre" v. K.HAENDLER in: FAHLBUSCH: Taschenlexikon Religion und Theologie, Bd.1-4
(2) a.a.O., Bd.3, S.35; vgl. auch CA Art. 4
(3) ebd.
(4) a.a.O., Bd.1, S.346
(5) a.a.O., Bd.1, S.347
(6) a.a.O., Bd.1, S.275
(7) ebd.
(8) a.a.O., Bd.4, S.278
(9) ebd.
(10) a.a.O., Bd.1, S.347
(11) a.a.O., Bd.4, S.278
(12) a.a.O., Bd.1, S.347
(13) ebd.
(14) LUTHER: Von der Freiheit eines Christenmenschen

Darum kann LUTHER die Doppelthese formulieren:

"Ein Christenmensch ist ein freier Herr über alle Dinge und niemand
untertan. Ein Christenmensch ist ein dienstbarer Knecht aller
Dinge und jedermann untertan." (1)

Die hier dargestellten Begriffspaare "Gesetz/Evangelium, Erhaltung/Erlösung,
noch nicht/schon jetzt, freier Herr/dienstbarer Knecht" sind die "Fundamen-
tal-Paradoxien und -Dialektiken der Zwei-Reiche-Lehre Luthers" (2).

4.2.2 Evangelische Jugendarbeit zwischen Gesetz und Evangelium

Auch der Lebensraum Jugendarbeit gehört nach dieser Unterscheidung zum weltlichen Reich, die pädagogischen Intentionen, gleichgültig ob auf Emanzipation
oder Unterordnung abzielend, stellen immer Gesetz dar. Das Evangelium ist
nicht zu institutionalisieren; es kann auch keine Jugendarbeit eine reine
Darstellung des Evangeliums sein. Der Lebensraum der Jugendlichen (einschließlich der Jugendarbeit), in den hinein das Evangelium gesagt wird, ist
mit dem Gesetz behaftet, als dessen Alternative jenes gesagt werden muß, um
überhaupt als Evangelium erkenntlich zu werden. Das Gesetz kommt im Lebensraum Jugendarbeit bewußt und unbewußt, gewollt und ungewollt zur Geltung.
Predigt des Evangeliums wird um so reicher sein, je differenzierter und weiter das Gesetz zuvor identitfiziert wurde. Je mehr der Mensch auch sein in-
dividuelles, unbewußtes Gesetz beim Namen nennen kann, desto wichtiger, ein-
sichtiger, willkommener wird ihm das Evangelium sein.

Evangelische Jugendarbeit wird die in ihr stattfindende Predigt des Evangeliums dadurch unterstreichen, daß sie selbst ihre eigene Bedingtheit als Kontrast zu dessen Unbedingtheit transparent macht. Das Evangelium ist gänzlich
unabhängig von menschlichen Verhältnissen gültig, wenngleich es nicht unabhängig von ihnen gesagt werden kann. Jugendarbeit wird schließlich per Gesetz Bedingungen schaffen, in denen das Evangelium zur Sprache kommen kann.
Dazu wird sie sich aber nicht allein an der Theologie, sondern ebenso an den
Sozialwissenschaften orientieren. Sie wird deren Möglichkeiten der Analyse
und Reflexion der in die Jugendarbeit eingehenden funktionalen Faktoren nutzen. Die sozialwissenschaftliche Analyse (von gesetzlichen Funktionen) wird
allen Beteiligten Methoden zur Selbstwahrnehmung (Supervision, Gruppendynamik) anbieten, deren Verwendung die Möglichkeit zur Darstellung des Evangeliums auf der Grundlage der realen Erfahrung erst nutzen lehrt.

4.2.3 Evangelium und Betroffenheit

Indem im folgenden mit EBELING und TILLICH in existenzialistischer Denk-
Tradition Glaube als existenzielles Betroffensein definiert wird, behält die
vorliegende Arbeit SPENERs Anliegen der "Herzensfrömmigkeit" bei. Sie kritisiert aber zugleich dessen Wirkungsgeschichte, in deren Verlauf die Einhaltung schablonenhafter Denk- und Verhaltensmuster als Glaube mißverstanden
wurde. Dieses Mißverständnis lag allerdings nahe, denn sowie das Evangelium
an ein empirisches Phänomen gekoppelt wird - hier an die empirische Emotion

---

(1) LUTHER: Von der Freiheit, S. 162
(2) FAHLBUSCH: a.a.O., Bd.4, S.279

"Herzensfrömmigkeit" -, ist es ja scheinbar gar nicht (im Sinne LUTHERs) bedingungslose Zusage. Diesem Mißverständnis folgend betonte der Pietismus auch
konkrete Bedingungen für Glauben. Dagegen ist folgende Unterscheidung zu
treffen:

    Evangelium = Botschaft
    Predigt   = Mitteilung der Botschaft
    Glaube   = Betroffenheit als Reaktion auf die Botschaft

Um nicht als Bedingung mißverstanden zu werden, muß diese Betroffenheit nun
näher qualifiziert werden: Das Evangelium behauptet den Wert des Menschen,
den es allein im Willen Gottes begründet und dadurch von jeglicher menschlicher Voraussetzung loslöst. Nun sollte dies allein Grund genug für jeden
Menschen sein, eine Lebensweise zu realisieren, die sich z.B. mit Begriffen
von BROCKMANN/STOODT konkretisieren ließe als "bewußt leben - erfüllt leben -
in Balance leben - in Kontinuität leben - solidarisch leben" (1). Glaube an
das Evangelium ist aber keineswegs identisch mit einer solchen Lebenshaltung,
und eine Mehrzahl der Menschen, auch derjenigen, die sich des Evangeliums bewußt sind, lebt offensichtlich fern diesem Ideal. In pietistischer Tradition
würde daraus die Behauptung gefolgert, die meisten Zeitgenossen lebten eben
fern vom Evangelium, seien Ungläubige, gehörten nicht zu Gottes Reich. Damit
wird allerdings verkannt, daß in der Ferne von diesem Ideal gerade eine Hilfe
für das Begreifen des Evangeliums besteht, dessen Bedingungslosigkeit kaum
besser als durch diese Diskrepanz deutlich wird.

In Anlehnung an die Formulierungen BROCKMANN/STOODTs läßt sich Glaube z.B.
folgendermaßen konkretisieren:

    - Bewußt leben gegen die Erfahrung des eigenen nicht-bewußten Lebens;
    - erfüllt leben gegen die Erfahrung des eigenen nicht-erfüllten Lebens;
    - in Balance leben gegen die Erfahrung der eigenen Nicht-Balance;
    - in Kontinuität leben gegen die Erfahrung der eigenen Nicht-Kontinuität;
    - solidarisch leben gegen die Erfahrung der eigenen Nicht-Solidarität.

Ein einzelner Satz, der die so beschriebene Haltung des Glaubens ausdrückt,
hieße etwa: "Dennoch bin ich." Predigt des Evangeliums wird immer den Indi-
kativ der bedingungslosen Zusage Gottes verbinden mit dem Imperativ, dieses
"dennoch" zu wagen; zusammengefasst in dem Satz: "Sei, der du bist!" bzw.
"Sei, die du bist!". Es gibt zwar keinen allgemeinen Indikator für Glauben,
der für alle Menschen oder auch nur für einen einzelnen zu jeder Zeit kon-
stant bliebe; aber zum Glauben gehört die Suche des Einzelnen oder einer Gemeinschaft nach Äußerung des Glaubens, selbst dann, wenn der Mensch nur vor
sich selbst diese Äußerung zu machen meint. Sie wird allerdings niemals eindeutig sein und für jeden, auch für den Glaubenden selbst, immer anzweifelbar
bleiben. Predigt des Evangeliums wird den Einzelnen zu solchen eigenen Äußerungen ermutigen.

Zusammenfassung: Für eine Konzeption evangelischer Jugendarbeit muß die
von LUTHER an zentrale Stelle der Theologie gerückte Unterscheidung von
Gesetz und Evangelium beachtet werden. Jugendarbeit steht unter dem Gesetz, ist also strukturiert durch menschliche Ordnungen, die das Zusammenleben im weltlichen Reich erhalten sollen. Wenn im Rahmen der Jugendarbeit das Evangelium, also die Botschaft, von dem allein durch Christus
begründeten Geschenk der menschlichen Identität gesagt werden soll, so

---

(1) BROCKMANN/STOODT: Schülerorientierung, S.259

muß dies stets vom Gesetz, also auch von allen durch die Jugendarbeit
selbst repräsentierten Bedingungen unterschieden werden. Je besser deshalb den Jugendlichen und Leitern die Selbstwahrnehmung gelingt, desto
deutlicher kann ihnen das Evangelium werden. Die Reaktion auf dieses
ist der Glaube, d.h. eine Betroffenheit, die angesichts der noch dem
weltlichen Reich zugehörenden empirischen Lebensweise die schon dem
Reich Christi zugehörende (im Christusgeschehen begründete) Identität
wahrnimmt, und zwar in einer weder dem Glaubenden selbst noch seinen
Mitmenschen eindeutig zu bestimmenden Weise. Dieser Freiheit vom Gesetz entspringt die neue Freiheit zum Gesetz.

4.3   Glaube im dogmatischen Ansatz Gerhard EBELINGs

Pietistische Frömmigkeit steht in der Gefahr, sich in Dogmatismus zu ver-
festigen. Mit dieser Feststellung soll aber keineswegs von vornherein die
Relevanz der Dogmatik für die christliche Predigt geleugnet werden. Im Gegenteil: recht verstandene Dogmatik als "kritische Reflexion auf den Gegenstand und die Aufgabe der Verkündigung" (1) ist unerlässlich zur Verantwortung religiöser Predigtansprüche. EBELINGs Dogmatischer Ansatz soll nun dargestellt werden als Alternative zum Dogmatismus (4.3.1); die Predigt will
Glauben als Betroffenheit bewirken (4.3.2); sie bezieht sich auf das Alltags-
leben des Menschen (4.3.3) und konkretisiert sich im Sprachgeschehen des
Glaubens (4.3.4).

4.3.1   Die Eigenverantwortung der Glaubenden

EBELINGs Grundidee ist die, daß jede Generation der Christenheit und darum
auch jeder einzelne Christ den christlichen Glauben selbst für seine Zeit,
d.h. auch angesichts der Probleme seiner Zeit, verantworten muß, darf und
kann. Diese Eigenverantwortung geht weit über das Nachsprechen von dogmatischen Formeln "der Väter" (2) hinaus, wenngleich es diese nicht ausschließt,
sondern in gewissem Umfang auf die Überlieferung angewiesen ist (3). Die
Lebenssituation und die Überlieferung der Christenheit treten dabei in eine
Beziehung derart, daß sie einander zum "Kontext", "Kommentar" und ggf. "Kontrast" (4) werden.

Glaube und Leben werden synthetisiert zum "geglaubten Leben" bzw. "gelebten
Glauben" (5). Weil Leben individuell geschieht, muß auch das Individuum seinen Glauben selbst verantworten, allerdings unter Bezugnahme auf die dogmatische Überlieferung. Dogmatik hat dementsprechend eine doppelte Funktion:
zum einen die der Überlieferung und zum anderen die der Anleitung zum eigen-
verantwortlichen dogmatischen Denken. Darum ist sie

---

(1) EBELING: Dogmatik I, S.22
(2) vgl. BARTH: Rechtfertigung, S.7f
(3) vgl. EBELING: a.a.O., S.158ff
(4) a.a.O., II, S.479
(5) a.a.O., I, S.109

"Sprachschule des Glaubens ... nicht im Sinne der Dressur auf eine
bestimmte Sprachregelung, sondern mit dem Ziel, zu eigener Sprachvollmacht zu verhelfen" (1).

4.3.2 Glaube als Betroffensein

Glaube wird bei EBELING zunächst definiert als "das Elementarste, was jeden
Menschen als Menschen angeht" (2). Glaube bezieht sich auf "das Lebensphä-
nomen im Ganzen" (3), nicht auf einen Aspekt, etwa das Wissen oder das Tun
(Metaphysik oder Moral) oder das Überzeugtsein von der gesicherten Historizität des Geglaubten (4). Glaubensgewißheit ist nicht identitsch mit Wissens-
gewißheit (5). Glaube erschöpft sich darum auch nicht im Nachsprechen bestimmter Formeln. Z.B. ist das Wort "Gott" von sich aus keineswegs selbstverständlich (6). Im Gegenteil: der Gebrauch religiöser Formeln kann geradezu
hinderlich für Glauben sein, so daß manchmal gilt:

"Der Mensch schirmt sich unter dem Anschein des ihn unbedingt Angehenden gegen das ihn unbedingt Angehende ab." (7)

Die beschriebenen Merkmale von Religion (Metaphysik, Moral, Historizismus)
sind gleichermaßen Bestandteil des

"geschichtlichen Konglomerats, das man Christentum nennt. Das Absolute an ihm ist ... (dagegen) dasjenige, was mit der Kategorie
des Evangeliums angesprochen ist." (8)

D.h., daß auch zum empirischen Christentum echter Glaube und ebenso sich
als Glaube gebärdender Unglaube gehören. Es muß darum jetzt gesagt werden,
worin dem echten Glauben adäquate Predigt besteht.

Predigt spricht das aus, was der zum Glauben gekommene erfahren hat, wovon
seine eigene Existenz "getroffen und durchdrungen wird" (9). Die Grundform
solcher Aussage ist die "Homologie" (10), d.h. Bekenntnisaussage. Durch sie
bezeugen die Glaubenden den Grund ihres Glaubens, ohne diesem etwas anderes
hinzuzufügen als die eigene Betroffenheit. Dies kann verschiedene Formen
haben, etwa als Titelprädikation ("Jesus der Christus") oder als narratives
Bekenntnis (Erzählen einer Geschichte oder Begebenheit). Die Betroffenheit
folgt auf das

"Versetztsein des Menschen außerhalb seiner selbst, ein Angenommensein, ein Bejahtsein, ein Geliebtsein." (11)

In welche Situation hinein wird gepredigt?

---

(1) EBELING: a.a.O., I, S.22f
(2) a.a.O., II, S.477
(3) a.a.O., I, S.107
(4) vgl. a.a.O., I, S.107 u. II, S.373
(5) vgl. a.a.O., I, S.32f
(6) vgl. a.a.O., I, S.184

(7) a.a.O., I, S.132
(8) a.a.O., I, S.135; Ergänzung W.B.
(9) a.a.O., II, S.373
(10) a.a.O., II, S.19f
(11) a.a.O., I, S.136

4.3.3   Glaube als Transzendierung der Grundsituation

EBELING unterscheidet die "konrete Situation", d.h. die Alltagserfahrung des
Menschen, von der darin verborgenen "Grundsituation" (1), die der Mensch
immer da wahrnimmt,

> "wo die Ortung des Lebens selbst problematisch wird, wo also das
> Problem der Lebensorientierung aufbricht ... (wo) er genötigt ist,
> das Leben in seinem Gegeben- und Aufgegebensein auf das hin zu
> transzendieren, was ihm Grund, Sinn, Ziel, Identität, Freiheit,
> Wahrheit verleiht" (2).

Predigt besteht also darin, dem Menschen zur Bewußtwerdung seiner Grundsituation zu verhelfen, und zwar nicht, um die Realität der konkreten Situation zu
verdrängen. Es geht darum,

> "in die konkrete Situation so einzudringen, daß man nicht von ihr
> in Bann genommen wird und ihr unkritisch verfällt, sondern sie in
> die größeren und letztlich bestimmenden Zusammenhänge hineintrans-
> zendiert, die in ihr wirksam, aber verborgen sind." (3)

Aus diesem Verständnis von Glauben folgt für die Situation der Predigt, daß
in ihr gleichermaßen der Mensch und die christliche Überlieferung zu Wort
kommen, genauer: miteinander ins Gespräch kommen; und zwar deshalb, weil das
Evangelium nicht anders als im Kontext der Grundsituation des Menschen als
deren Kommentar bzw. Kontrast zu predigen ist.

Zur Grundsituation gehört für EBELING etwa die Frage, wie das Individuum
sein Selbstsein im Blick auf seinen Lebenslauf und die damit verbundenen sich
wandelnden Anforderungen bewahren kann, die Frage der Identität also. Das
Evangelium gilt zwar jedem Menschen, unabhängig auch davon, ob bzw. wie er
seine Identität ausbilden konnte. Die Predigt des Evangeliums nimmt aber Bezug auf die Frage der Identität, indem sie dem Individuum eine neue Identität
zuspricht, was in theologischen Begriffen, wie z.B. "Kind Gottes", "neuer
Adam" oder "gerechtfertigter Sünder" zum Ausdruck kommt. ("Identität" wurde
hier als Beispiel gewählt; die menschliche Grundsituation hat aber auch viele
andere transzendierbare Aspekte, z.B. Selbstentfaltung, Endlichkeit, Irrever-
sibilität, Interdependenz, Sprachlichkeit u.v.m.)(4) Damit geschieht eine Veränderung, die Menschen

> "in ihrem Menschsein vor Gott in der Welt betrifft. Er (Christus)
> verändert nicht ihre äußere Situation, sondern ihre Grundsituation,
> was dann freilich für alle Situationen seine Folgen hat." (5)

Die zum Menschsein gehörende Frage nach der eigenen Grundsituation - wie un-
deutlich sie im Einzelfall auch geäußert werden mag - ist die Folie für den

---

(1) EBELING: a.a.O., I, S.195
(2) a.a.O., I, S.108; Ergänzung W.B.
(3) a.a.O., I, S.195
(4) vgl. a.a.O., I, S.96ff
(5) a.a.O., III, S.212; Ergänzung W.B.

Glauben, der nie vom

"An-und-für-sich-Sein ... Gottes unter Absehen vom Menschen handelt, sondern ... eine Bestimmung der Relation des Menschen zu Gott"(1)

darstellt.

"Gott ... wird erfahren in dem Widerfahrnis, in dem Gotteserkenntnis
und Selbsterkenntnis in Korrelation miteinander stehen. Dabei handelt
es sich nicht um zwei voneinander zu sondernde Akte, sondern um das
eine Geschehen, durch das der Mensch deshalb zu sich selbst kommt,
weil er, vor Gott gestellt, ganz aus sich heraus tritt." (2)

Die Predigt korreliert die auf den geschichtlichen Jesus gegründete Christo-
logische Tradition in ihrer soteriologischen Ausrichtung mit der konkreten
Erfahrung des Menschen. Dies erfordert ebenso

"das rücksichtslose Einbringen von Tatsachen, die für das Leben
relevant sind, auch wenn sie sich zur Thematik der Christologie
fremd oder widerspenstig verhalten; zum andern das sensible Auf-
spüren verborgener Zusammenhänge" (3)

zwischen beiden. Die Predigt hat immer auf die "Erkenntnis- und Verstehensbedingungen" (4), kurz: "die geistige Situation der Zeit" (5), einzugehen,
um das "Unzeitgemäße zeitentsprechend auszurichten" (6). Ebensowenig wie
die Gegenwart darf allerdings die überlieferte Botschaft vernachlässigt werden. Gottes- und Selbst-Erkenntnis bilden einen "Zirkel" (7), in dem sich
der Mensch immer schon befindet, soweit er über seine konkrete Situation
hinaus die Grundsituation erfaßt. Für die Predigt z.B. des unklaren Wortes
"Gott" folgt daraus, daß hier "an ein vertrautes Sprachgeschehen verwiesen"
(8) werden muß, um verstehbar zu machen, was mit dem Wort gemeint ist. Die
Predigt ist

"Zeugnis, aber auch nicht als willkürlicher Einfall, sondern vermittelt und normiert das ursprüngliche Zeugnis" (9).

Derart zugleich gebundene wie befreite Predigt manifestiert sich darin,
daß in der expliziten Predigt

"die Erscheinung Jesu der Wirklichkeit der Welt ausgesetzt wird
und man dem standhält, was sich bei dieser Konfrontation ergibt"(10).

_____

(1) EBELING: a.a.O., I, S.205
(2) a.a.O., I, S.204 u. vgl. I, S.182 u. 403f; Ähnlich spricht auch TILLICH
     von der Korrelation existenzieller Fragen mit theologischen Antworten.
(3) a.a.O., II, S.42
(4) a.a.O., II, S.37
(5) a.a.O., II, S.35
(6) ebd.
(7) a.a.O., I, S.182
(8) a.a.O., I, S.184
(9) a.a.O., II, S.11
(10) a.a.O., II, S.44

Predigt expliziert die

> "Weltbegegnung, die sich in der Person Jesu Christi ereignet hat
> ... in den verschiedenen Sprachen und Lebensbereichen, geschicht-
> lichen Situationen und Kulturen, freilich ... in immer nur an-
> gedeuteter und frgmentarischer Weise" (1).

Der Glaubende kommt schließlich

> "auch zum Einverständnis mit sich selbst, indem er seine konkrete
> Situation wahrnimmt und im Glauben annimmt" (2).

Der so beschriebene Glaube als selbst zu verantwortendem und auf die Transzendierung der Grundsituation bezogenem Betroffensein vom Evangelium ereignet sich als Sprachgeschehen.

4.3.4   Glaube als Sprachgeschehen

Mit dem Begriff "Sprachgeschehen" (3) deutet EBELING auf die aufeinander
bezogene Sprachlichkeit des Menschen und Gottes hin. Mittels der Sprache
begegnet der Mensch seiner eigenen Grundsituation, d.h. der Frage nach sich
selbst. Dies erst weist ihn hin auf ein Gegenüber, das "als göttliches Gegenüber des Menschen zur Sprache kommt" (4), weswegen "sich die Gotteserkenntnis nur in der Bewegung der Selbsterkenntnis bewahrheitet" (5), die
keineswegs eine bloße Bestätigung des menschlichen So-Seins ist. Dieses Gegenüber zur Sprache kommen zu lassen, ist die Voraussetzung zum Glauben.
Glaube bezieht sich auf den zwischen Gott und Mensch gegebenen "Zusammenhang,
der im Sprachgeschehen seinen Erfahrungsgrund hat" (6). Die Sprache des Glaubens schlechthin ist das Wort Gottes. Es ist "nicht etwa eine offenbarte Lehre, sondern eine lebendige Person, ... das Leben in Person." (7) Dieses
"verbum incarnatum" (8) (menschgewordenes Wort), als das Jesus in der Überlieferung bezeugt wird, ist nur übergangsweise "verbum scriptum" (9) (ge-
schriebenes Wort). Die Bibel und die Kirchenschriften fassen mündliche Über-
lieferungen in Buchstaben, die darauf abzielen, wieder zu mündlicher Überlieferung zu werden. Erst dadurch wird es zum "verbum praedicatum" (10) (ge-
predigtes Wort):

> "Das Wort Gottes verliert nicht als durch Menschen verkündigtes
> seinen Charakter als Wort Gottes. Vielmehr kommt dieses allein
> so zu seiner jeweiligen Konkretion." (11)

---

(1) EBELING: a.a.O., II, S.478
(2) a.a.O., II, S.514
(3) a.a.O., I, S.402; EBELING spricht synonym auch von "Wortgeschehen"
(4) a.a.O., I, S.403
(5) a.a.O., I, S.403f
(6) a.a.O., I, S.402
(7) a.a.O., I, S.258f
(8) ebd.
(9) ebd.
(10) ebd.
(11) ebd.

Der eschatologische Aspekt des Wortes Gottes liegt darin, daß es als
"verbum aeternum" (1) (ewiges Wort) überliefert wird, d.h. daß dem den
gegenwärtigen "Erkenntnis- und Verstehensbedingungen" (2) angemessenen
menschlichem Wort Gottes der Charakter eschatologischer Relevanz zuerkannt
wird. Nicht durch Abgehobenheit vom Kontext der menschlichen Lebenserfahrung
erweist sich das Wort als Gottes Wort, sondern durch die Wirkung, die es auf
diesen Kontext hat. Aus diesem gesamten Verständnis von "Wort Gottes" folgt,
daß

> "die heilige Schrift nicht als ein Aggregat vieler verba dei zu
> lesen, sondern aus ihr das eine verbum dei zu vernehmen" (3)

ist, weshalb ein einfaches Bibelzitat nicht die Auslegung im gegenwärtigen
Kontext ersetzen kann. Derart als Predigt verstandenes "Wort Gottes" wird
stets darum bemüht sein,

> "eine Sprache zu finden, die möglichst unmittelbar den Kontakt
> mit der jedem zumutbaren Erfahrung herstellt." (4)

Wort Gottes mutet dem Menschen durch seine Botschaft etwas zu. Es ist nicht
nötig, die Sprache selbst noch zur Zumutung zu machen. Religiöse Sprache, die
nicht im "vertrauten Sprachgeschehen" (5) der Angesprochenen gegründet ist,
wird zur zweckentfremdeten religiösen Sprache. Umgekehrt wird

> "die Sprache der Welt, die flutartig in das Gebet einströmt, ...
> in der Konfrontation mit Gott zur Sprache des Glaubens verarbeitet". (6)

EBELING nennt vier "Anforderungen an das Wort" (7), denen das Wort Gottes
optimal Rechnung trägt:

- "Das Wort soll verlässlich sein", d.h. die Gewißheit seines
  Gegründetseins in der Wahrheit vermitteln.
- "Das Wort soll offenbaren", d.h. offenbar machen, was nicht
  offenbar ist.
- "Das Wort soll Verständigung wirken", d.h. nicht überreden
  und vergewaltigen, sondern die Wahrheit in Freiheit zur
  Sprache bringen.
- "Das Wort soll zum Guten verändern", d.h. es wird als wir-
  kungsvoll eingeschätzt, aber nicht im neutralistischen Sinne
  eines beliebigen Werkzeuges; das Wort verändert nicht nur den
  Hörer, sondern auch den Sprecher.

Diese idealtypische Kennzeichnung des Wortes trifft für den Glauben in erster
Linie auf Jesus, das "Wort Gottes in Person" (8), zu. Dieses Wort Gottes hat
zwar zunächst die Form der Homologie, aber "die Homologie wird unglaubwürdig,
wenn sie sich dem Gespräch entzieht" (9). Die Sprache des Glaubens wird sich
am Wort Gottes orientieren, dessen Macht, wie dessen Ohnmacht, teilen.

---

(1) EBELING: a.a.O., I, S.258f
(2) a.a.O., II, S.37
(3) a.a.O., I, S.32
(4) a.a.O., II, S.497
(5) a.a.O., I, S.184

(6) a.a.O., I, S.210
(7) a.a.O., II, S.508ff
(8) vgl. a.a.O., I, S.258
(9) a.a.O., II, S.509

Letztlich ist Predigt selbst aktualisiertes Wort Gottes. Der darin gewirkte
Glaube ereignet sich als Sprachgeschehen.

> Zusammenfassung: Glaube ereignet sich als Betroffensein des Individu-
> ums durch das Evangelium, das jenem in seiner Grundsituation als ein
> von außerhalb seiner selbst kommendes Sprachgeschehen widerfährt; und
> zwar derart, daß er seine Relation zu Gott - und damit sowohl Gott,
> als auch sich selbst - erkennt. Die Botschaft dieses Evangeliums ist
> eine unzeitgemäße Zumutung, die den Menschen nicht unverändert läßt.
> Die Vermittlung der Botschaft aber hat den Erkenntnis- und Verstehens-
> bedingungen des Predigers ebenso wie der Adressaten der Predigt stets
> angemessen zu sein, will sie nicht ein bloßes Nachsprechen von Formeln
> erreichen.

4.4 Das religiöse Symbol bei Paul TILLICH

Der Symbolbegriff TILLICHs ist dem dogmatischen Ansatz EBELINGs sehr ähnlich.
EBELING verzichtet zwar expressis verbis weitgehend auf den Symbolbegriff und
bezeichnet nur recht allgemein das "Moment des Symbolischen" (1) als ein
Merkmal für "das Heilige als Erfahrungsgrund von Religion" (2). Seine Dogmatik aber reflektiert Gott und Mensch, Theologie und Anthropologie, Glaube und
Erfahrung ebenso wie TILLICH stets als aufeinander bezogen. Beide dogmatischen Ansätze sehen Glaube als Betroffensein. TILLICHs Symbolbegriff pointiert diesen Ansatz. Wenn also im folgenden von der "Symboltheorie" und
weiter unten von einer "Symbol-orientierten Jugendarbeit" gesprochen wird,
so impliziert dies jeweils die dogmatischen Vorannahmen EBELINGs und TILLICHs.

4.4.1 Glaube als durch Symbole vermitteltes Ergriffensein

Glaube ist das "Ergriffensein von dem, was uns unbedingt angeht" (3), die
"zentrierte Gerichtetheit der ganzen Person auf das Unbedingte" (4) und umfaßt Erkenntnis, Willen und Gefühle des Menschen, ohne aber auf eine dieser
"Funktionen, die die Person als ganze konstituieren" (5) beschränkt zu bleiben. Glaube bezieht die konkrete menschliche Existenz auf das Unbedingte (6),
was dem Menschen "neues Sein" ermöglicht.

---

(1) EBELING: a.a.O., I, S.119
(2) a.a.O., I, S.118
(3) TILLICH: Wesen, S.9
(4) a.a.O., S.123
(5) a.a.O., S.41
(6) Bewußt spricht TILLICH vom "Unbedingten", nicht von "Gott", um damit den
    zentralen Aspekt dessen zu betonen, was wir "Gott" zu nennen gewohnt sind:
    seine unter allen menschlichen Bedingungen bzw. jenseits ihrer existieren-
    de Relevanz. Auch "Gott" ist für TILLICH "nichts Geringeres als ein
    Symbol" (a.a.O., S.57).

"Der Glaube selbst ist die unmittelbare (nicht durch Schlußfolge-
rung vermittelte) Evidenz des Neuen Seins in und unter den Bedingungen der Existenz." (1)

Diese Bedingungen, also die konkreten Lebenserfahrungen des Menschen, werden
durch den Glauben nicht ausgeklammert, sondern einbezogen, so daß "das Neue
Sein das alte Sein verwandelt" (2). Grund dieser Verwandlung ist das Offen-
barwerden des Neuen Seins in Jesus als dem Christus (3). Das aber ist eine
symbolische, keine historische Aussage, d.h. ihre Wahrheit erweist sich dem
Menschen nur durch die "unmittelbare Teilnahme und nicht (durch) die historische Beweisführung" (4), weshalb der (historische) Zweifel zum Glauben gehört. Im Symbol ereignet sich die Begegnung der konkreten menschlichen Existenz mit dem Unbedingten. TILLICH setzt diese Begegnung auch für die Systematische Theologie um in seiner "Methode der Korrelation" von existenziellen
Fragen und theologischen Antworten, dem "Versuch ... Botschaft und Situation
zu vereinigen" (5).

4.4.2   Der Symbolbegriff

"Die Sprache des Glaubens ist die Sprache des Symbols." (6)

TILLICHs Symbolbegriff ist positiv, im Gegensatz etwa zum Symbolbegriff der
frühen Psychoanalyse. Für FREUD hat das Symbol ja die Funktion, Verdrängtes
zum Ausdruck zu bringen, etwa im Phallussymbol im Traum desjenigen, der seine
eigenen sexuellen Bedürfnisse verdrängt. Dies ist insofern ein negativer Symbolbegriff, als hier das Auftreten von Symbolen als Symptom für eine psychische Fehlentwicklung gewertet werden muß (7). Mit TILLICHs Symbolbegriff
dagegen kann gesagt werden, daß

"gerade der Umgang mit Symbolen ... einer der relativ verlässlichen
Garanten für seelische Gesundheit" (8)

darstellt. SCHARFENBERG/KÄMPFER betonen den Zusammenhang von kollektiver Erfahrung und Symbolen:

(1) TILLICH zit. in KANTZENBACH: Programme, S.265
(2) TILLICH zit. ebd.
(3) vgl. ebd.
(4) KANTZENBACH ebd; Ergänzung W.B.
(5) TILLICH: Systematische, I, S.15; Gegen die Korrelations-Methode wird z.B.
    von KANTZENBACH (a.a.O., S.261) eingewandt, TILLICH überschätze die Frage
    und verkenne die Kraft der sich selbst durchsetzenden Wahrheit. Dazu ist
    aber mit PÖHLMANN (Abriß, S.90) festzustellen, daß "die Form der exi-
    stenziellen Frage von der theologischen Antwort und die Form der theolo-
    gischen Antwort von der existenziellen Frage geprägt und abhängig (ist),
    nicht aber der Inhalt der Antwort von der Frage und der Inhalt der Frage
    von der Antwort." (Ergänzung W.B.) Mit dem Symbolbegriff ist eine genaue
    Verhältnisbestimmung von Form und Inhalt, von Bedingtem und Unbedingtem,
    gegeben.
(6) TILLICH: Wesen, S.57
(7) vgl. SCHARFENBERG/KÄMPFER: Mit Symbolen, S.52ff; die spätere Psycho-
    analyse dagegen entwickelt den Symbolbegriff weiter und besetzt ihn
    nicht mehr nur negativ; vgl. a.a.O., S.58ff
(8) SCHARFENBERG/KÄMPFER: a.a.O., S.137

"In einer bestimmten Konfliktsituation ... wird eine Erfahrung
gemacht, die diesen Konflikt zu bearbeiten vermag. Sie verdichtet
sich zu einer Vorstellung, die sowohl den Konflikt wie seine Bearbeitung in sich aufnimmt. Eine solche Vorstellung nennen wir
ein religiöses Symbol." (1)

TILLICH nennt sechs allgemeine "Wesensmerkmale" (2) von Symbolen:

(a) Symbole weisen über sich selbst hinaus und
(b) partizipieren an der Realität dessen, worauf sie verweisen.
(c) Symbole eröffnen solche Bereiche der Wirklichkeit, die
    ohne sie unzugänglich blieben, und zwar
(d) auch wenn diese in unserer eigenen Seele liegen.
(e) Symbole gehen aus dem kollektiven Unbewußten hervor und
    lassen sich darum nicht bewußt produzieren.
(f) Darum entstehen und vergehen sie mit den Generationen und
    werden durch andere ersetzt.

TILLICHs Symbolbegriff hat für die Predigt - und damit auch für eine bewußt
predigende Jugendarbeit - fünf Konsequenzen (siehe Kap. 4.4.3 - 4.4.7):

4.4.3   Symbole können neutralisiert werden

Symbole ("repräsentative Symbole") können verwechselt werden mit Zeichen
("diskursive Symbole") (3), mit denen sie gemeinsam haben, daß sie beide
über sich selbst hinausweisen. Aber Zeichen (Verkehrsschild, mathematisches
Zeichen) beruhen allein auf bewußter Absprache, sie können nur eindeutige,
logische, technische Sachverhalte widergeben, nicht aber existenzielle.
Darum ist es gefährlich, ein Symbol als Zeichen mißzuverstehen. Der Bereich
des uns unbedingt Angehenden wird damit von der Kommunikation ausgeschlossen,
das Zeichen selbst nimmt die Stellung des Unbedingten ein. So etwa, wenn der
buchstäbliche Sinn biblischer Texte für absolut erklärt wird, was TILLICH als
"Götzenglaube" (4) bezeichnet.

Symbole können andererseits verwechselt werden mit Klischees. Wenn das Zeichen als Vorform des Symbols bezeichnet werden kann, so ist das Klischee die
Nachform. Denn Klischees sind ehemalige Symbole, deren Dynamik erstarrt ist
zur Eindeutigkeit, weshalb sie lebendige Glaubenserfahrung nicht mehr widergeben können, obwohl sie dies früher konnten oder für andere Personen noch
immer können. Der Klischeebegriff ist in Anlehnung an LORENZER (5) gewählt,
der als Merkmale klischeebestimmten Verhaltens u.a. Determiniertheit, Irre-
versibilität und Wiederholungszwang nennt (6). Damit ist angedeutet, aus
welchem theologischen Grund Klischees nicht geeignet sind, Glaubenswirklichkeit auszudrücken: Verständigung über Erfahrung von Glauben ist nur sinnvoll,
wenn sie Orientierung in der Zukunft ermöglicht und das - irgendwie zu defi-
nierende - Bessere anstrebt, Veränderung fehlgelaufener Entwicklung, Befreiung aus Zwängen sucht. Solange Predigt nur Klischees reproduziert, mag sie
zwar innerhalb der Kräfteökonomie eines Menschen oder der Binnenkommunikation

(1) SCHARFENBERG/KÄMPFER: a.a.O., S.144
(2) TILLICH: a.a.O., S.53ff
(3) SCHARFENBERG/KÄMPFER: a.a.O., S.125
(4) TILLICH: a.a.O., S.65
(5) vgl. SCHARFENBERG/KÄMPFER: a.a.O., S.127
(6) vgl. LORENZER: Sprachzerstörung, S.117

einer religiösen Subkultur ihre Funktion haben, d.h. festgelegte Reaktionen auslösen (z.B. Verdrängung von Konflikten); sie kann aber dann den befreienden und dynamischen Sinn von Glauben kaum angemessen repräsentieren. Für Religion, deren Symbole durch Zeichen und/oder Klischees ersetzt sind, führt STOODT den Begriff der "neutralisierten Religion" (1) ein.

> "Neutralisiert nennen wir diese Religion nicht, weil sie etwa keine Wirkungen mehr hätte, sondern weil sie um die Wirkungen ihrer selbst gebracht ist" (2).

> "Das neutralisierte Erklärungsmuster ... mystifiziert und verschleiert, ... engt Suchbewegung und Lernbereitschaft ein, ... ängstigt und unterstützt resignative Tendenzen, ... ist leicht zu instrumentalisieren und zu funktionalisieren und wirkt insoweit fixierend und repressiv." (3)

Es fördert also keine Mündigkeit, sondern verhindert diese sogar. (4) Verständigung über und deutende Kommentierung von Erfahrung sind mit dem neutralisierten Symbol nicht mehr möglich (5). Von LUTHERs Freiheit eines Christenmenschen ist in der neutralisierten Religion wenig übrig.

4.4.4 Symbole sind nicht absolut

Das Unbedingte äußert sich stets in konkreter Gestalt, also in Gestalt des Bedingten. Glaube erfordert deshalb den Mut, sich von dem in Gestalt des Konkreten Erscheinenden ergreifen zu lassen. Der Zweifel muß notwendig zum Glauben gehören; nicht der Zweifel an der Existenz des Unbedingten, sondern der "existenzielle Zweifel" (6) an der konkreten Gestalt. Bekehrung, also ein Sich-öffnen für das Unbedingte, ist die Voraussetzung jeder religiösen Erfahrung. Glaubende sollen aber nicht zu einer bestimmten Ausdrucksform des Unbedingten, sondern zu diesem selbst hin bekehrt werden. Ein Symbol ist dann ehrlich, wenn es nicht nur das Unbedingte, sondern auch seine eigene Bedingtheit und Vorläufigkeit ausdrückt. Insofern hat das Christentum im "Kreuz des Christus" (8) das vollkommene Glaubenssymbol.

> "Um seiner radikalen Selbst-Kritik willen ist das Christentum von allen Religionen am meisten zur Universalität berufen - solange es diese Selbst-Kritik als Macht im eigenen Leben wirken läßt." (9)

Weil die Wiederentdeckung eben dieses Symbols die Geburtsstunde der Reformation war (10), nennt TILLICH den Verzicht auf die Unbedingtheit des Symbols das "protestantische Prinzip" (11).

---

(1) STOODT: Religiöse Sozialisation, S.220
(2) a.a.O., S.221
(3) BROCKMANN/STOODT: Sünde, S.43
(4) vgl. STOODT: a.a.O., S.229
(5) vgl. BROCKMANN/STOODT: a.a.O., S.119ff
(6) TILLICH: a.a.O., S.30
(7) a.a.O., S.141
(8) a.a.O., S.113
(9) a.a.O., S.143
(10) vgl. a.a.O., S.86
(11) a.a.O., S.39

4.4.5 Symbole vergewaltigen niemanden

Mit Hilfe von Klischees, absolutierten Mythen, wird psychologisch oder politisch repressive Gewalt ausgeübt, auf diejenigen, die zur entsprechenden Subkultur gehören, welche die Klischees in ihrer Kommunikation reproduziert. Die
Folge besteht darin,

> "daß das eigene autonome Denken unterdrückt und in Agression gegen
> alles andere autonome Denken verwandelt wird." (1)

Glaube und Vernunft stehen aber zueinander nicht in Konkurrenz, sondern sie
beziehen sich auf verschiedene Bereiche der menschlichen Existenz: Vernunft
auf die Endlichkeit und Bedingtheit, Glaube auf das Unbedingte. Christlicher
Glaube befreit zur Bejahung von beiden. Darum ist das ihm adäquate Medium
ein "gebrochener Mythos, ... der als Mythos verstanden, aber nicht beseitigt
oder ersetzt wird." (2)

Symbole vergewaltigen aber andererseits auch denjenigen nicht, der (noch)
nicht kritisch denkt. "Entmythologisierung" als "Brechung" (3) des Mythos
darf nicht aufgezwungen werden. Der natürliche sog. Kinderglaube ist ebenso
Ergriffensein vom Unbedingten, also Glaube. Er soll

> "weder im Einzelnen noch in Gemeinschaften gestört werden, ehe
> der Augenblick gekommen ist, wo der Fragende Geist des Menschen
> das ungebrochene Leben im Mythos unmöglich macht." (4)

Das protestantische Prinzip läßt jedem zu jeder Zeit die Freiheit, über das
Unbedingte mythologisch oder Mythologie-kritisch zu kommunizieren, ohne vom
Medium dieser Kommunikation einer Repression - gleich welcher Spielart -
ausgesetzt zu werden.

4.4.6 Symbole müssen gepredigt werden

Aus TILLICHs Glaubensbegriff folgt, daß man nicht nicht glauben kann (5).
Die Annahme, es existiere ein Glaubens-freier Raum unter Menschen, solange
mensch explizite Glaubenssymbole nicht einbringt, ist Illusion. An die Stelle der "objektiven Glaubenssymbole" (6), die potentiell den lebendigen Glauben früherer Generationen enthalten, würde "dämonischer Glaube" (7) treten,
der den Menschen an das Bedingte (!) fesselt. In der Erziehung soll deshalb
schon der junge Mensch die tradierten Glaubenssymbole kennenlernen und darum
auch mitgeteilt bekommen. Diese Übermittlung garantiert nicht aktuelle, lebendige, dynamische Glaubenserfahrung, sie ist aber deren notwendige Voraussetzung. "So kommt der Glaube aus der Predigt, das Predigen aber durch das
Wort Christi." (8)

---

(1) TILLICH: Wesen, S.66
(2) a.a.O., S.63
(3) a.a.O., S.62f
(4) a.a.O., S.65
(5) vgl. WATZLAWICK: a.a.O., S.53: "Man kann nicht nicht kommunizieren."
(6) TILLICH: a.a.O., S.118
(7) vgl. ebd.
(8) Römer 10, 17a

"(Es ist) vernünftig, Autoritäten Vertrauen zu schenken, die den Raum unseres Bewußtseins erweitern, ohne uns zu Gehorsam und Unterwerfung zu zwingen." (1)

Es liegt in der Verantwortung dessen, der predigt, so zur Bekehrung einzuladen, wie es dem protestantischen Prinzip entspricht.

4.4.7   Symbole konstituieren Glaubensgemeinschaft

Die Glaubensgemeinschaft "konstituiert sich durch rituelle Symbole und interpretiert sich in mythischen Symbolen" (2), d.h. im gemeinsamen Er-leben, nicht in der Uniformität. Auch eine vorübergehende Absonderung des Einzelnen vom gemeinschaftlichen Handeln ist keine Trennung von der Gemeinschaft. Die Individualität des Individuums bereichert die Gemeinschaft eher, als daß sie ihr schadet. Die integrierende Kraft von Ritual und Mythos ist allerdings abhängig davon, ob diese Elemente des gemeinsamen Lebens dem dynamischen Charakter des Glaubens entsprechend als Symbole, nicht aber als Zeichen oder Klischees, erlebt werden. Z.B. kann eine Gemeinschaft anstelle von Symbolen Systeme reiner Moral setzen. Die Folge:

"Die unendliche Leidenschaft, die jeden echten Glauben charakterisiert, schwindet nach und nach und wird durch kluge Berechnung ersetzt." (3)

4.4.8   Exkurs: Pietistische Bekenntnisfragen im Spiegel des Symbolbegriffs

Die für pietistische Gruppen typischen und der Abgrenzung von "Ungläubigen" dienenden Bekenntnisfragen werden durch TILLICHs Symbolbegriff relativiert. Etwa der Streit um die Frage, ob Gott eine Person sei oder nicht, kann folgendermaßen aufgelöst werden: Die Wirklichkeit, die wir mit dem Wort "Gott" bezeichnen, wird in der christlichen Tradition mit vielen verschiedenen und allesamt unserer Vorstellungswelt entlehnten Vergleichen beschrieben. Keiner dieser Vergleiche dient dazu, das Sein Gottes als solches exakt wiederzugeben. Vielmehr soll in ihnen auf Erfahrungen, die Menschen mit dieser Wirklichkeit gemacht haben, hingewiesen werden. Wenn auf diese Weise schon im Alten Testament die Vorstellung von der "Person" Gottes und dann in der alten christlichen Kirche seit dem vierten Jahrhundert die der trinitarischen "Person" Gottes tradiert wurden, so sind dies nicht exakte Aussagen über das Ansich-Sein Gottes, sondern Versuche, Erfahrungen kommunikabel zu machen. Wird das "Personsein" Gottes als Klischee verwandt, so suggeriert es die Vorstellung, mensch könnte eindeutige Aussagen über Gott machen und damit sein Sein zutreffend darstellen. Wird das "Personsein" Gottes aber als Symbol verwandt, so ist es Ausdruck der konkreten Erfahrung, daß wir Menschen das Unbedingte anreden und mit ihm in Dialog treten können, so wie mensch mit einer "Person" umzugehen gewohnt ist.

Ebenso verhält es sich auch mit anderen traditionellen Streitfragen, z.B. über die Jungfrauengeburt oder die Leiblichkeit der Auferstehung Jesu: Solche

---

(1) TILLICH: a.a.O., S.43 ; Ergänzung W.B.
(2) a.a.O., S.134
(3) a.a.O., S.137

Postulate sind zugleich Ausdruck realer Erfahrungen <u>und</u> weit davon entfernt, ausschließlich exakt (im mathematischen Sinne) Sachverhalte widerzugeben. Mit der Bibel kann man einerseits nicht sagen, Jesus sei <u>nicht</u> leiblich auferstanden, da dies doch ausdrücklich an vielen Stellen betont wird. Gleichzeitig ist jedoch die Historizität der leiblichen Auferstehung Jesu für aktuellen Glauben nur insofern relevant, als das Auferstehungsereignis in der Gegenwart der eigenen Existenz real nacherlebt wird. Damit gewinnen die biblischen Auferstehungsberichte zugleich existenzielle Bedeutung für den Glaubenden und treten auch hinter diese gegenwärtige Erfahrung zurück, deren Auslöser sie wurden. Die biblischen Texte sind nicht Selbstzweck, denn ihre Aufgabe besteht darin, daß sie "Christum treiben" (1), d.h. aktuelle Erfahrung von Glauben auf Grund der Symbole der christlichen Überlieferung ermöglichen. Das eine "verbum dei" (2), nämlich Christus, wird aktuell zum zentralen Glaubensinhalt, hinter dem die vielen Worte - auch die Berichte über historische Ereignisse - unwichtig werden. Darum sagt TILLICH:

"Ein Christ ... sollte nicht einmal an die Bibel glauben." (3)

"Das letzte Anliegen des Christen ist nicht Jesus, sondern der Christus in Jesus dem Gekreuzigten." (4)

Zusammenfassung: Der Mensch kann nicht <u>nicht</u> glauben. Glaube ist das Ergriffensein von dem, was unbedingt angeht, ein Neues Sein der konkreten menschlichen Existenz. Dies ist nur in der Sprache des Symbols, die immer dynamisch ist, adäquat ausdrückbar. Glaubensgemeinschaft ist die Gemeinschaft derer, die sich durch ein und dasselbe Symbol oder ein und dieselbe Mythologie vom Unbedingten ergreifen lassen. Der christliche Glaube ist gekennzeichnet durch das protestantische Prinzip der unbedingten Vorläufigkeit des Bekenntnisses. Darum läßt er dem Einzelnen die Freiheit ebenso zum autonomen Denken wie zum Kinderglauben, je nachdem, was ihm in seiner aktuellen Situation eher entspricht. Gleichzeitig ruft er jeden immer wieder zur Bekehrung auf, zum Sich-ergreifen-Lassen vom Unbedingten, ohne ihn damit auf eine bestimmte Form des Ausdrucks dieses Unbedingten festlegen zu müssen.

4.5 Seelsorge als Konfliktklärung bei Joachim SCHARFENBERG

4.5.1 Die klassische evangelische Seelsorge

TILLICHs Symboltheorie wurde u.a. von SCHARFENBERG für die Praktische Theologie konkretisiert. In dessen Seelsorge-Lehre wird exemplarisch die Relevanz des Symbolbegriffs für die pietistische Tradition deutlich. SCHARFENBERG grenzt Seelsorge ab von dem Verständnis der "klassischen evangelischen Seelsorge-Lehren" von H. ASMUSSEN und E. THURNEYSEN (5), an denen er kritisiert,

---

(1) LUTHER zit. in EBELING: a.a.O., I, S.32
(2) EBELING: a.a.O., I, S.32
(3) TILLICH: a.a.O., S.43
(4) a.a.O., S.114
(5) SCHARFENBERG: Seelsorge, vgl. S.14ff

daß sie das Seelsorge-Gespräch nicht als ein Eingehen auf die Nöte der Ratsuchenden, sondern im Gegenteil gerade als Wegführung von der konkreten Situation beschreiben. Damit "Gott ... zu seinem Rechte kommen" (1) kann, muß
dort das Gespräch in zwei Teile gebrochen werden, dessen erster den Sinn hat,
daß der Ratsuchende "Angriffsflächen" (2) bietet und "sich verrät" (3), wo-
raufhin der Seelsorger einen "Bruch" (4) einleitet, um anschließend dem Ratsuchenden "auf seinen Kopf zu die Botschaft" (5) zu sagen. Das Gespräch soll
damit "unter die Gewalt des Wortes Gottes" (6) gestellt werden, die die ratsuchende Person ihre eigentliche Not erfahren läßt, indem ihr "ihre Sünde
aufgedeckt und ihr Vergebung kundgemacht wird" (7).

Daran ist nicht zu kritisieren, daß die Seelsorge den Ratsuchenden in Frage
stellt. Die neue Identität, die auf dem Evangelium beruht, ist ja die absolute Infragestellung der alten, auf dem Gesetzesgehorsam beruhenden. Wenn aber
die Mitteilung dieses Evangeliums nicht im Rahmen der konkreten Erfahrung des
Ratsuchenden zu machen ist, so dokumentiert die Seelsorge ein Mißtrauen gegenüber der Relevanz des Evangeliums. Selbst wenn in der Praxis der evangelischen Seelsorge der hier geforderte Bruch nicht derart streng vollzogen würde, sondern zusätzlich (!) zum Evangelium auch noch konkrete Ratschläge für
die Not des Ratsuchenden gegeben würden, so bliebe doch das Grundproblem bestehen: die un-evangelische Trennung von Glauben und Lebenswelt.

Der Bruch besteht nach den klassischen Seelsorge-Lehren ebenso in der Bezie-
hung, die der Seelsorger sozusagen im Namen Gottes autoritär zu führen hat.
In solch einem Seelsorge-Gespräch werden die Symbole (Evangelium, Sünde,
Vergebung, Macht Gottes u.a.) neutralisiert. Dieser Prozess kann zweierlei
Verlaufsformen haben:

Entweder erlebt der Ratsuchende den Bruch als Signal des Desinteresses seitens des Seelsorgers an seinem konkreten Problem, das doch für ihn der einzige Grund zur Aufnahme des Gespräches war. Er wird es nun innerlich (und
früher oder später auch äußerlich) abbrechen. Die vom Seelsorger eingeführten religiösen Begriffe wurden zu Zeichen; sie hatten keinerlei Kommunika-
tionswert im Sinne einer Verständigung über konkrete Erfahrungen.

Oder der Ratsuchende akzeptiert den Bruch und verdrängt nach dem Vorbild des
Seelsorgers seine eigene konkrete Problematik. Die vom Seelsorger eingeführ-
ten religiösen Begriffe wirken als Klischees; sie mystifizieren die konkrete
Erfahrung und engen Lernbereitschaft ein, zu Gunsten des Aufbaues einer

> "Sonderwirklichkeit, ... die mit der Alltagserfahrung nichts mehr
> zu tun hat und mit einer speziellen Verstehenslehre entschlüsselt
> werden muß." (8)

Die Neutralisierung von Symbolen führt damit auf verschiedenen Wegen für
kirchengebundene und kirchenferne Personen zum gleichen Ergebnis: Kommunikation über existentielle Erfahrung findet im religiösen Rahmen nicht statt.(9)

(1) THURNEYSEN zit. in SCHARFENBERG: a.a.O., S.16
(2) vgl. SCHARFENBERG: a.a.O., S.14
(3) ebd.
(4) ASMUSSEN zit. in SCHARFENBERG: a.a.O., S.17
(5) ASMUSSEN zit. in SCHARFENBERG: a.a.O., S.14
(6) SCHARFENBERG: a.a.O., S.15
(7) THURNEYSEN zit. in SCHARFENBERG: a.a.O., S.16
(8) SCHARFENBERG/KÄMPFER: Mit Symbolen, S.143
(9) vgl. BROCKMANN/STOODT: Sünde, S.25

4.5.2 Seelsorge als Gespräch

Nach SCHARFENBERG besteht - im Gegensatz zu den oben dargestellten klassischen Seelsorge-Lehren - Seelsorge im gemeinsamen aktuellen Erleben der
in den Symbolen überlieferten Erfahrung früherer Generationen. Der Ratsuchende mit seiner konkreten Lebenssituation, ebenso wie der Seelsorger, treten
damit ein in das "Kolloquium der Zeugen, das bis ans Ende der Welt fortge-
setzt wird" (1) und das schon in der Bibel seinen Niederschlag fand. Voraussetzung dafür ist nur, daß der Freiraum zum echten, offenen und ehrlichen
Dialog gegeben wird. Aktuelle Evidenzerfahrungen - "Jetzt weiß ich weiter" -
(2) mit Symbolen, aktuelles Ergriffenwerden vom Unbedingten würde ebenso
Intellekt wie Emotionen der Betroffenen berühren - worin eine Parallele zu
dem pietistischen Anliegen der "Herzensfrömmigkeit" bestünde.

"Seelsorge als Gespräch" (3) hat zum Ziel und Kriterium die "Freiheit eines
Christenmenschen" (4). Im Gespräch kann dem Menschen "seine Freiheit zuge-
stellt und ... ein Einübungsraum dieser Freiheit zur Verfügung gestellt werden" (5). Dafür ist die Grundhaltung des Seelsorgers entscheidend, nicht aber
die äußere Form oder das vordergründige Thema (6) des Gesprächs. Das freie
Gespräch (ohne Thema), das Lehrgespräch (mit einem abstrakten Thema), die
Selbstexploration (mit dem Erleben eines Individuums zum Thema) und "die hel-
fende Beziehung" (7) (eine Kombination aus Lehr- und Explorationsgespräch)
sind gleichermaßen geeignet, solchen Freiraum darzustellen; jeweils liegt es
am Seelsorger und seiner Fähigkeit, "die partnerschaftliche Gegenseitigkeit"
(8) erlebbar zu machen.

Wichtig ist insbesondere Sensibilität für Übertragung und Gegenübertragung,
durch die sich jede "Gesprächsbeziehung ... von der Wirklichkeit entfernt" (9) und stattdessen die Gesprächspartner in ihre individuelle Le-
bensgeschichte abtauchen läßt.

>"Je stärker (vom Seelsorger) eigene Gegenübertragungsäußerungen kon-
>trolliert sind, um so leichter wird es auch gelingen, typische Ver-
>haltensweisen des Gegenübers als Übertragung zu erkennen und damit
>den drohenden Teufelskreis zu durchbrechen." (10)

Eine gewisse Asymmetrie, die der Seelsorger durch seine direkten und indi-
rekten strukturierenden Vorgaben zwischen sich und dem Ratsuchenden erzeugt,
kann er selbst ausgleichend aufgreifen, indem er seine Vorgaben als Aufforderung zum gemeinsamen Suchen nach der Wahrheit qualifiziert. Er stellt
damit sich und seine Botschaft dem "gleichberechtigten gemeinsamen dialogischen Reden und Handeln" (11). "Seelsorge könnte ... in der göttlichen Gabe
der Solidarität eines gemeinsamen Fragens nach der Wahrheit bestehen" (12).

(1) KNIPPING zit. in SCHARFENBERG: a.a.O., S.62
(2) WITTGENSTEIN zit. in SCHARFENBERG/KÄMPFER: a.a.O., S.145
(3) Buchtitel SCHARFENBERG
(4) SCHARFELBERG: a.a.O., S.25
(5) a.a.O., S.12
(6) vgl. a.a.O., S.44ff
(7) a.a.O., S.58
(8) a.a.O., S.42
(9) a.a.O., S.65
(10) ebd., Ergänzung W.B.
(11) OPPEN zit. in SCHARFENBERG: a.a.O., S.63
(12) SCHARFENBERG: a.a.O., S.64

Zusammenfassung: Als Alternative zur klassischen evangelischen Seelsorge, die im autoritär geführten Gespräch den Seelsorger bewußt einen
Bruch zwischen konkreter Not des Ratsuchenden und Botschaft Gottes
vollziehen läßt, rät SCHARFENBERG zur - von Übertragungen freien -
dialogischen Seelsorge, die im aktuellen Evidenzerlebnis die in den
christlichen Symbolen überlieferte Freiheit als freie Kommunikation
über die konkrete Lebenswirklichkeit des Ratsuchenden erlebbar macht.

4.6 Teilnehmerorientierung und Zielrahmenentscheidung in der evangelischen Jugendarbeit (BROCKMANN/STOODT)

Was im vorigen Abschnitt für die Beziehung zwischen Einzelpersonen in der
Seelsorge vom Symbolbegriff abgeleitet wurde, wird nun mit BROCKMANN/STOODT
(1) - die sich dabei auf den Religionsunterricht beziehen - auf die Gruppensituation in der Jugendarbeit übertragen.

Wie jeder Lehrer repräsentiert auch ein Jugendleiter eine "Zielrahmenentscheidung" (2). Ihr kann er sich nicht entziehen, allenfalls ihrer Reflexion.
Die Zielrahmenentscheidung besteht etwa darin, "die Erfahrungen anderer und
deren Verarbeitung" (3) zu repräsentieren, indem entsprechende Medien (Bibel-
texte u.a.) vom Jugendleiter eingebracht werden. Diese Eingaben hätten
allerdings ihren Sinn verfehlt, wenn sie zur Reduzierung von Erfahrung oder
deren Reproduktion in der Interaktion führten. Für den Leiter, der nicht
nur die Medien einführt, sondern auch funktional den Umgang mit ihnen vermittelt, ist die Frage angebracht, ob sein Umgang mit den Medien deren Eigenart
adäquat ist - d.h. für Religion: ob er selbst "aus der Selbstfesselung durch
die neutralisierte Religion herausgekommen" (4) ist. Damit die Zielrahmenentscheidung des Leiters nicht ins Illusionäre und Normative (an der Norm
statt am Adressaten orientiert) abgleitet, bedarf es des Korrektivs der
Teilnehmerorientierung.

Teilnehmerorientierung, die die "alltagsweltlichen Mechanismen der Verhüllung
und Verschleierung" (5) bei den Jugendlichen nicht überwindet, führt zu einer
"Selbsttäuschung" (6) des Leiters. Um dies möglichst auszuschalten, bietet
sich zunächst der praktische Diskurs (7) an. Er bedarf aber des Korrektivs
der "stellvertretenden Reflexion" (8) durch den Leiter, durch die dieser
"sich in die Bezugsfelder und in die Gefühlslagen der Schüler sowohl 'systematisch' einarbeiten als auch intuitiv einleben" (9) soll.

---

(1) BROCKMANN/STOODT: Schülerorientierung
(2) a.a.O., S.259
(3) a.a.O., S.261
(4) a.a.O., S.267
(5) a.a.O., S.258
(6) a.a.O., S.257
(7) siehe oben Kap. 3.2.9
(8) BROCKMANN/STOODT: a.a.O., S.258
(9) a.a.O., S.259

Konkret findet dieses System wechselseitiger Korrigierung nicht nur in der
institutionalisierten Form des praktischen Diskurses statt. Die vom Leiter
intendierten Ziele der Jugendarbeit werden von den Jugendlichen laufend positiv und negativ kommentiert; indirekt über Kritik an der Person des Leiters
oder auch direkt. Indem nun der Leiter sich der Kritik an seiner Person
wie an seiner Darbietungsweise der inhaltlichen Vorgabe im offenen Dialog
stellt, bezeugt er die Gültigkeit des protestantischen Prinzips (TILLICH).
Die thematische Zentrierung teilnehmerorientierter Prozesse auf die christliche Überlieferung durch die Kommunikation mit Hilfe der christlichen Symbole läßt eine "Ausfilterung unter dem Aspekt religiöser Qualität von Situationen" (1) nicht zu. Es gibt keinen grundsätzlich areligiösen Lebensbereich.
Das Erlebnis von Symbolen der christlichen Überlieferung führt nicht zu
"abstrakter Transzendenz, sondern ... konkretem Transzendieren in konkreten
Situationen" (2).

Speziell in der Gruppe ergibt sich aus solchem Predigt-Verständnis ein
methodisches Problem: die Situationen, die thematisiert werden, sollen im
Erfahrungsbereich möglichst aller Teilnehmer liegen. Besonders wenn gegenseitiges Interesse am Erleben der jeweils anderen Gruppenmitglieder (noch)
nicht gegeben ist, etwa zu Beginn der Gruppenbildung, ist eine Beschränkung
auf für Einzelne interessante Lebensbereiche nicht ratsam. Die Lebenssitua-
tionen von gleichaltrigen Jugendlichen (peers) sind allerdings allesamt durch
die Identitätskrise von ähnlichen Problemen bestimmt. Aufgabe des Leiters ist
es, die gemeinsamen Probleme und deren individuellen Lösungen in den Äußerungen der Jugendlichen zu entdecken und für die Gruppe transparent zu machen.
Insofern bleibt die Lebenswirklichkeit der Jugendlichen "das Vorgegebene und
Aufgegebene" (3) einer teilnehmerorientierten Jugendarbeit.

> Zusammenfassung: Die Vorgabe religiöser Inhalte durch den Leiter in die
> Gruppensituation geschieht in der Spannung von Zielrahmenentscheidung
> und Teilnehmerorientierung, die einander gegenseitig korrigieren. Letz-
> tere ist vom Leiter über stellvertretende Reflexion und praktischen
> Diskurs möglich. Die Problematik der Identitätskrise der Jugendlichen
> soll zur Sprache kommen und konkret transzendiert werden. Beziehungs-,
> Selbst- und Traditionsklärung werden so zu einem einzigen Prozeß.

4.7 Zusammenfassung der theologischen Voraussetzungen evangelischer Jugendarbeit in zehn Syn-Thesen

Historisch liegen die theologischen Voraussetzungen evangelischer Jugendarbeit
in der auf SPENER zurückgehenden pietistischen Tradition. Um das pietistische
Anliegen der "Herzensfrömmigkeit" aufzugreifen, ohne damit die in der Polarisierungsdiskussion erkannte anti-emanzipatorische Engführung zu tradieren, bedarf es einer Synthese. Deren Grundlage sind die hier dargestellten, im Symbolbegriff pointierten, theologischen Ansätze von EBELING, TILLICH, SCHARFEN-
BERG und BROCKMANN/STOODT. Diese Synthese wird nun unter zehn, für die evangelische Jugendarbeit relevanten, Aspekten durchgeführt, wobei jeweils die Konvergenz und die Differenz der Symboltheorie gegenüber der pietistischen Tradition unterschieden werden.

(1) BROCKMANN/STOODT: a.a.O., S.263   (2) a.a.O., S.260   (3) ebd.

Pietistische Tradition   Symbol-Orientierung

1. Das Evangelium als Inhalt der Predigt

KONVERGENZ

Inhalt der christlichen Predigt bleibt unveränderbar das Evangelium von Jesus Christus, das den Sünder rechtfertigt.

dto.

DIFFERENZ

Die einzig angemessene Reaktion auf solche Predigt ist die Anerkennung des eigenen Sünderseins und die Unterwerfung unter den Ruf zur Buße, den der Prediger an Gottes statt verkörpert.

Dies ist das Symbol für die Freiheit des Menschen vom Gesetz, die schon im Sprachgeschehen (EBELING) des Glaubens vollzogen wird. Predigt besteht darin, diese Freiheit nicht nur einander zuzusprechen, sondern auch in der konkreten Interaktion einander zuzugestehen. Der Prediger läßt den Hörenden an Gottes statt frei.

2. Die Bibel als Quelle der Predigt

KONVERGENZ

Die Bibel ist als Gottes Wort Quelle und Maßstab christlicher Predigt.

dto.

DIFFERENZ

Deshalb ist sie unhinterfragbar und von übernatürlichem Charakter. Sie ist alleinverbindlich für Predigt und stellt den Menschen infrage, statt von ihm infragegestellt zu werden.

Um die in der Bibel niedergeschriebenen Erfahrungen von Menschen weitervermitteln zu können, reicht es nicht, die traditionellen Formeln zu wiederholen. Vielmehr muß die Predigt in den Erkenntnis- und Verstehensbedingungen (EBELING) der Adressaten ihrer Botschaft Ausdruck geben.

3. Grundsituation und konkrete Situation

KONVERGENZ

Die Grundsituation des Menschen besteht darin, daß er als Sünder ewig vor Gott verloren ist.

Mit dem Symbol Sünde bringt die Bibel eine menschliche Grunderfahrung zum Ausdruck.

DIFFERENZ

Seelsorge und Predigt weisen daher in ihrem Kern von der konkreten Lebenswirklichkeit weg auf diese Grundsituation hin, die dem Menschen mitgeteilt werden muß, damit er das Evangelium seiner Rettung begreifen kann.

Jeder Mensch weiß, was Sünde ist, auch wenn er den Begriff in seiner dogmatischen Einbindung nicht verinnerlicht hat. Darum bezieht sich die christliche Predigt damit auf das Sündersein des Menschen, daß sie das Evangelium im Kontext der konkreten Erfahrungen als deren Kommentar und Kontrast (EBELING) formuliert. Die Torheit des Evangeliums besteht nicht in der Flucht vor den konkreten Erfahrungen, sondern in deren Korrelation (TILLICH) mit dem von außerhalb an ihnen geschehenden Wort Gottes. Die konkrete Situation beinhaltet die Grundsituation, darum geschieht Erfahrung von Glauben als konkrete Transzendierung (TILLICH).

Pietistische Tradition	Symbol-Orientierung

4. Verheißung des ewigen Lebens

KONVERGENZ

Das Evangelium verheißt den Glaubenden ewiges Leben nach dem Tod.

Das Evangelium verheißt den Glaubenden ewiges Leben, d.h. eine Wirklichkeit, die vom Tod nicht begrenzt ist.

DIFFERENZ

Darum ist das Eigentliche des christlichen Glaubens außerhalb der konkreten Lebenssituation, obwohl es durch Vergleiche aus dieser illustriert wird.

Das ewige Leben beginnt mitten in der konkreten Lebenswelt. Es begegnet dem Menschen in Symbolen. Symbole verbinden Zukünftiges und Gegenwertiges miteinander, indem sie zugleich menschliche Rede von Gott und göttliche, d.h. alle menschlichen Möglichkeiten übertreffende Rede vom Menschen sind. Im Erlebnis von Symbolen beginnt das "Eigentliche" des Glaubens.

5. Gottes- und Selbsterkenntnis

KONVERGENZ

Ziel christlicher Predigt ist die Gotteserkenntnis des Menschen, denn ohne Gott wäre der Mensch verloren.

Die christlichen Symbole weisen den Menschen auf das Unbedingte (TILLICH) hin, ohne das er nicht existieren kann.

DIFFERENZ

Der Mensch soll also nicht sich selbst, sondern Gott erkennen; Gott sieht er nur, indem er von sich selbst wegsieht.

Gott gibt sich durch Symbole ausschließlich in seiner Bezogenheit auf den Menschen zu erkennen. Darum kann der Mensch Gott nur insoweit erkennen, als er sich selbst erkennt; nicht weil Gott und Mensch identisch wären, sondern weil Gottes Bezogenheit immer eine konkrete, auf einen konkreten Menschen gerichtete ist. Sie ist nicht anders zu erfassen, als in ihrer Unterschiedenheit zur eigenen konkreten Bezogenheit eines Menschen auf Gott. Gottes- und Selbsterkenntnis bilden einen "Zirkel" (EBELING).

6. Bekehrung zu Jesus

KONVERGENZ

Ziel der christlichen Predigt ist die persönliche Bekehrung des Sünders zu Jesus Christus.

Die Symbole der Jesus-Tradition weisen über sich selbst hinaus auf eine von außerhalb dem Menschen angebotene Wirklichkeit hin. Dadurch haben sie immer wieder Erfahrungen von Glauben bei Menschen bewirkt. Mit dieser Absicht werden sie weiterhin tradiert.

DIFFERENZ

Diese ist gekennzeichnet durch bestimmte Formen des Erlebens (Buße) und Verhaltens (Moral, Ethik).

Bekehrung ist aber nicht ein zu schematisierendes und notwendig punktuelles Ereignis, das bestimmte Erlebnis- und Verhaltensformen zur Bedingung hätte oder dessen Dauer, Intensität und Frequenz allgemeingültig festlegbar wären. Vielmehr ist Bekehrung zum Evangelium die Umkehr zum bedingungslosen Glauben an Gottes bedingungsloses "Ja" zum Menschen. Der christliche Glaube schließt die Veränderbarkeit seiner konkreten Formen notwendig ein.

Pietistische Tradition   Symbol-Orientierung

7. Abgrenzung des Glaubens vom Unglauben

KONVERGENZ

Jesus Christus ist die Wahrheit, die die Christen in
einen Kampf gegen die Un-
wahrheit führt.

Wahrer Glaube, wie er den Symbolen des Christentums entspricht, ist unvereinbar mit "dämonischem Glauben"
(TILLICH). Um diese Wahrheit des Glaubens muß die Theologie streiten.

DIFFERENZ

Die Christen müssen sich deshalb in Lehre und Leben
von den Nichtchristen ab-
grenzen, damit die Wahrheit
des Evangeliums nicht ver-
wässert wird.

Aber im Leben der Glaubenden ist die "reine Lehre" kein
Selbstzweck. Eine absolute Erscheinung des Unbedingten ist
nicht möglich und würde, wenn sie behauptet würde selbst
zum "Götzen" (TILLICH). Wegen dieses "protestantischen
Prinzips" (TILLICH) ist für Christen eine Abgrenzung von
Nichtchristen unmöglich.

8. Erbauung der Glaubenden

KONVERGENZ

Die Glaubensgemeinschaft
dient der religiösen Er-
bauung ihrer Mitglieder.

Im rituellen Erlebnis von Symbolen (Sakramente) und in der
Interpretation der Lebenspraxis durch Symbole (Predigt)
konstituiert sich die Gemeinschaft der Glaubenden.

DIFFERENZ

Dies geschieht garantiert
und umfassend, wenn das Wort
Gottes gepredigt und die
Sakramente verwaltet werden.

Erbauung, d.h. Ermutigung zum Glauben bleibt aber nicht
begrenzt auf besondere, religiöse Orte und Handlungen.
Vielmehr ermutigen sich die Mitglieder der Gemeinschaft
in der gemeinsamen Lebenspraxis als "geglaubtes Leben" und
"gelebten Glauben" (EBELING) gegenseitig.

9. Das Predigtamt des Leiters

KONVERGENZ

Aufgabe des Leiters einer
christlichen Gruppe ist es,
die Sache Gottes zu vertreten.

Die Zielrahmenentscheidung, der Predigt im Gruppenleben
Raum zu geben, wird zunächst vom Leiter vertreten.
(vgl. BROCKMANN/STOODT)

DIFFERENZ

Dieser Predigtauftrag bedarf
in der christlichen Jugendarbeit keiner Korrektur. Der
Leiter hat ihn ggf. auch gegen
andere vordergründige Teil-
nehmerinteressen durchzusetzen.

Die Zielrahmenentscheidung des Leiters bedarf stets der
Korrektur durch die Teilnehmerorientierung (BROCKMANN/
STOODT), damit das Befreiende des Evangeliums nicht durch
Dogmatismus oder sonstige individuelle Verkürzungen sei-
tens des Leiters verdeckt wird. Der Leiter soll auch kein
Predigtmonopol aufbauen, und zwar weder formal durch eine
Fixierung auf monologische Predigt, noch inhaltlich als
Monopol der "richtigen" Theologie. Der Leiter wirkt vielmehr durch sein Vorbild als bezüglich des Evangeliums
Gleicher unter Gleichen, der die solidarische Grundhaltung der gemeinsamen Wahrheitssuche (SCHARFENBERG) einbringt. Zeuge des Evangeliums ist er dadurch, daß er
selbst transparent mit Symbolen lebt (SCHARFENBERG), d.h.
sich selbst als lebendiges Beispiel für eine unter vielen Möglichkeiten christlichen Glaubens präsentiert. Predigt realisiert den Dialog zwischen christlicher Überlieferung und aktueller Lebenswirklichkeit der Gruppe.

Pietistische Tradition   Symbol-Orientierung

10. Gruppendynamische Prozesse

KONVERGENZ

In der christlichen Predigt ist
nicht der Bote sondern die Botschaft wichtig.

Nicht die Person des Leiters sondern die christliche
Überlieferung stellt die inhaltliche Vorgabe christlicher Jugendarbeit dar.

DIFFERENZ

Deshalb soll die Predigt über
biblische Inhalte das Thema der
Gruppengespräche sein, nicht
dagegen die Beziehungen innerhalb der Gruppe und die
Stellung des Leiters.

Die Beziehungen innerhalb der Gruppe und besonders zwischen Gruppe und Leiter haben bestimmte Wirkungen der
Übertragung und Gegenübertragung (SCHARFENBERG), und
zwar unabhängig davon, ob die Beteiligten sich dessen
bewußt sind oder nicht. Solche gruppendynamischen Prozesse führen zur subjektiven Verzerrung und Fixierung
der Wahrnehmung. Je bewußter sich Gruppe und Leiter
über solche Zusammenhänge sind, desto deutlicher wird
die christliche Überlieferung in der Gruppe zur Sprache
kommen und erfaßt werden können.

5. DIE GEGENWÄRTIGE PRAXIS: PREDIGT ZWISCHEN
BEDEUTUNGSLOSIGKEIT UND IDEOLOGIE - Eine
empirische Untersuchung zur funktionalen
Auswirkung der Jugendarbeit des EJW auf
das Verständnis christlichen Glaubens bei
Jugendlichen

5.1 Einordnung in den Gesamtaufbau dieser Arbeit

Wer Jugendarbeit macht, soll die Perspektive der Jugendlichen einnehmen; wer
evangelische Predigt macht, soll Symbole vermitteln. So lautet, kurz gesagt,
das Ergebnis der vorigen zwei Kapitel. Pietistische Jugendarbeit leistet
beides nicht. Ihre Religionspädagogik jedenfalls (a) ist nicht jugendgemäß,
da sie die spezifischen Bedingungen der pubertären Identitätskrise wenig beachtet und (b) fördert keine evangelische Frömmigkeit (also Leben mit christlichen Symbolen) sondern neutralisierte Religion, was zur Folge hat, daß
Glaube für Jugendliche zwischen Bedeutungslosigkeit und Ideologie anzusiedeln
ist. Nachdem diese These oben durch die Diskussion von Theorien belegt wurde,
soll sie im folgenden durch eine "Momentaufnahme" aus dem Erleben Jugendlicher illustriert - nicht bewiesen! - werden. Die vom Verfasser 1983 durch-
geführten und bisher unveröffentlichten Interviews mit zehn Jugendlichen aus
dem EJW machen exemplarisch einige Phänomene deutlich, die oben mit Begriffen wie "Identitätskrise", "neutralisierte Religion" usw. diskutiert wurden.
Eine repräsentative Untersuchung zur pietistischen Jugendarbeit steht in der
religionspädagogischen Literatur freilich nach wie vor aus.

5.2 Art und Aufbau der Untersuchung

5.2.1 Assoziationstest

Jedes Interview gliederte sich in zwei Teile: Assoziationstest und Intensiv-
Interview. Begonnen wurde jeweils mit dem Assoziationstest, bei dem eine Anzahl von 44 bis 51 Begriffen vom Interviewer verbal vorgegeben wurde. Jeder
dieser Begriffe ist mindestens einer der Kategorien "Lebenswelt der Jugendlichen" und "christliche Tradition" zugeordnet. Zur Kategorie "Lebenswelt"
gehören Begriffe wie Schule, Familie, Geld. Zur Kategorie "christliche Tradition" gehören Begriffe wie Gott, Hölle, Taufe. Manche Begriffe sind aber
nicht eindeutig einer Kategorie zuzuordnen, z.B. Hoffnung, Seele, Schmerz.
Die Befragten wurden jeweils aufgefordert, auf jeden vorgegebenen Begriff
mit der Äußerung ihres allerersten Einfalls zu reagieren, sei dies eine Frage, eine Erlebniserinnerung, ein Bild, ein Aussagesatz, ein Wort oder sonst
etwas. Daß die vorgelesenen Begriffe tendenziell zwei Kategorien zugeordnet
sind, wurde verschwiegen. Stattdessen wurde nur angekündigt, daß jetzt eine
Reihe von Wörtern vorgelesen würde.

Die Antworten wurden per Tonband aufgezeichnet und sind in den Protokollen
soweit wie möglich wörtlich wiedergegeben. Nicht gemessen wurden die Zeiten

zwischen einzelner Vorgabe und Verbalisierung der Reaktion. Lediglich in einigen Fällen, in denen diese Zeit überdurchschnittlich lang war, wurde dies im Protokoll vermerkt.

Selbstverständlich stellen die Verbalisierungen in einer nicht meßbaren Zahl von Fällen Verzerrungen der eigentlichen Assoziationen dar. Denn es ist nicht zu kontrollieren, ob der Befragte genau das sagt, was er spontan assoziiert. Eine spontane Eigenkontrolle liegt gerade bei Begriffen aus religiösem Zusammenhang nahe, soweit dieser als repressiv erlebt wurde. Zudem sind auch die spontanen Assoziationen selbst kein eindeutiger Indikator für die Einstellung von Personen. Im Unterbewußtsein wirkende Kontrollen verhindern schon die Assoziation tabuisierter Inhalte. Trotz dieser offensichtlichen Mängel des Erhebungsverfahrens lassen sich durch dessen Vorschaltung Rückschlüsse ziehen, die die Befragung ergänzen.

Gerade hinsichtlich der unterbewußten Kontrollen stellt die Erhebung von Assoziationen eine Erweiterung gegenüber der reinen Befragung dar; legt diese doch ein Abwägen und damit Kontrollieren der Antworten nahe. Die Funktion religiöser Einstellungen betrifft aber zum großen Teil auch affektiv-emotionale Bereiche, die in einer rein theoretisch-abstrakten Diskussion religiöser Fragen (vgl. Teil I der Intensiv-Interviews) nicht der Thematisierung zugänglich wären.

Ein weiteres Defizit des Assoziationstests liegt im Verzicht auf ein systematisch-statistisches Auswertungsverfahren. Allein über das Thema "Zusammenhang von Lebenswelt und Glaube bei Jugendlichen in der pietistischen Jugendarbeit" könnte mensch eine eigene empirische Untersuchung auf der Basis repräsentativer Daten durchführen. Für das Hauptanliegen der vorliegenden Arbeit, die theoretische Herleitung eines Jugendarbeitskonzepts, bliebe darin allerdings kein Raum. Trotzdem soll auf einen begrenzten empirischen Teil nicht verzichtet werden, weil damit theoretische Annahmen exemplarisch belegt und illustriert werden können. Schließlich wird hiermit auch auf ein bisher wenig empirisch erforschtes Gebiet gegenwärtiger Jugendarbeitspraxis verwiesen.

Für die Durchführung der Interviews hatten die vorgeschalteten Assoziationstests auch eine warming-up-Funktion durch ihren spielerischen Charakter. Manchmal ergab sich aus dem Nachgespräch zum Assoziationstest ("Hat dir dieser Test Spaß gemacht?") eine Überleitung in das Intensiv-Interview.

Es ist also festzustellen, daß trotz der besagten methodischen Mängel die hier realisierte Kombination von Assoziationstest und Tiefen-Interview das für diese Arbeit am besten geeignete Verfahren darstellt.

5.2.2   Interview

Es wurden weiche Interviews durchgeführt, also stets ein Vertrauensverhältnis zwischen Interviewer und Befragtem angestrebt. Der Fragestruktur nach handelte es sich um den Typ des Intensiv-Interviews,

> "dem lediglich ein Frage-Leitfaden zugrunde liegt, der Reihenfolge
> oder Formulierung der Fragen der Entscheidung des Interviewers
> überläßt" (1).

---

(1) HARTFIEL: Wörterbuch der Soziologie, S.318

Der Interview-Leitfaden (s.u.) umfaßt 30 Fragen. Bei der Durchführung wurde
darauf geachtet, daß möglichst alle Fragen gestellt wurden, aber zum einen
ließen die meisten Fragen sehr unterschiedliche, individuelle Arten der Be-
antwortung zu und zum anderen wurden im Gesprächsverlauf oftmals Zusatzfragen
gestellt, um einzelne Aspekte der Antworten aufzugreifen und zu vertiefen.

Nach dem Einleitungsteil 0, der formale Fragen zum Alter und zur kirchlichen
Sozialisation enthält (Fragen Nr. 1-3) folgen drei Hauptteile I - III, die
den drei Argumentationsschritten der vorliegenden Arbeit korrespondieren.

Teil I (Fragen Nr. 4-13) fragt zunächst allgemein nach dem Bereich des
christlichen Glaubens und korrespondiert dem Kapitel 2, welches nach den religiösen Intentionen der Jugendarbeit in pietistischer Tradition fragt.
Teil II (Fragen Nr. 14-25) versucht den Erfahrungsbereich der Jugendlichen
zu thematisieren, den ERIKSON als Identitätskrise beschreibt; damit korrespondiert er dem Kapitel 3 der Arbeit. Dieser Zusammenhang ist hier zu erläutern:

Frage 14 stellt zunächst zusammen mit Frage 13 die Überleitung zum Teil II
dar. Es ist, abgesehen von den Fragen 7+8, die erste Frage, die sich auf die
Person des Befragten bezieht, wogegen die vorhergehenden Fragen ihm die Möglichkeit offenließen, allgemein zu antworten. Dies war wichtig für den Aufbau
des Vertrauensverhältnisses im Verlauf der Interviews. Inhaltlich decken die
Fragen 14, 15 und 23 den Komplex "Beruf" im weitesten Sinne ab. In der Be-
rufswahl (bzw. dem Berufswunsch) manifestiert sich die individuelle Ausprä-
gung der Erlebnis- und Handlungsgrundform Aktivität. Der Fragekomplex bezieht
sich aber darüber hinaus auf erlebte oder phantasierte Produktivität des Befragten. Frage 16 dagegen ist allgemeiner gefaßt. Sie bezieht sich auf Aktivität, nicht nur im Sinne von Arbeit.

Die Fragen 17-22 thematisieren in verschiedener Hinsicht die Erlebnis- und
Handlungsgrundform Vertrauen vs. Mißtrauen: in Frage 17 bezogen auf die Eltern (im Rahmen dieser Frage kann auch der individuelle Stand des Ablösungs-
prozesses des Jugendlichen vom Elternhaus thematisiert werden); in den Fragen
ge 18+19 bezogen auf die peers (wegen ihrer besonderen Bedeutung für die vorliegende Arbeit wird sie in Frage 27 variiert wiederholt); in Frage 21 offen,
so daß der Befragte selbst die ihm wichtige Bezugsgruppe nennen kann; in
den Fragen 20-22 schließlich wird direkt nach der Erlebnisgrundform
Vertrauen (Hoffnung) vs. Mißtrauen (Angst) gefragt.

Die Fragen 24+25 greifen noch einmal das Thema Produktivität auf, da Kindererziehung für den Erwachsenen eine Spielart des Tätigseins ist. Gleichzeitig
faßt dieser Fragenkomplex auch den ganzen Teil II zusammen, da der Befragte
bei "Kindererziehung" natürlich seine eigene Erziehung assoziiert; außerdem
macht er sich abstrakte Gedanken über Kindererziehung auch auf Grund seiner
individuellen Erfahrung. D.h., daß die Antwort Hinweis auf ein Resümee der
eigenen Erziehung und Eltern-Kind-Beziehung geben kann. Insofern ist sie auch
Indikator für den Entwicklungsstand der Identität des Befragten als Manife-
stierung seiner Ablösung von den Eltern.

Der ganze Teil II wird nun bezüglich des religionspädagogischen Themas zusam-
mengefaßt in Frage 26, die zugleich den Teil III (Fragen Nr. 26-29) einleitet; dieser Teil kombiniert die Teile I und II, d.h. er thematisiert
die vom Befragten erlebte Beziehung zwischen seiner Lebenserfahrung (Identitätskrise) und christlicher Überlieferung und korrespondiert damit dem Kapitel 4 dieser Arbeit. Frage 26 müßte exakt heißen: "Hast du schon Bibelarbeiten erlebt, in denen ihr deine Identitätskrise ganz oder teilweise themati-

siert habt?" Den Begriff der Identitätskrise sprachlich so zu fassen und aufzuschlüsseln, daß es für die befragten Jugendlichen verstehbar ist, war die Funktion des ganzen Teiles II. Die Frage 26 stellt die Schlüsselfrage des ganzen Interviews dar, wenngleich es dessen weicher Charakter ermöglichte, daß bei der Durchführung der Interviews gelegentlich auch auf andere Fragen und Nachfragen Antworten gegeben wurden, die inhaltlich die Schlüsselfrage 26 betrafen. Im einzelnen wurde bei der Durchführung die Frage 26 so formuliert, daß in der einleitenden Aufzählung "Berufswünsche, Träume ..." diejenigen Begriffe genannt wurden, die im vorhergehenden Teil II tatsächlich behandelt worden waren.

Frage 27 variiert die Schlüsselfrage, indem sie nach der Funktion der EJW-Jugendgruppe für die Identitätskrise fragt. Die Fragen 28+29 wiederholen das Thema der Schlüsselfrage, allerdings auf grundsätzlicher Ebene; sie fragen weniger nach der Erfahrung als nach der Meinung des Befragten.

Die Abschlußfrage 30 gab nochmals Gelegenheit, alle vorher genannten Themen aufzugreifen. Diese Nachgespräche wurden zum Teil abschweifend, zum Teil gingen sie auch in der Weise in einen Dialog über, daß der Interviewer Auskunft über Aufbau und Anliegen des Interviews gab. Die Nachgespräche verliefen in einer Athmosphäre mehr oder weniger gewachsenen Vertrauens, so daß in einigen Fällen eine Vertiefung des vorherigen Gesprächs stattfand. Darum wurden Teile dieser Nachgespräche ebenfalls protokolliert.

Zum äußeren Rahmen der Durchführung ist zu sagen, daß die meisten Interviews bei den Befragten bzw. deren Freunden zu Hause gemacht wurden. Stets war mensch zu zweit im Raum, allerdings gab es manchmal kurze Unterbrechungen durch Telefonate o.ä. Lediglich zwei Interviews wurden im Rahmen eines Gruppenleiterkurses des EJW, allerdings ebenfalls im abgetrennten Raum, durchgeführt. Der Interviewer kannte alle Befragten bereits vorher entfernt, da er selbst im EJW Jugendarbeit macht. Es wurden aber - um Befangenheit auf beiden Seiten zu vermeiden - keine Jugendlichen interviewt, die zum selben regionalen Bezirk des EJW wie der Interviewer gehören. Die Interviewpartner wurden - auch bezüglich ihres Geschlechts - zufällig ausgewählt, also nicht nach repräsentativen Gesichtspunkten. Es handelte sich um neun Jungen (A-I) im Alter von 15 bis 19 Jahren und ein fast 16-jähriges Mädchen (K).

Das Protokoll wurde nach Tonbandaufzeichnungen angefertigt. Allerdings wurden die ersten Interviews (A-C) und Assoziationstests (A-D) insofern verändert protokolliert, als die zahlreichen "em" und "äh" sowie Wiederholungen von Silben und Wörtern weggelassen und Wortkürzungen berichtigt wurden, soweit dies den Sinn nicht veränderte. Es erwies sich aber dann als sinnvoll, alle folgenden Protokolle weitestgehend original vom Tonband zu transkribieren, da auch aus der Sprech- und Reaktionsweise der Befragten Rückschlüsse gezogen werden können. Teil 0 wurde meist nur stichwortartig protokolliert.

Einige, auf dem Tonband unverständliche Passagen wurden im Protokoll durch "(...unv)" bzw. "(unv...)" gekennzeichnet, je nachdem, ob Anfang oder Ende eines Satzes wegfielen. Nachfragen des Interviewers wurden in runde Klammern () gesetzt, nonverbale Äußerungen der Jugendlichen dagegen in eckige Klammern <>.

Zur Durchführung der Interviews muß insgesamt hervorgehoben werden, daß die Befragten dem Interviewer ein großes Maß an Vertrauen entgegenbrachten, wofür die Antwort 30 des Befragten I exemplarisch Zeugnis gibt.

5.2.3   Interview-Leitfaden (1)

0.   1. Alter
     2. Seit wann in EJW-Gruppen?
     3. Vorher in einer anderen christlichen Gruppe?

I.   4. Was ist das Wichtigste an deiner Jugendgruppe?
     5. Ist deine Gruppe eine "christliche" Gruppe?
     6. Was ist das "Christliche" an ihr?
     7. Liest du manchmal selbst in der Bibel?
     8. Wenn ja: wann hast du damit begonnen?
     9. Stell dir vor, jemand kennt die Bibel überhaupt nicht und will
        nun schnell das Wichtigste in ihr kennenlernen. Was rätst du
        ihm, was er lesen soll?
     10. Wovon handelt die Bibel?
     11. Wie versteht man die Bibel richtig?
     12. Wie versteht man die Bibel falsch?
     13. Manche Politiker argumentieren in ihren Reden mit Bibelzitaten.
         Findest du das richtig?

II. 14. Könntest du dir vorstellen, einmal Politiker zu werden?
     15. Was ist dein Traumberuf?
     16. Wenn du von heute an ein Jahr Zeit hättest, um zu tun, was
         immer du willst, was würdest du in diesem Jahr tun?
     17. Meinst du, deine Eltern könnten das verstehen?
     18. Meinst du, deine besten Freunde könnten das verstehen?
     19. Was verbindet dich mit deinen besten Freunden?
     20. Hast du irgendwann im vergangenen Jahr mal Angst gehabt?
     21. Gab es da Menschen, mit denen du darüber reden konntest?
     22. Kannst du sagen, worauf du am meisten hoffst?
     23. Kannst du dir ein Lebenswerk für dich vorstellen?
     24. Möchtest du mal Kinder haben?
     25. Wenn ja: hast du dir schon mal Gedanken darüber gemacht,
         wie du sie erziehen willst?

III. 26. Wir haben jetzt sehr persönliche Fragen besprochen; Fragen
         aus deinem persönlichen Bereich: Berufswünsche, Träume, Eltern,
         Freunde, Angst, Hoffnung, Lebenswerk, Kindererziehung.
         Frage: Hast du schon Bibelarbeiten erlebt, in denen ihr über
         diesen persönlichen Bereich von dir gesprochen habt?
     27. Kann man in deiner Gruppe über diesen persönlichen Bereich reden?
     28. Würde das zu einer Bibelarbeit passen?
     29. Warum? bzw. Warum nicht?

IV. 30. Wie fandest du dieses Interview?

---

(1) Dieser Interview-Leitfaden ist nochmals auf einem ausklappbaren
    Faltblatt am Ende des Buches abgedruckt, damit beim Lesen der
    Interview-Protokolle (Kap. 8) die Fragen zu überblicken sind.
    (S. 163)

5.3 Auswertung der Untersuchung mit Hilfe der eingeführten erziehungswissenschaftlichen und theologischen Kategorien

Die Interviews geben Einblick in konkrete Erfahrungen Jugendlicher mit christlicher Überlieferung, Bibel und Predigt im jeweiligen Kontext der Gruppensituationen einerseits und der sonstigen Lebenswelt (Schule, Familie, peers) andererseits. Dabei variieren die zehn interviewten Jugendlichen zwar beträchtlich, aber es lassen sich bezüglich ihres Verständnisses des christlichen Glaubens, das sie im Rahmen der Jugendarbeit erworben haben (oder bestätigt bekamen), parallele Tendenzen feststellen. Bei der folgenden Auswertung ist der methodischen Besonderheit des Intensiv-Interviews Rechnung getragen: "Im wesentl. kommt es darauf an, auch die 'hinter' den Antworten stehenden Motive, Einstellungen, Grundorientierungen zu erkunden." (1)

5.3.1 Glaube als Gesetzesfrömmigkeit (2)

Das "Christliche" als Inhalt und Ziel der Jugendarbeit wird im Bewußtsein der Jugendlichen tendenziell auf phantasierte und unerreichbare Idealforderungen reduziert. Für D. darf mensch z.b. nicht an Gottes Existenz zweifeln (D 12); gleichzeitig war seine Assoziation zu "Gott: existiert er?" (D-Ass 8). Für E. muß mensch "möglichst auch sündenfrei" (E 6) leben. Für F. liegt das Ziel "in etwas unerreichbarer Ferne ... deswegen ich auch bei weitem nicht perfekt bin" (F 17). Die Formulierungen "versuchen das einzuhalten" (B 6) und "wir tun unser Bestes" (F 5), sowie "wie man halt so zu leben hat" und "wie man zu beten hat" (E 9) sind typisch für den Forderungscharakter des Christlichen. Bezeichnenderweise hat der selbe E. im Satz zuvor festgestellt, daß die "alttestamentliche Gesetzlichkeit ... im Galaterbrief eigentlich zunichte gemacht wird" (E 9) (3). Die Vokabel "Gesetzlichkeit" wird von ihm also benutzt, ohne konkret auf die eigene Erfahrung mit Glaube angewandt zu werden. Glauben ist für diese Jugendlichen identisch mit dem Einhalten von Geboten. Wo Glaube konkret wird und über "allgemeinde Essenzen" (F 28) hinausgeht, da wird er zur "konkreten Anweisung" (F 28). Dem entsprechend besteht ein "Zweifelspunkt" von Glauben darin, gegen ein Gebot manchmal verstoßen zu müssen (G 28). Wo Glaube inhaltlich derart auf Gesetzesfrömmigkeit reduziert ist, entsteht leicht ein schlechtes Gewissen: C. entschuldigt sich beim Interviewer spontan - als er sich während des Interviews eine Zigarette anzündet - er sei "natürlich auch kein Superchrist, ... sogar eigentlich ein ziemlich mieser Christ" (C Nachgespräch). F. entschuldigt sich beim Stichwort "Sonntag" mit der Assoziation "meistens keine Kirche" (F-Ass 6). Der inhaltlichen Reduzierung des Christlichen entspricht auch eine formale, nämlich auf bestimmte Programmpunkte, z.B. Bibelarbeit, Losungsausgabe, Andacht (vgl. A 6, G 5, I 6, H 6). Daß auch dies

---

(1) HARTFIEL: Wörterbuch, S.313
(2) Die folgenden Zitate sind den Interview-Protokollen entnommen, die im Kap. 8 abgedruckt sind. Die Buchstaben stehen für die interviewten Jugendlichen, die Zahlen für deren Antworten. "Ass" bezeichnet Antworten aus dem Assoziationstest; Nachgespräche stehen jeweils nach Frage 30.
(3) Auf die theologische Problematik solcher Pauschalaussage über das Alte Testament kann hier nicht eingegangen werden. Dazu sei verwiesen auf Peter von der OSTEN-SACKEN (Hg.): Wie aktuell ist das Alte Testament?

wieder eine nicht erfüllbare Idealforderung darstellt, wird daran deutlich, daß sechs Jugendliche angaben, selten bis nie Andachten etc. in ihrer Gruppe zu erleben (A 6, B 7, C 27!, G 5, I 6, K 27!). Zur Gesetzesfrömmigkeit vgl. auch die Stichworte "Härte" (F 12), "Moral" (I 13) und "Überzeugung" (F 12).

Die von den Jugendlichen geäußerte Gesetzesfrömmigkeit widerspricht nicht nur dem Evangelium, sondern auch dem Gesetz, das ja nach LUTHERischem Verständnis nicht der Rechtfertigung des Menschen, sondern dem Zusammenleben dienen soll. Für diese Jugendlichen aber hat es keine Hilfsfunktion.

Die Reaktionen der Jugendlichen auf die Erfahrung des als Gesetzesfrömmigkeit mißverstandenen Glaubens sind sehr unterschiedlich und haben doch alle die gleiche Konsequenz: die Neutralisierung von Symbolen. B. zieht für sich aus der Gesetzlichkeit die Konsequenz, Glaube pauschal abzulehnen. Dagegen identifiziert sich G. insofern voll mit Glauben, als dieser für ihn die Funktion hat, seinen Rückzug aus der Lebenswelt und dessen Unsicherheit rationalisieren zu können. Durch die Reduzierung von Glaube auf Gesetzesfrömmigkeit bleiben letztlich nur diese zwei Alternativen. Zu vermuten ist, daß dem zwei typische Entwicklungsverläufe korrespondieren: entweder mensch identifiziert sich mit der Gesetzesfrömmigkeit derart, daß mensch mit etwa 16 Jahren selbst Gruppenleiter wird (vgl. E 23) und tradiert anschließend selbst die Gesetzesfrömmigkeit - wobei Frömmigkeit nicht die einzige Motivation zum Leiterwerden ist. Oder mensch verläßt den Lebensraum der Jugendarbeit, in welchem einem diese Gesetzesfrömmigkeit begegnete zu dem Zeitpunkt, wenn mensch dessen Begrenztheit mit zunehmendem Alter durchschaut. Diese beiden Reaktionsweisen führen zur Zementierung der Gesetzesfrömmigkeit im Bewußtsein. Darum zeigen BROCKMANN/STOODT folgerichtig am Beispiel Sünde, daß kirchlich subkulturell Gebundene und antikirchlich Eingestellte dasselbe Mißverständnis von christlichen Symbolen haben und diese nur in neutralisierter Form kennen (1).

In der Identifizierung mit der christlichen Überlieferung ist bei einigen Jugendlichen die in der Identitätskrise naheliegende Ideologisierung erkennbar: F. wünscht sich von der Bibel Gesetze zum

> "Festhalten ... über die ich dann gar nich' mehr so viel nachdenken hätte müssen, sondern die ich mir mal erarbeitet hätte, als richtig anerkannt" (F 26).

Er wünscht sich also ein starres Orientierungssystem. Für K. ist die Verhaltensweise der Schwester, die Bibel beim Umzug nicht mitzunehmen, ein negatives Kennzeichen. Sie bedauert, ihr "nix anhaben" (K 25) zu können. Gleichzeitig aber hat sie selbst auch schon länger nicht mehr in der Bibel gelesen (K 28). Das Merkmal "Bibellese" dient ihr also bezüglich der Schwester zur Zuordnung von Erfahrungen in ein bipolares Denksystem, ohne dabei jedoch Kommunikation über diese Erfahrung mit der Betroffenen zu ermöglichen.

5.3.2   Glaube als Sonderwirklichkeit

Im Teil III der Interviews gaben die Jugendlichen ziemlich übereinstimmend an, noch keine Bibelarbeiten erlebt zu haben, in denen es um ihren persönlichen Bereich gegangen wäre (A 26, B 26, C 26, D 26, F 26, G 26+28, H 26+28, I 26+27). Nur E. meint, "daß in jeder Bibelarbeit was Persönliches is'",

(1) BROCKMANN/STOODT: Sünde, S.25ff

wofür er allerdings nur Beispiele aus dem Bereich der christlichen Überlieferung anführt (E 26). Demnach haben alle Befragten den christlichen Glauben als Sonderwirklichkeit erfahren. Viele Äußerungen belegen dies: Für F. sind es zwei verschiedene Dinge, "zu erfahren, wie Welt und Menschen sind" oder "sich mit Glauben zu beschäftigen" (F 16). Für G. wird der Glaube selbstverständlich zu einer Sonderwirklichkeit:

> "also es is' sehr schön, wenn mer des christliche Leben auch mi'm weltlichen Leben verbinden könnte, muß mer halt immer versuchen, aber is' halt ziemlich schwierig" (G 22).

Die Forderungen des "christlichen Lebens" sind im "weltlichen Bereich" gar nicht zu verwirklichen, weil mensch dadurch Gefahr läuft, die Anerkennung der Anderen zu verlieren (vgl. G 28). Über den "christlichen Bereich" kann ausschließlich in diesem selbst kommuniziert werden, darum ist es für G. eine schwierige Aufgabe, seine Jugendgruppe

> "richtig heranzuziehen ... weil einige eigentlich ziemlich wenig Kontakt mit dem christlichen Glauben gehabt haben" (G 23).

Die Sonderwirklichkeit von G's Glaube wird auch an seinen Assoziationen deutlich: die Assoziationen Nr. 2, 3, 5, 11, 13, 15, 22, 24, 31 und 43 weisen darauf hin, daß G. in einer behüteten Umwelt lebt, daß die Probleme immer irgendwelche andere abstrakte Personen haben, wogegen er in seiner Familie nur Vertrauen und Geborgenheit erfährt. Das Interview bestätigt dies: er hat noch keine Berufsvorstellung, hat nicht den Traum, die Familie zu verlassen (G 16), mit seinen Eltern bespricht er seine Ängste (G 21), seine Eltern helfen ihm in Schwierigkeiten (ebd.), sein ganzes Leben scheint bisher "schmerzlos" wie das Interview (G 30) zu sein. Pfadfinder sind für ihn "viel freundlicher" als die Menschen "in der normalen Gesellschaft" (G 19), weshalb er "die Anderen aus der Schule ... eigentlich weniger kennenlernt" (G 18). Trotzdem assoziiert G. gleich zweimal "Jesus: Retter" und "Rettung: Jesus" (G-Ass 28+34). Rettung wovor?! Nicht G's behütete Kindheit soll hier problematisiert werden, sondern die Frage, ob das Symbol der Rettung durch Jesus auch dann noch tragfähig für seine Existenz wird sein können, wenn er konkret in Not geraten wird.

Daß der christliche Glaube Sonderwirklichkeit ist, zeigt sich auch in der Notwendigkeit zum repressiven Durchsetzen der Predigten: einige Jugendliche erlebten Andachten nicht nur als unpersönlich, sondern auch als repressiv; als "Massenabfertigung aus so 'nem Bibelspruch" (A 26), der "missiokeulenmäßig von oben aufgesetzt" (A Nachgespräch) wurde und den B. hat "halt so über mich ergehen lassen" (B Nachgespräch). Vgl. auch die Schilderung des "Muß-Zwanges" (C Nachgespräch). Interessanterweise formuliert auch F., der sich mit dem Predigtauftrag als Gruppenleiter mittlerweile voll identifiziert hat, daß er "vor 'ner Gruppe ... verkündigen muß" (F 16). Die repressive Tendenz klingt also bei - bezüglich der christlichen Überlieferung - positiv wie negativ Eingestellten an.

Auch die an eigener Bibellese interessierten Jugendlichen fanden teilweise keine Hilfen zum Verständnis der Bibel durch ihre Jugendgruppe. G. sagt:

> "Früher hat mich die Bibel ziemlich abgeschreckt, weil des im alten Deutsch war, hab' ich äußerst wenig verstanden und schnell die Lust verloren" (G 8).

H. und I. hatten beide versucht, die Bibel durchzulesen.

"Bei diesen ganzen Zeugungen bin ich dann steckengeblieben ...
dann is' mir des mit den Namen zu leid geworden" (H 7+8).

Für I. ist die Bibel ein "schwieriges Buch" (I 7), und zwar sowohl inhaltlich ("wie alt die werden, 700 Jahre, 800 Jahre ... und lauter so Sachen,
die versteh' ich nich'") (I 7); und sprachlich ("manchmal ist es auch so
verdreht geredet, ich kann es nicht richtig verstehen") (I 7). Trotzdem
würde I. die Bibel gerne verstehen: "Tagebuch" (I 10) ist für ihn positiv
besetzt. Er richtet die Kritik an seinem Unverständnis gegen sich selbst
(I 12)! Auch für K. ist die Bibel zugleich positiv besetzt und diffus, d.h.
nicht in eigenen Worten wiederzugeben (K 10+28). All diese Beispiele zeigen,
daß für die Jugendlichen die Geschichten und Figuren der Bibel von der eigenen Lebenserfahrung abgesondert bleiben: als Sonderwirklichkeit, nicht als
Symbole.

5.3.3   Gruppenerwartungen und -erfahrungen

Die Erwartungen an die Gruppe (Frage Nr. 4) sind bei allen Jugendlichen
gleich: Gemeinschaft, Zusammenhalt und Spaß. Ein Vergleich mit den Intentionen des EJW als Träger der Jugendarbeit (s.o. Kap. 2.3) zeigt die Diskrepanz, die auch K. formuliert:

"Das Ziel einer Jugendgruppe is' Jesus Christus, d's hab' ich
gelernt ... aber ... wenn de in 'ner Gruppe bist erlebst'es
nich' so mit" (K 4).

Die Gruppenerfahrungen mehrerer Jugendlicher sind - im krassen Gegensatz
zu den Erwartungen - durch Distanz und Anonymität gekennzeichnet: die Beziehungen in ihren Gruppen sind oberflächlich und unpersönlich (F 22+27,
G 27, H 27, I 27). Für D. erscheint es nicht möglich, über "besondere Umstände, die in manchen Familien herrschen" (vgl. D 29), z.B. Scheidung,
Tod eines Elternteils (!) oder Alkoholismus in der Gruppe zu sprechen. Sein
Lachen nach dem Satz "des hätte ja auch bei mir sein können" (D 29) scheint
Ausdruck für die Distanz zu seiner Gruppe zu sein. Diese Distanz wird zugleich Ursache und Folge des mangelnden Umgangs mit Symbolen in diesen Grup-
pen sein.

5.3.4   Bereitschaft zur Echtheit

Der verschiedenen Negativerfahrungen ungeachtet wurde von einigen Jugendlichen die Bereitschaft zu einer anderen Qualität christlicher Jugendarbeit
bekundet: I. brachte dem Interviewer beim Gespräch ein großes Vorschußver-
trauen entgegen (vgl. I 30). Er will angesprochen werden und auch gerade
über Persönliches offen reden. Er ahnt, daß die Bibel keine Sonderwirklichkeit vermitteln will, daß mensch dazu aber "in sie hineinkriechen" (I 10+11)
muß. Auch für A. kommt die "Vielfalt der Bibel" dadurch heraus, daß "jeder
Parallelen in 'nem anderen Bezug zu sich sieht" (A 28). B. hat, obwohl er
Glaube negativ besetzt, bezüglich "Gott" relativ konkrete und eigentlich positive Vorstellungen (B 10) und Assoziationen, die aufgegriffen werden könnten, vorausgesetzt er wird nicht in seiner negativen Identität bezüglich

des Christseins verstärkt. Schließlich stellt die Bemerkung von C., daß
Gott ihn so annimmt, wie er ist (vgl. C Nachgespräch), eine Bereitschaft
zum Glauben dar, die auch trotz Gesetzesfrömmigkeit und Neutralisierung
von Symbolen in der Jugendarbeit besteht.

Zusammenfassung: Die empirische Untersuchung fragt mittels Assoziationstests und Tiefeninterviews bei zehn jugendlichen EJW-Mitgliedern nach
der funktionalen Auswirkung der Jugendarbeit und insbesondere der Beschäftigung mit der christlichen Überlieferung für ihre persönliche
Identitätsentwicklung und ihre Vorstellungen vom christlichen Glauben.
Als Ergebnis ist festzuhalten: Die Befragten waren ausgesprochen offen
und bereit, über Persönliches mit dem Interviewer zu reden. Sie tragen
auch alle eine hohe Gemeinschaftserwartung an ihre Gruppen heran. Dort
erleben sie, daß die Fragen, die für ihre Identitätsentwicklung bedeut-
sam sind, im Rahmen der Jugendarbeit kaum thematisiert werden. Auch die
Beschäftigung mit der christlichen Überlieferung, die im Rahmen grös-
serer Veranstaltungen von Einigen als aufgesetzt bis repressiv erlebt
wird, in den Gruppenstunden aber fast nicht vorkommt, hat keine konkreten Bezüge zu den persönlichen Bereichen der Befragten. Stattdessen
stellt die christliche Überlieferung eine Sonderwirklichkeit dar.
Christsein besteht nach den Vorstellungen der Befragten darin, bestimmte
Meinungs- und Verhaltensnormen zu erfüllen, die sie für sich selbst
allerdings gleichzeitig als unerreichbar einschätzen; an die Stelle
der evangelischen Unterscheidung von Gesetz und Evangelium tritt hier
eine Gesetzesfrömmigkeit, die beide vermischt. Während Einige sich in
der Bibel auskennen (dort allerdings kaum Evangelium entdecken), bleibt
die Bibel für andere ein unverständliches Buch. Gleichwohl identifi-
zieren sich fast alle Befragten mit dem, was sie für Christentum halten,
für einige hat es offensichtlich die Funktion einer Ideologie. Unabhängig von der positiven oder negativen Einstellung gegenüber der christlichen Überlieferung sind die darin enthaltenen Symbole für alle Befragten stark neutralisiert.

6. DER ENTWURF: GRUNDELEMENTE EINER THEORIE SYMBOL-ORIENTIERTER EVANGELISCHER JUGENDARBEIT

Die Interviews deuten darauf hin, daß nicht grundsätzlich davon ausgegangen werden kann, daß das vom Träger konzeptionell Intendierte an der Basis der Jugendarbeit auch verstanden, geschweige denn internalisiert und praktiziert würde. Dies zeigt sich etwa daran, daß E. im Interview den Unterschied zwischen Gesetz und Evangelium zwar nennt, aber nicht eigentlich nachvollzogen hat (E 9). Außer solchen inhaltlichen Diskrepanzen zeigten sich auch formale; z.B. die Tatsache, daß in den Gruppen der meisten Befragten Bibelarbeiten und Andachten gar nicht oder selten gemacht werden, widerspricht der offiziellen EJW-Konzeption.

Angesichts dieser geringen Bedeutung von Konzeptionen scheint es wenig hilfreich zu sein, daß die vorliegende Arbeit nun ebenfalls mit einem konzeptionellen Entwurf abgeschlossen wird. Der Verzicht auf die Formulierung von Konzepten würde andererseits die Illusion schaffen, Jugendarbeit sei voraussetzungslos. Tatsächlich hat sie aber viele Voraussetzungen, die oben mit Hilfe eines interdisziplinären Gespräches herausgearbeitet wurden. Die Formulierung einer Konzeption kann ein Korrektiv für unbewußt wirkende heimliche Lehrpläne sein. Z.B. die Reduzierung des christlichen Glaubens auf Gesetzesfrömmigkeit wurde von den interviewten Jugendlichen (heimlich) erlernt. Es ist also für evangelische Jugendarbeit sinnvoll, daß bewußt und reflektiert Konzepte entwickelt werden, die allerdings durch Sensibilität der Jugendleiter für die funktionalen Wirkungen ihrer Arbeit zu ergänzen sind.

Eine umfassende und detaillierte Konzeption ist hier selbstverständlich nicht zu entwickeln, weil diese nach dem jeweils vor Ort gegebenen Adressatenkreis (Alter, Stadt/Land, soziale Schicht etc.) differenziert sein muß. Es sollen aber in neun erläuterten Thesen die Grundelemente einer Symbol-orientierten Jugendarbeit skizziert werden, die sich aus der bisher vorgetragenen Argumentation ergeben. Sie sollten in der Aus- und Fortbildung von haupt- und ehrenamtlichen Jugendleitern Beachtung finden, damit der genannten Diskrepanz zwischen Intention und Funktion evangelischer Jugendarbeit entgegengewirkt werden kann.

6.1 Evangelische Jugendarbeit nimmt als inhaltliche Vorgabe die christliche Überlieferung auf, indem sie in Wort und Sakrament den Symbolen Raum gibt, die seit 2000 Jahren Menschen die Erfahrung von Glauben ermöglichten.

Insofern steht sie in der kirchengeschichtlichen Tradition der Orientierung an der biblischen Überlieferung und versteht sich damit als Teil der auf die Urchristenheit zurückgehenden Kirche. Der im Kreuz des Christus ausgedrückte universale Anspruch des Christentums fordert, wo er proklamiert wird, zur Auseinandersetzung heraus, denn er ist keineswegs logisch oder selbstverständlich, sondern eine Torheit (1 Kor 1,18). Solche Auseinandersetzung ist notwendig Bestandteil der pubertären Identitätskrise. Evangelische Jugendarbeit kann den Jugendlichen ihre Vorgabe nicht anders machen, als indem sie zur Auseinandersetzung herausfordert, in deren Verlauf Gesetz und Evangelium auf die Lebenswirklichkeit der Jugendlichen treffen (1). Allerdings ist diese Auseinandersetzung keineswegs repressiv. Der Stärke des zentralen christlichen Symbols, nämlich des gekreuzigten Christus, entspricht der Verzicht auf repressive Predigt. Jugendarbeit ist demnach zugleich Freiraum und Herausforderung.

6.2   Evangelium und Gesetz sind Inhalt der Vorgabe und stehen
      beide im Kontrast zum von Jugendlichen in Schule und El-
      ternhaus internalisierten Gesetz als Identitätsgrundlage.

Wenn Jugendliche durch die christliche Predigt als Gesetz ausschließlich die alttestamentlichen Gesetzesvorschriften des Judentums kennenlernen, über die sie selbst aktuell bestimmenden Gesetze aber mit Hilfe dieser Symbole nicht kommunizieren können, so werden sie weder Evangelium noch Gesetz in ihrer eigentlichen Bedeutung erfassen können. Das Evangelium ist als alleiniger Grund der Identität zu konkretisieren in der Infragestellung der von Jugendlichen erlebbaren Gesetze. Dazu zählt in der gegenwärtigen Situation jugendlicher Bundesbürger etwa der Leistungsdruck in seinen verschiedenen Spielarten:

- Anpassung an elterliche Bedürfnisse (2), d.h. die ständige Pflicht
  des Kindes, sich so zu verhalten, daß es seinen Eltern gut geht;
- Verkennung der eigenen Leistungsfähigkeit durch permanente Über-
  forderung mit idealisierten Ansprüchen (3).

Diese empirischen Gesetze werden aber erst dadurch bearbeitbar und die Zusage des Evangeliums trifft den Menschen nur dadurch, daß er sich der von ihm selbst internalisierten Gesetze bewußt wird. Denn

"die unbewußten Inhalte bleiben unverändert und zeitlos ... Erst
im Bewußtwerden liegt der Ansatz zur Veränderung" (4).

Zwar gilt Gottes "Ja" bedingungslos, also auch unabhängig vom Bewußtsein des Menschen, aber der Mensch kann dieses Bejahtsein ggf. lediglich kognitiv reflektieren, ohne es existentiell nachzuvollziehen. Deshalb ist die Selbsterfahrung der Jugendlichen - nämlich die Erfahrung der internalisierten Identitätsgrundlage durch Gesetze - eine notwendige Voraussetzung zum Verständnis des Evangeliums. Die Jugendarbeit ist Einübungsraum für die der allgemeinen Erfahrung widersprechende, weil allein im Evangelium begründete,

---

(1) vgl. CANNAWURF: Es geht darum, "welche Maßstäbe des Evangeliums in un-
    serem gesellschaftlichen Kontext notwendige Akzente innerhalb der evan-
    gelischen Jugendarbeit sein können und müssen, damit sich Jugendliche an
    ihnen in ihrem Leben orientieren können, um nicht vor ihren vielfältigen
    Schwierigkeiten in Familie, Schule und Beruf resignieren zu müssen, so
    daß ihnen nur Flucht ... oder totale Anpassung bleibt." (a.a.O., S.24)
(2) vgl. MILLER: Drama, S.25
(3) vgl. a.a.O., S.166f
(4) FREUD zit. in MILLER: a.a.O., S.163

neue Identität; d.h. in pädagogischer Hinsicht: die intendierte Erfahrungs-
vermittlung des Angenommenseins von Gott soll aktuell als Angenommensein der
Jugendlichen durch den Leiter, des Leiters durch die Gruppe und der Jugendlichen untereinander funktional werden. Die Grenzerfahrung des teilweisen
Unvermögens zur gegenseitigen Annahme soll ihrerseits wieder funktional die
christliche Botschaft unterstützen, daß nämlich der Christ auch in Unvoll-
kommenheit angenommen und täglich auf Umkehr angewiesen bleibt. Im Zusammenleben der Gruppe wird der Leiter stets die Spannung zwischen den Sätzen
"Dennoch bist du!" und "Sei, der/die du bist!" (1) bewußt machen.

Mit der neuen Identität geht auch die neue Freiheit zum Gesetz - nun als
Hilfe zum Zusammenleben, nicht mehr als Identitätsgrund verstanden - einher.
Insofern ist Jugendarbeit zugleich Einübungsraum für das Gesetz. In der Mitarbeiterausbildung wird die Unterscheidung von Evangelium und Gesetz nicht
abstrakt, durch dogmatische Begriffe, sondern in der konkreten Interaktion
erlebt werden müssen, wenn die Mitarbeiter ihrerseits Evangelium weitergeben
können sollen. Christliche Dogmatik ist immer Reflexion des zuvor erlebten
Angenommenseins: "Ich bin o.k., obwohl ich nicht o.k. bin".

6.3   Die inhaltlichen Vorgaben sind stets im Kontext der Le-
       benswelt der Jugendlichen als deren Kommentar bzw. Kon-
       trast zu äußern.

Damit die aktuelle Situation - auch die aktuell wirkenden und in der Kindheit erlernten psychischen Strukturen - der Jugendlichen zur Sprache kommen
kann und gehört wird, wo sie versteckt geäußert wird (Körpersprache, Angst,
Urvertrauen, Projektionen etc.), ist oftmals die Anleitung durch den Leiter
erforderlich. Dies wird durch die stellvertretende Reflexion, teils intuitiv, teils systematisch-kognitiv, möglich. Das Gespräch soll grundsätzlich
für die gesamte Lebenswelt der Jugendlichen offen sein; d.h. daß kein Aspekt als außerhalb der Kommunikation über Glauben definiert wird. Entsprechend den Regeln zum praktischen Diskurs kann natürlich der betreffende Jugendliche selbst einzelne Bereiche seiner Lebenswelt der Kommunikation entziehen. Diese Kommunikation betrifft Vergangenheit, Gegenwart und Zukunft,
denn das Evangelium als Kommentar bzw. Kontrast zur Erfahrung schließt jeden
Zeitraum des Lebens (sogar den Tod) ein!

Vergangenheitsbewältigung: Gerade in der Pubertät werden primärprozeßhaft
erworbene Fixierungen psychischer Strukturen wieder "verflüssigt" (2), der
Bearbeitung wieder relativ leicht zugänglich gemacht. Solche Erfahrungen
könnten z.B. über die Lektüre des Bibelverses "... die Missetat der Väter
heimsucht bis ins dritte und vierte Glied an den Kindern..." (Exodus 20,5)
kommunikabel gemacht werden. Das Evangelium als Kontrast ließe sich etwa
durch das Gespräch über die in der Vergangenheit vollzogene Taufe oder das
Nachspielen einer biblischen Taufgeschichte (Bibliodrama) ausdrücken.
Ziel ist dabei nicht die Fixierung auf Vergangenheit, sondern die Befreiung
von unbewußt (!) wirkenden Fixierungen.

Gegenwartsbearbeitung: Zur Gegenwart der Jugendlichen gehört oft der Ablö-
sungskonflikt im Elternhaus. Diese Thematik läßt sich z.B. an Hand ähnlicher

---

(1) s.o. Kap. 4.2.3   (2) vgl. ERDHEIM: Gesellschaftliche, S.293

Konfliktsituationen in biblischen Geschichten (Jakobsgeschichten; Berufung
des Petrus, der daraufhin seinen Vater verläßt; Jesu Streit mit seinen Verwandten; u.a.m.) kommunikabel machen. Zur Gegenwart der Jugendlichen gehört
auch die Gruppensituation, die z.B. über Berichte aus frühchristlichen Konfliktsituationen (etwa zwischen Petrus und Paulus) thematisiert werden kann.
Ein rituelles Erlebnis von Symbolen (z.B. Gebetsgemeinschaft, Abendmahl)
könnte das Evangelium als Kontrast zur einer bestimmten Gruppensituation erlebbar machen.

Zukunftsbewältigung: An die Zukunftserwartungen gebundene Hoffnungen und
Ängste können z.B. über Prophetien des Alten und Neuen Testaments kommunikabel gemacht werden. Das Evangelium ließe sich z.B. über die Verheißung
"Ich bin bei euch alle Tage bis an das Ende der Welt" (Mt. 28, 20b) als Kontrast darstellen.

6.4   Predigende Jugendarbeit ist Einübungsraum für den Dialog
        der zu sich selbst kommenden Jugendlichen mit der christ-
        lichen Tradition zugunsten des unteilbaren geglaubten
        Lebens.

Symbol-orientierte Jugendarbeit ist ein Einübungsraum für Dialogfähigkeit.
Der Dialog ist als formale Kommunikationsform im praktischen Diskurs zu lernen und zu üben; allerdings wird dabei immer das Ziel bleiben, den Dialog
als Grundhaltung zu internalisieren. Voraussetzung dafür wird für die Jugendlichen die Erfahrung sein, daß sie sich selbst authentisch einbringen
können, besonders auch Relikte der verlorenen Welt ihrer Gefühle (1): Wut,
Zorn, Auflehnung, Eifersucht, Neid, Verlassenheit, Ohnmacht, Angst, Trauer,
Verliebtheit, sexuelle Wünsche, Begeisterung, Freude, Verzauberung usw.
Symbol-orientierte Jugendarbeit darf nicht die in unserer Gesellschaft üblichen Reaktionen auf intensive Gefühlsäußerungen, nämlich Verachtung und
Isolierung, reproduzieren; soweit Jugendliche solche Reaktionen bereits internalisiert haben, wird die Jugendarbeit sie in Frage stellen. Die Rollen-
fixierungen der Erwachsenengesellschaft können nicht Interesse einer predigenden Jugendarbeit sein. Spontane und authentische Äußerungen der Jugendlichen werden als Spielarten geglaubten Lebens ernstgenommen und nicht vom
"Eigentlichen" des christlichen Glaubens getrennt. In den Dialog wird ebenso
die christliche Überlieferung eingebracht werden. Um als dauerhaft ver-
lässlicher Kontrast zu aktueller Gesetzeserfahrung deutlich zu werden, soll
das Evangelium beim Namen, nämlich "Jesus", genannt und "im Namen Jesu" erlebbar gemacht werden. (Hierin ist der pietistischen Tradition zuzustimmen.)

Erkenntnis des Selbst wie des Evangeliums als Grundintentionen der Jugendarbeit können nicht auf bestimmte Programmpunkte beschränkt werden; sie können sich in beliebigen Situationen ereignen, wenn der Leiter selbst eine
Fixierung auf die Trennung zwischen "analytischen" und "missionarischen"
Programmpunkten in seiner Grundhaltung überwunden hat. Zwar bedürfen auch
Rollenspiel und Bibelarbeit des Rahmens eines festen Programmpunktes, aber
diese sollen auf die Dauer nicht analytischer oder missionarischer als andere sein; der in den Interviews zum Ausdruck gebrachten Bewußtseinsspal-
tung zwischen Lebenswelt und Glaube soll damit auch funktional entgegenge-
(1) Vgl. MILLER: Das Drama, S.25 und MILLER: Am Anfang, S.130f

wirkt werden. Deshalb soll auch nicht von einer "Predigt in der Jugendarbeit", sondern von einer "predigenden Jugendarbeit" die Rede sein. Diese integriert alle unterschiedlichen Lebensäußerungen, wie sie der Vielfalt des gelebten Glaubens entsprechen: Erzählen biblischer Geschichten, Selbsterfahrung, meditative und liturgische Elemente, Gruppendynamik, Spiel und Sport, Austragen von Konflikten, Kreativität u.a.m. Predigende Jugendarbeit soll immer auch dazu anregen, sich "ganz einfach über das Evangelium zu unterhalten" (1), wie Ernesto CARDENAL seine Methode beschreibt, bei der eine Gruppe regelmäßig um die Bibel versammelt zum Austausch über die eigene Lebens- und Glaubenswirklichkeit gelangt. Bibelarbeiten bzw. Bibelkreise - eine urpietistische Tradition - sollen also nicht den Charakter eines Unterrichts, sondern der Selbsterfahrung haben. An die Leiter stellt dies die Anforderung, zur gemeinsamen Kommuniaktion über die Lebenswirklichkeit der Jugendlichen mit Hilfe der Bibel anzuleiten. Dies kann natürlich nur leisten, wem selbst die Bibel ebenso vertraut ist wie ein dialogischer Umgang mit ihr. Eine methodische Hilfe stellt das Bibliodrama dar, dessen Leitung in der Mitarbeiterausbildung eingeübt werden sollte. Bei allen Programmpunkten einer predigenden Jugendarbeit kann die Grundregel der "Themenzentrierten Interaktion" hilfreich sein: "Störungen haben Vorrang" (2); d.h. Spontaneität und Echtheit der Jugendlichen und des Leiters sind notwendige Voraussetzungen für die sinnvolle Durchführung jeglicher Programmpunkte.

6.5   Predigende Jugendarbeit soll immer dasselbe Evangelium , aber nie eine feste Form des Glaubens als unverzichtbar tradieren.

Es gibt keine bestimmte Form der "Bekehrung". Veränderungen in den Ausdrucksformen von Glaube sind möglich und sinnvoll. In der Jugendarbeit sind eher Veränderungen als die kommentarlose Anerkennung alter Formen seitens der Jugendlichen ein Hinweis auf deren Eintritt in den Dialog mit der christlichen Überlieferung. Lediglich zu Beginn der Gruppenbildung bzw. in Situationen, die die Jugendlichen überfordern - wann geschieht das? - geben die Leiter auch eine konkrete Form vor, in der Evangelium und Glaube geäußert werden. Aber schon zu Beginn sollen sie auch versuchen, das protestantische Prinzip zu vermitteln. Der Erfolg dieser predigenden Jugendarbeit ist nicht an der Internalisierung von Klischees seitens der Jugendlichen oder der Ausbildung einer religiösen Sondersprache innerhalb der Gruppe zu messen. Die Leiter müssen stets selbstkritisch den offensichtlichen wie den heimlichen Lehrplan dessen, was sie (im weitesten Sinne) predigen, daraufhin überprüfen, ob Glaube oder Gesetzesfrömmigkeit, ob Symbole oder Klischees enthalten sind.

Die zum Jugendalter gehörende Identitätskrise bringt der Erwachsenenkirche die Chance, ihre gewohnten Formen hinterfragen zu lassen und dadurch deren wunde Punkte zu entdecken. Dazu müßten die Erwachsenen allerdings ERIKSONs vertrauende Annahme teilen, daß die Jugend "nach neuen Wegen sucht, sich dem zu stellen, was wirklich zählt" (3). Das Ziel dieser neuen Wege wäre viel-

---

(1) vgl. CARDENAL: Das Evangelium, S.10
(2) vgl. COHN: Von der Psychoanalyse
(3) ERIKSON: Jugend und Krise, S.34

98

leicht eine Erneuerung des Christentums, die nach TILLICH noch aussteht:

"Es ist jenseits all dieser Formen (des Christentums), eine neue
Form des Christentums, die erwartet und vorbereitet werden muß,
aber noch nicht benannt werden kann" (1).

Die Bereitschaft zur Offenheit für die Lebensformen der Jugend können die
erwachsenen Jugendleiter schon durch die Beibehaltung ihrer Alltagssprache
signalisieren, die an der Alltagssprache der Jugendlichen anknüpft, ohne
diese zu imitieren (was der Authentizität der Erwachsenen nicht entsprechen
würde). Keinesfalls darf predigende Jugendarbeit aber eine religiöse Sondersprache pflegen. Eine Renaissance der sog. Luthersprache - die LUTHERs
Anliegen freilich ins Gesicht schlägt - auf Kosten einer zeitgemäßen Glau-
benssprache ist unbedingt abzulehnen. Dies betrifft ebenso die Verbreitung
von Bibeln wie die mündliche und schriftliche Widergabe von Bibelzitaten.
Es ist für die Überlieferung der christlichen Vorgaben sinnvoller, daß Erwachsene sich umstellen und die Arbeit des Spracherwerbs (eigentlich bloß
des authentischen Sprechens) leisten, als daß den Jugendlichen der Zugang
zur Bibel durch eine subkulturelle Fremdsprache verleidet wird (2). Die
Torheit des Evangeliums richtet sich gegen die menschlichen Versuche der
Selbsterlösung, nicht gegen die Gesetze der verständlichen Rede (3).

6.6   Die predigende Jugendarbeit zielt auf die Überwindung des
       für Jugendliche notwendigen Zwischenstadiums der Ideologi-
       sierung ab (ohne dieses aber in der Entwicklung über-
       springen zu können) zugunsten einer christlichen Identität

Indem die Jugendarbeit die christliche Überlieferung zur inhaltlichen Vorgabe macht, entsteht folgendes Dilemma: Jugendliche neigen in ihrer Identitätskrise der Pubertät zunächst zur Ideologisierung beliebiger Vorgaben, da
sie sich nach Loslösung vom beschützenden Raum der Eltern-Kind-Beziehung in
ihrer Umwelt mit zunächst möglichst geringem Aufwand orientieren müssen.
Sie nehmen daher das Evangelium zunächst bevorzugt so an, daß sie ihm
für ihre Orientierungskrise eine ideologische Funktion geben. Dazu werden
Symbole neutralisiert und zu Trägern bipolarer, fixierender, unkommunikabler
Denksysteme, die dann als eine Art systemgewordener Berührungsangst mit der
komplizierten realen Umwelt fungieren und deren Elemente lediglich zuordnen
und aburteilen. Damit aber durchkreuzen sie die Intention des Evangeliums.
Die Identitätskrise der Jugendlichen ist erst mit diesem Stadium der Ideologisierung überwunden. Ob sie auch dann noch im Christentum Sinn für ihre
Existenz finden können, wenn sie Ideologien nicht mehr brauchen, hängt davon ab, ob sie die Symbole der christlichen Überlieferung zuvor in ihrer befreienden, nicht-fixierenden Dimension kennengelernt haben. Die Ausbildung
einer christlichen Identität stellt das Ziel der Predigt an Jugendliche dar.
Diese Formulierung impliziert die Überwindung von Ideologie, die ebenso für
die Identität (im Sinne ERIKSONs) wie für christlichen Glauben (im Sinne
TILLICHs) Voraussetzung ist. Der Freiraum Jugendarbeit muß zwar auch Frei-

(1) TILLICH: Protestantismus, S.22 ; Ergänzung W.B.
(2) vgl. Kap. 8.2, Interview "I"
(3) vgl. TILLICH zit. nach PÖHLMANN: Abriß, S.89

raum zur Ideologisierung sein, da sie in der Identitätskrise vieler Jugendlicher nötig ist; die Jugendarbeit darf aber nicht die Illusion ver-
stärken, Ideologie sei tatsächlich der Inbegriff christlichen Glaubens.

6.7   Predigende Jugendarbeit intendiert die Einübung der
       Freiheit eines Christenmenschen, die sich im Leben
       mit Symbolen konkretisiert.

Die "Freiheit eines Christenmenschen" (1) besteht in der Befähigung und Ver-
pflichtung des Menschen, seine Identität im Evangelium zu begründen und zugleich das Gesetz als Hilfe zum Zusammenleben zu achten. Weil die neue Identität nicht auf Anerkennung durch Menschen, sondern durch Christus gründet,
geht damit einher die Freiheit

    "zur Authentizität und zum Risiko eigenständigen Lebens, zum Aus-
    halten der Differenz, die sich dadurch zu anderen ergibt" (2),

Freiheit von "der Lebensangst, die Anpassung und Konfliktvermeidung hervor-
bringt" (3). Die darin bestehende neue Identität schließt die alte stets mit
ein, wächst in deren Kontext (4). Dabei hilft die Gemeinschaft dem Einzelnen;
die Symbole der christlichen Überlieferung können dazu die Sprache verleihen.
Jugendarbeit ist der Freiraum, in dem die Gemeinschaft der einzelnen (!)
freien Christenmenschen das "Leben mit Symbolen" (5) lernt, übt und dadurch
die Symbole wiederum tradiert. Dieses probeweise Leben mit Symbolen hat die
Grundform einer "Suchbewegung" (6). Diese kann

    "auf das Leben in Unsicherheit vorbereiten, das wir auszuhalten
    haben" (7).

Ideologie würde dagegen dazu führen, daß das Evangelium in "selbstgewisses
Wissen" (8) und damit in das Ende der Suchbewegung umschlägt.

Konkrete Konsequenz für die Jugendarbeit ist die Ablehnung des Predigtmono-
pols (9): die anfangs dem Leiter zugeordnete Aufgabe, "im Namen des Evangeliums" bzw. "im Namen Jesu" Stellung zu nehmen, soll nach und nach auch
auf die anderen Gruppenmitglieder übergehen. Dies kann der Leiter etwa dadurch vermitteln, daß er reihum alle Jugendlichen dazu auffordert und anlei-
tet, selbst eine biblische Geschichte zu erzählen, zu spielen, auszulegen
u.ä.; jeder soll jedem das Evangelium mitteilen. In der derzeitigen

---

(1) vgl. LUTHER: Von der Freiheit
(2) STOLLBERG in seiner Auslegung von Gal 2,20: "Es lebt nicht mehr mein Ich,
    sondern in mir lebt Christus" unter der Überschrift: "Identität und der
    Tod des Ich"; in: SPIEGEL: Doppeldeutlich, S.225
(3) ebd.
(4) STOLLBERG weist in diesem Zusammenhang auf LUTHERs Formel "simul justus
    et peccator" hin; a.a.O., S.224
(5) Buchtitel SCHARFENBERG/KÄMPFER
(6) MITSCHERLICH zit. nach BROCHER: Gruppendynamik, S.9
(7) ebd.
(8) ebd.
(9) Vor dem Predigtmonopol warnt schon SPENER; s.o. Kap. 2.1.1

Situation der Volkskirchlichkeit bieten sich viele Anknüpfungspunkte (z.B. die meist vollzogene Kindertaufe) für den Leiter, die Jugendlichen eigene Erfahrungen von Glaube suchen und artikulieren zu lassen statt sie in die Rolle von ausschließlich Nichtglaubenden zu drängen. Die Suchbewegung der Jugendlichen wird er dadurch unterstützen, daß er ihnen zur eigenen "Sprachvollmacht" (1) verhilft, damit sie selbständig "Rechenschaft über ihren Glauben" (2) zu geben lernen. Das Leben in Unsicherheit vollzieht sich für die Jugendlichen etwa in Schule/Beruf oder im Prozeß der Emanzipierung von den Eltern. Diese Bereiche müssen in der Jugendarbeit thematisiert werden, wenn der Glaube auch im Leben in diesen außerhalb der institutionalisierten Christlichkeit existierenden Lebensräumen eine reale Möglichkeit darstellen soll. Je größer der Grad von Eigenverantwortung der Jugendlichen bezüglich des Glaubens in der Jugendarbeit ist, desto höher wird er auch in Schule und Elternhaus sein.

6.8   Der Leiter hat immer funktionale Wirkungen auf die Gruppe. Zur bewußten Leitung gehört daher Sensibilität für diese Wirkungen. Der glaubende Leiter repräsentiert Glauben in der Gruppe.

Der Leiter repräsentiert durch sein ganzes Auftreten (einschließlich der ihm unbewußten Wirkungen) Glauben. Darum soll im folgenden vom "glaubenden Leiter" gesprochen werden. Er darf nicht die christliche Überlieferung zur Abschirmung gegen die Lebenswelt der Jugendlichen (einschließlich der gruppendynamischen Prozesse innerhalb der Jugendarbeit) mißbrauchen. Seine natürliche, auf echtem Glauben beruhende Autorität erübrigt autoritäres Verhalten, das zur Stabilisierung eines de facto nicht ernstgenommenen Glaubens eingesetzt würde. Gerade im Verzicht auf repressive Predigt bezeugt er die Wahrheit des Evangeliums. Zur Suchbewegung lädt er in dem Maße ein, als er selbst in ihr lebt und die damit verbundene Unsicherheit als über der vordergründigen Sicherheit von Ideologien stehende Orientierungsweise bejaht. Der Leiter ist demnach gerade nicht der "superman", den in der idealisierenden Phantasie vieler Zeitgenossen (vgl. die Interviews!) ein "guter Christ" darstellen muß. Der glaubende Leiter stellt für die Jugendlichen, wie jeder Vertreter der Erwachsenengesellschaft, ein Orientierungspunkt für die Identitätskrise dar. D.h., daß von Verhalten, Erscheinung, Rede etc. des Leiters eine Orientierungswirkung ausgeht. Dies kann zur Zuneigung oder Ablehnung seitens der Jugendlichen führen. Beides wären aber Reaktionen auf die jeweilige Vorgabe des Leiters. Dies gilt unabhängig von Bewußtsein oder Stringenz des Leiterverhaltens. Der funktionalen Wirkung seiner selbst kann sich der Leiter nicht entziehen; bewußte Leitung besteht darin, diese zur Übereinstimmung mit den Intentionen zu bringen. Die Jugendleiter-Ausbildung hat u.a. dieses Ziel, ihm die eigenen Zwänge, Phantasien positiver wie negativer Art bewußt zu machen, was nicht durch Proklamation (3), auch nicht durch rein kognitives Erlernen gruppendynamischer Grundbegriffe, sondern durch Sensibilisierung (im Erleben aktueller Übertragungen unter Anleitung von Fachleuten) geschehen kann. Auch das Evangelium ist nicht auf Grund von Proklamationen,

---

(1) EBELING: Dogmatik I, S.22f   (3) vgl. MILLER: Drama, S.146
(2) a.a.O. I, S.5

sondern eigener existentieller Erfahrungen nachvollziehbar. Die Ausbildung
ist durch Supervision zu ergänzen.

6.9   Der Leiter soll Erfahrungen von Glaube <u>theologisch</u>
      reflektieren. In der Jugendarbeit soll er allerdings
      das <u>Erlebnis</u>, nicht die theoretische Reflexion von
      Symbolen intendieren.

Theologie reflektiert Erfahrung von Glaube. Sie ist aber nicht identisch
mit ihr. Es ist nicht hilfreich, theologische Reflexion allzufrüh mit der
Predigt zu verknüpfen. Theologie dient dazu, die Predigt vor allerlei Irr-
tümern und Fehlformen zu bewahren. Darum soll die Jugendleiter-Ausbildung
in theologisches Denken einführen, d.h. nicht abstrakt theologische Begriffe,
sondern die Reflexionsfähigkeit und -bereitschaft vermitteln. Aber

> "die Theologie ist nur insoweit notwendig, als sie sich selbst
> überflüssig und die Verkündigung notwendig macht". (1)

Namentlich der Symbolbegriff könnte in der Predigt Schaden anrichten bzw.
mißverständlich sein, da das alltagssprachliche Verständnis des Begriffs
die - schon von TILLICH selbst gesehene - Assoziation des enttäuschten
und entwertenden "nur ein Symbol" (2) bewirkt. Darum soll die Predigt in
der Jugendarbeit nicht abstrakt über das "Symbol Gott" sprechen, sondern
dieses Symbol aktuell erlebbar werden lassen.

---

(1) EBELING: Diskussionsthesen, These Nr.16
(2) TILLICH: Wesen und Wandel, S.57

7. GESAMT-ZUSAMMENFASSUNG

Gegenstand der vorliegenden Arbeit ist die kirchliche Jugendarbeit. Besonders interessiert dabei die Grundidee der pietistischen Tradition, Jugendliche mit Bibel und Frömmigkeit zu konfrontieren. Da Jugendliche im Pubertätsalter sich von den Eltern wegorientieren und damit in die zentrale Krise der lebenslangen Identitätsentwicklung (ERIKSON) kommen, ist es ein angemessenes pädagogisches Mittel, daß die Jugendarbeit ihnen inhaltliche Vorgaben macht. Identität (hier: christliche Identität) wird in der Auseinandersetzung mit vorgegebenen Welt- und Selbstbildern gebildet. Diesen Prozeß vollziehen Jugendliche im Rahmen symmetrischer Interaktion mit Gleichaltrigen.

In der Praxis scheint pietistische Jugendarbeit aber keine Identität zu vermitteln, sondern eher Vor- und Fehlformen von Identität, z.B. Ideologie (starres Orientierungsmuster mit Nachahmung biblischen Vokabulars), negative Identität (demonstrative Abwehr der Erwachsenenfrömmigkeit) oder völliges Desinteresse an "christlichen Programmpunkten". Die inhaltliche Vorgabe pietistischer Jugendarbeit scheint also, soweit sie überhaupt Einfluß auf Jugendliche hat, die Ausbildung christlicher Identität eher zu verhindern.

Dieses Problem ist aber nicht, wie in der Polarisierungsdiskussion der 70er Jahre angenommen, darin begründet, daß die Religion hier einen zu hohen Stellenwert habe. Stattdessen fällt auf, daß Religion seitens der pietistischen Tradition nicht ernst genug genommen und nicht konsequent durchdacht wird. Zur erziehungswissenschaftlichen Kritik an pietistischer Jugendarbeit muß also die theologische kommen. Dazu wird hier der Symbolbegriff TILLICHs eingeführt. Wenn nämlich der Symbolcharakter der biblischen Tradition ernst genommen wird, so liegt darin selbst schon die Kritik am Pietismus. Insofern ist ein Symbol-orientiertes Jugendarbeitskonzept die Synthese der pietistischen Grundidee einer predigenden Jugendarbeit und der Kritik an ihrer derzeitigen Ausführung.

Die spezifische Aufgabe einer nach-pietistischen kirchlichen Jugendarbeit ist es, Jugendlichen die Symbolik der Bibel als Kommunikationsmittel ihrer symmetrischen Interaktion zur Verfügung zu stellen. In der Verarbeitung menschlicher Grunderfahrungen (Einsamkeit, Gemeinschaft, Macht, Ohnmacht, Schuld usw.), die Jugendliche in innerer Distanz zur Erwachsenengeneration zu leisten haben, können sie eigene Erfahrungen mit religiösen Symbolen machen. Symbole dienen ja der Verständigung über Grunderfahrungen. Nur dadurch wächst christliche Identität - oder theologisch gesagt: Glaube. Jugendfrömmigkeit erweist sich also nicht, wie allgemein angenommen wird, in der Reproduktion erwachsenenkirchlicher Denk- und Verhaltensmuster, sondern im selbständigen Umgang Jugendlicher mit der religiösen Symbolik der Bibel. Weil die Bibel generationsübergreifend ist, können ihre Symbole zum Medium im Generationenkonflikt werden - vorausgesetzt, die Erwachsenenkirche vollzieht die Unterscheidung zwischen zeitbedingter Form und zeitloser Substanz von Religion.

Um religiöse Symbolik jugendlicher Identität erlebbar zu machen, bedarf es in der Jugendarbeitspraxis der Orientierung der Leiter/innen am Symbolbegriff. Jeder/jede verkörpert selbst ein bestimmtes Verständnis oder Mißverständnis von Bibel und Frömmigkeit und vermittelt es den Jugendlichen. Dabei spielen vor allem heimliche Botschaften eine Rolle. Religionspädagogisch kompetent sind solche Leiter/innen, die selbst mit Symbolen leben und zwar für Jugendliche transparent, und die sensibel sind für alle Phänomene, die Jugendlichen eigene Erfahrungen mit Symbolen erschweren: Infantilisierung der Jugendlichen; Verdrängung intensiver Gefühle; Gesetzesfrömmigkeit; Neutralisierung von Symbolen; religiöse Sondersprache; Fixierung auf Erwachsenenfrömmigkeit usw. Religionspädagogische Kompetenz erweist sich schließlich in der Sensibilität für religiöse Kompetenz Jugendlicher, wo sie sich in Opposition zu traditionellen kirchlichen Formen äußert.

8. PROTOKOLLE DER EMPIRISCHEN UNTERSUCHUNG

8.1 Protokolle der Assoziationstests

KATEGORIE: LEBENSWELT

1. Hobby	Pfadfinder
2. Atomkraftwerk	Nein danke
3. Verantwortung	für die Gruppe
4. Freiheit	kein Einfall
5. Leben	schwierig
11. Lesen	bildet
12. Essen	ist gut, macht Spaß
13. Beruf	hm, notwendiges Übel Geld zu verdienen
14. Hoffnung	ne tolle Sache
15. Eltern	ohje, zu Hause
21. Streit	Ärger
22. Politik	dreckiges Geschäft
23. Strafe	hm, meist ungerecht
24. Montag	Auftakt der Woche
25. Familie	gemütlich
26. Lähmung	hm. hart
30. Gericht	meist ungerecht
33. Schmerz	schlimme Sache
34. Schule	auch schlimme Sache
35. Denken	macht Spaß
36. Sinn	das, nach dem man sucht
37. Freunde	hm, ja, Kumpels
38. Sucht	schlimme Sache

KATEGORIE: CHRISTLICHE TRADITION

6. Himmel	schwierig, ist fern, weit weg
7. Hölle	kann ich nichts mit verbinden
8. Heil	kann ich auch nichts mit verbinden
9. Bibel	Buch der Bücher
10. Sünde	wird vergeben
16. Gott	auch zu Hause
17. Gemeinde	Arbeit
18. Auferstehung	hm, fällt mir gar nichts ein
19. Beten	Gespräch mit Gott, tolle Sache
20. Schöpfung	die Woche, 7 Tage
27. Jesus	<zögernd> fällt mir nichts ein
28. Glaube	was einem weiterhilft
29. Götze	hm, fällt mir auch nichts zu ein
31. Wunder	hm, fällt mir nichts ein
32. Sonntag	Ruhetag
39. Seele	hm, fällt mir nichts ein
40. Reich Gottes	schwer zu finden
41. Heiliger Geist	hm, einer der drei Obersten
42. Gnade	fällt mir nichts ein
43. Konfirmation	langweilige Sache
44. Taufe	hm, naja, Kinder baden

KATEGORIE: LEBENSWELT   KATEGORIE: CHRISTLICHE TRADITION

1. Streit	Unruhe	7. Jesus	Gott
2. Politik	Kanzler	8. Glaube	Bibel
3. Strafe	Gericht	9. Götze	Johannes (viel-
4. Montag	Müdigkeit		leicht ein Freund)
5. Familie	Eltern	10. Gericht	Richter
6. Lähmung	Krankheit	11. Wunder	<nach langem Zögern> Zufall
		12. Sonntag	Wochenende
13. Hobby	Pfadfinder	18. Himmel	Gott
14. Atomkraftwerk	schlecht	19. Hölle	Teufel
15. Verantwortung	auch Pfadfinder	20. Heil	Glück
16. Freiheit	<zögert> hm, gut	21. Bibel	Gott
17. Leben	<zögert> fällt mir nichts ein	22. Sünde	Teufel
		23. Schöpfung	Moses
24. Schmerz	Wunde	30. Seele	unbekannt
25. Schule	Ärger	31. Reich Gottes	<zögert> fällt nichts mehr ein
26. Denken	Schwierigkeiten		
27. Sinn	Unsinn	32. Heiliger Geist	einer der Teile vom Glauben
28. Freunde	Freundin	36. Taufe	Konfirmation
29. Sucht	Drogen	37. Gnade	Gott
33. Beruf	Arbeit	40. Gott	Bibel
34. Essen	Trinken	41. Gemeinde	Wartburg (Kirchenge-
35. Lesen	Schreiben		meinde d. Befragten)
38. Hoffnung	Leben	42. Konfirmation	Schwachsinn
39. Eltern	Bruder	43. Auferstehung	Jesus
		44. Beten	auch nichts
		45. Schöpfung	Auferstehung

KATEGORIE: LEBENSWELT   KATEGORIE: CHRISTLICHE TRADITION

1. Streit	Prügel	7. Jesus	Vorbild
2. Politik	Schwachsinn	8. Sonntag	Samstag
3. Strafe	Unsinn	9. Gericht	Ärger
4. Montag	Dienstag	12. Himmel	Hölle
5. Familie	Kinder	13. Wunder	gibt's nicht
6. Lähmung	grausam	14. Heil	hm, in Gott
10. Freiheit	Was fällt mir dazu ein? Daß ich sie nicht habe	15. Bibel	hm, Gottes Wort in Menschenwort
11. Leben	Sinn	16. Sünde	hm, Verzeihung
19. Verantwortung	hm, Verantwortung fällt mir nur Gruppe ein	17. Glaube	Hoffnung
		18. Götze	hm, andere Religion
		21. Hölle	Himmel
20. Hobby	Gitarre spielen	25. Heiliger Geist	heilige Dreieinigkeit
22. Lesen	Schreiben		
23. Essen	Trinken	26. Reich Gottes	wo?
24. Beruf	Studium	27. Schöpfung	wissenschaftlich
32. Eltern	hm, <zögert>, hm, Verantwortung	28. Beten	meditieren
		29. Auferstehung	Vergebung
33. Hoffnung	Glaube	30. Konfirmation	Taufe
37. Sucht	leider	31. Gott	wer?
38. Freunde	ja	34. Gnade	Erlösung
39. Denken	überlegen	35. Taufe	Konfirmation
40. Schule	Strafe	36. Seele	<zögert> Sinn
41. Schmerz	Leid	42. Gemeinde	Verantwortung
43. Sinn	des Lebens?		

KATEGORIE: LEBENSWELT

Nr.	Begriff	Antwort
1.	Hobby	Angeln
2.	Atomkraftwerk	dafür
3.	Sucht	ja, Fixer
4.	Schule	eh, Jugend, eh Schülervertretung
5.	Freiheit	ja, bin frei
11.	Denken	Vernunft
12.	Essen	Hunger
13.	Familie	Vater
14.	Lähmung	Impfung
15.	Politik	Strauß
21.	Lesen	Buch
22.	Schmerz	Wunde
23.	Geld	Hobby, für Hobby Sachen kaufen
24.	Eltern	Mutter
25.	Montag	Pfadfinder
31.	Streit	Sünde
32.	Verantwortung	Angst
33.	Leben	Wille zum Leben
35.	Stille	Ruhe
42.	Beruf	Historiker
43.	Sinn	Zweck
44.	Strafe	angemessen
45.	Freunde	Freundin
51.	Hoffnung	Glaube

KATEGORIE: CHRISTLICHE TRADITION

Nr.	Begriff	Antwort
6.	Sonntag	Kirche
7.	Seele	Leben nach dem Tod
8.	Gott	existiert er?
9.	Wunder	gibt's
10.	Heilig	Jesus
16.	Sünde	immer wieder
17.	Bibel	Bibelarbeit
18.	Hölle	Teufel
19.	Reich Gottes	Jesus
20.	Konfirmation	Feier
26.	Leib Christi	Brot
27.	Götze	an-, eh, angeheftetes Bild
28.	Jesus	Heiliger
29.	Schöpfung	Gott
30.	Glaube	Gott
34.	Heiliger	Statue an der Kirche
36.	Evangelium	Matthäus
37.	Gemeinde Jesu	Urgemeinde
38.	Taufe	kleines Kind
39.	Himmel	Reich Gottes
40.	Erlösung	Ende von einem Leid
41.	Urgemeinde	Jesus, eh, Gemeinde ganz einfach
46.	Pfingsten	Zeltlager
47.	Beten	Ruhe, Stille
48.	Gottes Gericht	jüngster Tag
49.	Abendmahl	Leib Christi und Wein, eh, Blut Christi
50.	Auferstehung	jüngstes Gericht

<table>
<tr><th>KATEGORIE: LEBENSWELT</th><th></th><th colspan="2">KATEGORIE: CHRISTLICHE TRADITION</th></tr>
</table>

1. Hobby	Briefmarken	6. Sonntag	Kirche
2. Atomkraftwerk	Wiederaufbe-reitungsanlage	7. Seele	Gott
		8. Wunder	em, Jesus Christus
3. Sucht	Drogen	9. heilig	em, Jungfrau Maria
4. Schule	Noten	10. Gott	em, Mar-, em, soll
5. Freiheit	hm, Pfadfinder		ich sagen <lacht>
11. Denken	Sagen		ja mein, eh, mein
			Führer oder mein
12. Essen	Trinken		Leiter
13. Familie	eh, gute Freunde	16. Sünde	Beichte
14. Lähmung	behindert	17. Bibel	Gleichnisse
15. Politik	<lacht> ja, Parteien	18. Hölle	Satan
		19. Reich Gottes	jüngstes Gericht
21. Lesen	ja, spannende Geschichten	20. Konfirmation	Bekenntnis zu Jesus Christus
22. Schmerz	kein Schmerz	26. Leib Christi	ja, Leib Christi,
23. Geld	Reiche und Arme		für mich gestorben
24. Eltern	gute Beziehung	27. Götze	ja, em, das goldene
25. Montag	Anfang der Woche		Kalb
31. Streit	Freundschaft	28. Jesus	ja, mein Erretter
32. Verantwortung	Führer sein	29. Schöpfung	Urknall
33. Leben	mit Jesus Christus leben	30. Glaube	Beziehung zu Jesus Christus
34. Rettung	DLRG	36. Evangelium	<unverständlich> ...
35. Stille	em, in sich hinein denken	37. Gemeinde Jesu	gute Gruppe
42. Beruf	em, Beamter	38. Taufe	erstes unbewußtes Bekenntnis zu Jesus Christus
43. Sinn	Unsinn	39. Himmel	Gegenteil von Hölle
44. Strafe	Gnade	40. Erlösung	Seele
45. Freunde	Gesprächspartner	41. Bekenntnis	Konfirmation
51. Hoffnung	Ostern	46. Pfingsten	Kirche
		47. Beten	Gespräch zu Gott
		48. Gottes Gericht	Jüngstes Gericht
		49. Abendmahl	Leib Christi, Blut Christi
		50. Auferstehung	Ostern

KATEGORIE: LEBENSWELT		KATEGORIE: CHRISTLICHE TRADITION	
1. Hobby	Freizeitbeschäftigung, Pfadfinder	6. Sonntag	meistens keine Kirche
2. Atomkraftwerk	nein danke	7. Seele	Religion
3. Sucht	hoffentlich nicht	8. Gott	Glauben
4. Schule	muß ja wohl sein	9. Wunder	unglaublich
5. Freiheit	nicht immer, aber hoffentlich meistens	10. heilig	gute Leute
		16. Sünde	Dauerthema
11. Denken	Handeln	17. Bibel	wichtiges Hilfsmittel
12. Essen	muß auch sein	18. Hölle	Abschreckung
13. Familie	meine Familie	19. Reich Gottes	Hoffnung
14. Lähmung	Unfähigkeit	20. Konfirmation	oh je, heikles Thema
15. Politik	wichtiges Engagemeint	26. Leib Christi	Abendmahl
		27. Götze	Fernsehen
21. Lesen	Hobby	28. Jesus	Hoffnung
22. Schmerz	unangenehm, aber nicht zu vermeiden	29. Schöpfung	Schöpfungsgeschichte zweifelhaft
23. Geld	desgleichen	30. Glaube	wichtiger Bestandteil in meinem Leben, hoffentlich
24. Eltern	Auseinandersetzungen		
25. Montag	Tag nach Sonntag, Schule fängt an	34. Religion	wieder wichtiger Bestandteil
31. Streit	nötige Form der Auseinandersetzung	36. Evangelium	Verkündigung
		37. Gemeinde Jesu	auch im kleinen zu praktizieren
32. Verantwortung	auch wichtiger Bestandteil in meinem Leben	38. Taufe	Reinigung
33. Leben	Leben? Nun denn, fällt mir nichts ein	39. Himmel	Reich Gottes
		40. Erlösung	Hoffnung auf Erlösung
35. Stille	nur selten zu finden	46. Pfingsten	Pfingstzeltlager
41. Eltern	hatten wir schon mal	47. Beten	nicht immer richtig
42. Beruf	Schule	48. Gottes Gericht	unangenehme Vorstellung
43. Sinn	Frage noch nicht geklärt		
44. Strafe	nicht gut, aber manchmal nötig	49. Abendmahl	Vergebung
45. Freunde	wichtig	50. Auferstehung	Ostern
51. Hoffnung	Gottes Reich		

111

G

KATEGORIE: LEBENSWELT

KATEGORIE: CHRISTLICHE TRADITION

1. Hobby	Musik		6. Sonntag	Kirche
2. Atomkraftwerk	keine Meinung		7. Seele	unerforscht
3. Sucht	ernstes Problem		8. Gott	kann man schwer mit einem Satz beantworten
4. Schule	zur Zeit nicht so gut, ja			
5. Freiheit	die hab' ich... <unverständlich> in allen Lebensbereichen		9. Wunder	ja, Wunder auch bezogen auf Gott, auf Jesus
			10. heilig	katholisch
11. Denken	Denken - viele Sachen können wir nicht mit unser'm Denken begreifen		16. Sünde	vergeben
			17. Bibel	Gottes Wort
			18. Hölle	Hölle is' 'ne Sache, die den kleinen Kindern immer ziemlich oft erzählt wird
12. Essen	ja, Essen ist notwendig, damit man lebt			
			19. Reich Gottes	Verheißung
13. Familie	Geborgenheit		20. Konfirmation	Bekenntnis zum christlichen Glauben
14. Lähmung	Unfall			
15. Politik	Streit		26. Leib Christi	Abendmahl
21. Lesen	ja, is' interessant ... nich' viel drauf antworten		27. Götze	andere Religionen
			28. Jesus	Retter
22. Schmerz	Medikamente		29. Schöpfung	da fällt mir Adam und Eva ein
23. Geld	Sucht			
24. Eltern	Vertrauen		30. Glaube	Spaltung
25. Montag	hm, schlimmster Tag in der Woche		36. Evangelium	Verkündung
31. Streit	wenn man sich gestritten hat, is' schwierig sich mi'm andern zu vertragen		37. Gemeinde Jesu	da fällt mir im Augenblick nichts ein
			38. Taufe	erster Einstieg in den christlichen Glauben, der nachher durch die Konfirmation noch verstärkt wird
32. Verantwortung	Führer			
33. Leben	ja, Leben, soll man sich immer bewußt sein, daß mer irgendwann sterben muß und daß die Zeit eigentlich ziemlich kurz ist, die einem bleibt			
34. Rettung	Jesus			
35. Stille	Gebet			

G   112

KATEGORIE: LEBENSWELT   ## KATEGORIE: CHRISTLICHE TRADITION

42. Beruf	hm, der Beruf ist oft das Hauptziel des Lebens, Geldverdienen
43. Sinn	viele Menschen fragen heute nach dem Sinn des Lebens, was dazu wichtig ist
44. Strafe	ja, Strafe denk' ich immer, ob jetzt die Menschen dazu das Recht hätten, jemand zu richten oder ob nicht nur Gott das Recht hat
45. Freunde	Pfadfinder
51. Hoffnung	die Hoffnung, naja, auf Jesus Christus, daß er wirklich da is' und uns nicht verläßt

39. Himmel	bei'm Himmel hat mer immer die Vorstellung, daß da irgendwo Gott sei im Himmel
40. Erlösung	auch wieder Erlösung durch Jesus Christus
41. Glaube	ja also, zum Beispiel als Christen glauben wer halt an das ewige Leben und die Vergebung der Sünden
46. Pfingsten	bei Pfingsten denk' ich immer an's Pfingsttreffen
47. Beten	em, bei'm Beten da kann man frei reden und über alles reden, was einen bewegt
48. Gottes Gericht	nichts, was wir tun, eh, kann Gott nich' sehen, also Gott sieht alles, was wir tun, auch so Beispiel bei'm Jona, der konnte auch nich' entfliehen vor Gottes Gericht, also, Gericht kam'mer nicht sagen, aber vor Gottes Wille
49. Abendmahl	im Abendmahl denk' ich immer an, em, das letzte Mahl der Jünger mit Jesus
50. Auferstehung	bei der Auferstehung wurd' 'en neuer Bund mit Menschen geschlossen

KATEGORIE: LEBENSWELT			KATEGORIE: CHRISTLICHE TRADITION	
1. Hobby	Schreinern		6. Sonntag	Montag
2. Atomkraftwerk	nein danke		7. Seele	Körper
3. Sucht	hm, Zigaretten		8. Gott	Glauben
4. Schule	gut		9. Wunder	Gott
5. Freiheit	viel		10. heilig	Glauben
11. Denken	am Kopf kratzen		16. Sünde	Vergehen
12. Essen	Hunger		17. Bibel	Buch
13. Familie	Geborgenheit		18. Hölle	schlecht
14. Lähmung	Krankheit		19. Reich Gottes	gut
15. Politik	Streit		20. Konfirmation	Abendmahl
21. Lesen	Spaß		26. Leib Christi	Gott
22. Schmerz	tut weh		27. Götze	anderer Gott
23. Geld	Reichtum		28. Jesus	Sohn Gottes
24. Eltern	Liebe		29. Schöpfung	Gott
25. Montag	arbeiten		30. Glaube	auch Gott
31. Streit	Ärger		34. Gott	gut
32. Verantwortung	schwer		36. Evangelium	gut
33. Leben	schön		37. Gemeinde Jesu	Gott
35. Stille	laut		38. Taufe	Pfarrer
42. Beruf	Lebenserfüllung		39. Himmel	Erde
43. Sinn	Beruf		40. Erlösung	Auferstehung
44. Strafe	tut weh		41. Religion	Glaube
45. Freunde	Zuneigung		46. Pfingsten	Pfingszeltlager
51. Hoffnung	Glaube		47. Beten	Gespräch mit Gott
			48. Gottes Gericht	Erdengericht
			49. Abendmahl	Konfirmation
			50. Auferstehung	Jesu

I

KATEGORIE: LEBENSWELT

1. Hobby — Freizeit
2. Atomkraftwerk — Gefahr
3. Sucht — weiß nicht, ziemlich schwierig, naja, abhängig und daß es ziemlich schwer is' wieder davon wegzukommen
4. Schule — Streß
5. Freiheit — hm, das is' schön, des is' groß, des kam'mer wirklich nich' beschreiben
11. Denken — daß man über Sachen nachdenkt, daß man sich damit beschäftigt
12. Essen — Hunger
13. Familie — Gemeinschaft, Freude, Leid
14. Lähmung — is' grausam
15. Politik — gefährlich, sehr gefährlich, ja des's einzige Wort, gefährlich
21. Lesen — lernen, begreifen, Wissensdurst
22. Schmerz — Schmerz, 's tut weh
23. Geld — etwas, etwas Schlimmes, was viele Leute verdirbt, was Freunde auseinanderbringt, was eigentlich nichts Gutes hat
24. Eltern — die einen erziehen, mit denen man viel teilen kann
25. Montag — Montag <räuspert sich> 'n schlimmer Tag, der erste Tag der Woche

KATEGORIE: CHRISTLICHE TRADITION

6. Sonntag — mit'n Eltern 'n Spaziergang, frei sein
7. Seele — hm, was tief in ei'm drin steckt, was man aber eigentlich gar nich' richtig beschreiben kann
8. Gott — das is'n Vater, des is' was großes, wo man, ja, Hilfe suchen kann, und auch finden kann, und dem man vertrauen kann
9. Wunder — na, was Unglaubliches was kaum geschieht
10. heilig — des gibt's nich'
16. Sünde — nicht, em, nicht schlimm, wenn man es zugibt, wenn man sagt, daß man das gemacht hat, daß man Fehler, man Fehler begangen hat, wenn man es eingesteht
17. Bibel — ein schwieriges Buch
18. Hölle — kann ich mir nich' vorstellen, des's irgendwas Heißes <lacht>, das man so hört, aber ich kann es mir nicht vorstellen
19. Reich Gottes — etwas, was riesengroßes, was ich mir aber auch nich' richtig vorstellen kann
20. Konfirmation — das, daß ich über die Bibel gelehrt bekomme und auch über Gott, daß ich die Bibel besser verstehe
26. Leib Christi — Leib Christi, kann ich mir nur'n Brot vorstellen oder Schmerz

KATEGORIE: LEBENSWELT		KATEGORIE: CHRISTLICHE TRADITION	
31. Streit	wenn man, es gibt gu-ten und bösen Streit, wenn man sich damit etwas frei macht, sei-ne Wut und Streit, wenn man wenn wenn wenn einer gemein ist, wenn wenn man jemand damit verletzt, ja so ist Streit	27. Götze	irgendsowas, sowas, na sowas Dickes, so was Fettes
		28. Jesus	ein, ein Mann, ja mit viel Fühlen, viel Schmerz, viel Ideen, viel Mut
		29. Schöpfung	etwas Neues
32. Verantwortung	was man auf sich nimmt, daß man jeman-den, daß man jemanden oder etwas, daß man auf etwas aufpaßt	30. Glaube	das, was einen auf-recht hält, was einem Mut gibt
33. Leben	das is' was Schönes, was Tolles, mit dem man machen kann was man will ... <un-verständlich> man will	36. Evangelium	das is' was Neues, gegenüber dem Va-tikan, gegenüber der katholischen Kirche, des war was Neues, was versucht wurde, was auch gut war und das jetzt auch noch gut ist, und des kann man schlecht sagen
34. Mut	d's kann man nich' sa-gen, d's gibt zwar Mut im Krieg, aber ich weiß nicht, ob das Mut ist		
35. Stille	w'man in sich geht, w'man in sich rein horcht	37. Gemeinde Jesu	Gemeinschaft, Freude und Leid, ja, was Schönes
41. Name	Name <räuspert sich> weiß nich'	38. Taufe	wo man, wo man seinen Namen be-kommt, wo man, ja, man seinen Namen bekommt
42. Beruf	Beruf, was Festes, was ei'm Spaß machen soll-te		
43. Sinn	daß man etwas versteht, daß man, dafür Sinn hat <unverständlich>... daß, ja, daß man was versteht	39. Himmel	was Blaues, was Wildes, Schönes
		40. Erlösung	daß man, die Sün-den verzeiht wer-den
44. Strafe	etwas Schlechtes, was man jemanden bestraft, aber ihn selten ver-steht	46. Pfingsten	weiß ich nicht
		47. Beten	daß man hofft, von Gott erhört zu werden und ver-standen zu werden und ihn um Ver-zeihung zu beten oder für jemanden zu beten
45. Freunde	mit denen man teilt un' mit denen man zusammen is', mit denen man viel erlebt		

KATEGORIE: LEBENSWELT		KATEGORIE: CHRISTLICHE TRADITION	
51. Hoffnung	d's erhält (...unv) erhält den Menschen, daß er immer hoffen kann auf (...unv)	48. Gottes Gericht	wenn Gott jemand bestraft
		49. Abendmahl	wo alle zusammen des Leib Christi essen und trinken und's, und sein Blut trinken
		50. Auferstehung	wo Gott auferstanden ist

KATEGORIE: LEBENSWELT

1. Hobby — oh, Mist bauen \<lacht\>
2. Atomkraftwerk — nein danke, was denn sonst \<lacht\>
3. Sucht — em, mehrere
4. Schule — kommt drauf an \<lacht\>
5. Freiheit — em, gibt es nicht
11. Denken — em, ah, bevor man spricht
12. Essen — em, schmeckt gut \<lacht\>
13. Familie — eh, von Fall zu Fall sehr verschieden
14. Lähmung — em, hat jeder Mensch
15. Politik — s'is wichtig
21. Lesen — macht Spaß
22. Schmerz — ... \<unverständlich\>
23. Geld — braucht man
24. Eltern — Konflikte
25. Montag — Mädchenkreis \<lacht\>
31. Streit — Schule
32. Verantwortung — Leitung
33. Leben — Freundschaft
35. Stille — em, wichtig
42. Beruf — em, Qual
44. Strafe — \<schweigt und lacht dann\>
45. Freunde — braucht man
51. Hoffnung — ewiges Leben

KATEGORIE: CHRISTLICHE TRADITION

49. Abendmahl — em, Sündenvergebung
50. Auferstehung — auch Sündenvergebung
52. Sünde — hatten wir das nicht schon mal? \<lacht\>

KATEGORIE: CHRISTLICHE TRADITION

6. Sonntag — Feiertag \<lacht\>
7. Seele — em, sehr persönlich
8. Gott — ja
9. Wunder — muß man selbst erleben
10. heilig — em, wird oft falsch ausgelegt
16. Sünde — Vergebung
17. Bibel — Arbeit
18. Hölle — eh, em, \<schluckt\> Kreuzigung
19. Reich Gottes — Himmelreich
20. Konfirmation — Erneuerung der Taufe
26. Leib Christi — Abendmahl
27. Götze — Geld
28. Jesus — em, Sohn Gottes
29. Schöpfung — Friedensbewegung
30. Glaube — \<schweigt lange\> em, gehört in's Leben
34. Bibelarbeit — Anstrengung
36. Evangelium — erinnert mich an den Namen Eva \<lacht\>
37. Gemeinde — Jesu Jünger
38. Taufe — Kleinkinder
39. Himmel — Liebe
40. Erlösung — Himmelreich
41. Jünger — Gemeinschaft
43. Sinn — Jesus Christus
46. Pfingsten — schöne \<räuspert sich\> schöne Zeit \<lacht\>
47. Beten — abends
48. Gottes Gericht — Jüngster Tag

(Fortsetzung: linke Spalte unten)

8.2   Protokolle der Interviews

1. 19 Jahre   Interview A

2. Seit dem 8. Lebensjahr

3. Nein

4. Die Gemeinschaft.

5. Nee.

6. Weil bei uns die christlichen Aspekte in den letzten Jahren ziemlich in
   den Hintergrund getreten sind. (Zum Beispiel?) Also z.B. das regelmäßige
   Arbeiten mit der Bibel, Losungsausgaben regelmäßig. Es ist zwar hier mal
   wieder was, mal da mal wieder was, ja, aber nicht kontinuierlich.
   (Aber von Zeit zu Zeit macht ihr mal was in der Richtung?) Ja, von Zeit
   zu Zeit. (Was ist das dann, was ihr macht?) Ja, meistens so in Form von
   'ner Losungsausgabe oder 'ner Bibelarbeit, daß wir uns einen Bibeltext
   vornehmen und uns hauptsächlich dann dadrüber unterhalten, also auch weniger in Form von so 'nem Vortrag, sondern von so 'nem lockeren Beisam-
   mensein.

7. (So daß jeder eine Bibel vor sich hat?) Nee, so daß wir am Anfang so'n
   Text uns durchlesen, also einer liest ihn vor, und daß wir uns dann zusammen drüber unterhalten. (Hast du denn in den letzten Jahren manchmal
   selbst in der Bibel gelesen?) Ja, ein halbes Jahr lang ... wirklich regelmäßig jeden Tag. (Habt ihr dann auch in der Gruppe da drüber gesprochen?) Nö, nur selten. Wenn ich was gefunden hab', was ich echt passend
   für die Gruppe fand, dann hab' ich das in die Gruppe reingebracht, aber
   sonst nicht.

8. Schon lange, nachdem ich Pfadfinder war ... regelmäßig ungefähr ein drei-
   viertel Jahr vor dem letzten Kirchentag (17 Jahre).

9. Oh je, da würd' ich ihm sagen, er soll erstmal ein Evangelium lesen, also
   so hab' ich auch angefangen, hab' ich einfach mal durchgelesen und so
   und da fand ich immer ganz interessante Stellen.

10. Nee, eh ja, also ich hab' selbst auch nur die Evangelien gelesen und
    sonst immer nur so stückchenweise ... aber ich würd' schon sagen, daß sie
    vom Sinn des Lebens handelt.

12. Man kann sich die einzelnen Texte so zurechtlegen, wie man sie braucht,
    ja, oder falsch interpretieren einfach. (Beispiel?) Ja, da aus der Ge-
    schichte ... wie früher die Spanier draufgehauen haben oder die Päpste
    selber in den Krieg gezogen sind oder auch, wie z.B. das Evangelische
    Jugendwerk kurz vor'm Dritten Reich der Meinung war, daß in unserer
    christlichen Jugendarbeit ein ganz wichtiger Teil fehlt, daß neben Gott
    ja auch der Führer steht ... daß da halt immer die unpassenden Stellen
    manchmal weggelassen werden oder die ungemütlichen Stellen und dafür an-
    dere Stellen mehr gewichtet werden und falsch ausgelegt werden und da-
    durch kommt's halt doch manchmal zu Mißverständnissen und es sind auch
    einige Stellen ... nicht so einfach ... in unsere Zeit zu übertragen.

11. ... man muß sich viele Gedanken zu dem Text machen, was er auch so be-
    wirkt und schwierig.

13. Nö, weil das wahrscheinlich auch dann so ein Fall ist, wo die Bibel falsch ausgelegt wird. Ist ja auch so mit der Christlichen Deutschen Union ... CDU, daß die ja auch nicht mehr so viel mit "christlich" zu tun habe, wie ich mir denke, was man so von denen hört.

14. Nö.

15. ... also ich hab' mir mal überlegt, daß ich zufrieden wäre, wenn ich selbst ein Stück Land hätte, das ich einfach so bebauen würde, also sozusagen Selbstversorger.

16. Erst ein bißchen arbeiten und dann auf Fahrt gehen.

17. Ja.

18. Einige, einige auch nicht. (Könntest du sagen, wie es die verstehen, die bessere Freunde von dir sind?) Also die C. (seine Freundin) würde des z.B. nicht verstehen, die ist auch schon sehr traurig, wenn ich jetzt im Sommer zwei Monate auf Fahrt gehe und die Pfadfinder haben halt eben nicht so'n Bezug zu mir obwohl das ja meine Freunde sind, zwei drei, und die fänden das halt eben gut, wenn ich auf Fahrt gehe und so, das gehört dazu, die würden auch gerne mitmachen.

19. Die gemeinsamen Interessen.

20. Wie Angst? (Daß du verzweifelt warst. Kannst du dich vielleicht an irgend ein Ereignis erinnern, das dir Angst gemacht hat?) Nee, ich fand nur einmal das Gefühl so unangenehm, als dieser Kosmos-Satelit da abgestürzt ist, aber sonst hatte ich eigentlich in den letzten anderthalb bis zwei Jahren keine Angst ... ja, das ist aber schon sehr lange her, als ich noch mit meinen Eltern in den Bergen in Urlaub war und meine Eltern und mein Bruder sind mit dem Auto weggefahren und ich war dann in

21. dieser Hütte ... alleine ... Die Mutter tröstete ... das war eigentlich weniger drüber geredet als die tröstenden Worte meiner Eltern.

22. Oh je. Ja, daß meine Wünsche und Vorstellungen vom späteren Leben in Erfüllung gehen ... z.B. so'n Selbstversorgergut.(Dein Traumberuf?) Genau, weil ich seh' den dann nicht als Beruf in der Form, wie man sich sein Geld verdient oder so, um eben sechs Wochen im Jahr Urlaub zu haben und da dann zu leben oder nach Feierabend zu leben, sondern als Hobby sozusagen, als einen Beruf, der mir Spaß macht auch des Berufs wegen.

24. Ich hab's mir noch nicht so richtig vorgestellt.

26. Nöjadesna, des war, <seufzt> des war meist viel abstrakter, ja, was wohl auch daran lag, daß man in so 'ner großen Gruppe nicht auf den Einzelnen so richtig eingehen kann ... es war immer so, so Massenabfertigung aus so 'nem Bibelspruch oder so ... da wurde dann irgendwie ausgelegt, so daß er möglichst allen so'n bischen paßt, aber niemandem so richtig.

28. (Meinst du, daß das so sein muß in einer Bibelarbeit?) Nee, ganz im Gegenteil, weil ... wenn man sich darüber unterhält und jeder sagt, was es ihm bedeutet, dann kommt auch erst die Vielfalt so raus. Das is' halt die Übertragung in die heutige Zeit oder auf jeden persönlich, wie er den Text auffaßt, den faßt ja jeder verschieden auf, also für jeden bedeutet er was anderes, jeder zieht Parallelen in 'nem anderen Bezug zu sich ... insofern bin ich auch kein Freund von Losungsausgaben, weil einer erzählt, was er sich dazu gedacht hat, aber das muß ja nicht - selbst wenn die Leute zuhören - jedem so gehen, daß er das damit verbindet.

Nachgespräch:

... (Ich hab' dich jetzt so verstanden, daß du in der Bibel auch das fin-
dest, was dich persönlich betrifft, obwohl du das in 'ner Losungsausgabe
nicht so erlebt hast.) Ja. Bei Losungsausgaben ist es unterschiedlich, mal
spricht mich das voll an, aber manchmal ist es eben total daneben, meiner
Meinung nach ...
(Wie bist du denn dazu gekommen, selber in der Bibel zu lesen?) Durch den
L. (ein Pfadfinder), weil der hat da gelesen und wir haben immer mal was
zusammen gemacht, und da hab' ich dann auch angefangen.
(Aber jedenfalls nicht durch die Pfadfinderschaft?) Nö.
(Kann es sein, daß es vielen so geht?) Ich glaub' schon.
... Ich glaub, das liegt an dem System, daß das so missiokeulenmäßig von
oben aufgesetzt wird, so. Dann merkt man ja auch bei den Losungsausgaben,
daß die Vielzahl einfach von Anfang an abschaltet ... die Bibelarbeiten,
die oft nur als Pflichtarbeit gemacht werden, und das schreckt dann doch
eher ab.

Interview B

1. 18 Jahre.

2. Seit dem 10.-11. Lebensjahr. (B. ist z. Zt. Gruppenleiter)

3. Nein.

4. Gemeinschaft.

5. Nein, eigentlich nicht. Weil mit Gott oder Glaube kaum was läuft ...

6. (Was würdest du als "christlich" bezeichnen?) An Gott glauben und versuchen, das einzuhalten oder auch nicht ... auf sich bezogen halt versuchen, es einzuhalten, oder, christlich ist halt ziemlich subjektiv.
   (Und auf die Gruppe bezogen? Was ist eine christliche Gruppe?) Ja, die
   sich mit Gott und mit Bibel beschäftigt.

7. ... ja, aber nicht sehr viel.

8. Das war irgendwann, da hab' ich halt mal ein bißchen geblättert. (In der
   Gruppe?) Neenee ... ja auch ... irgendwann haben wir Bibelkunde gemacht,
   da hab' ich halt drin geblättert und zwischendurch so also, aber nicht
   groß, oder wenig. (Das war auch nicht so üblich in der Gruppe?) Nee.
   (... Andachten und Losungsausgaben?) Ja früher, aber in der letzten Zeit
   nicht mehr.

9. Ja, mit Jesus, genau, das Neue Testament, also Jesus würd' ich ihm irgendwas sagen, wüßt' ich aber nicht, müßt' ich erst mal ein bißchen blättern. (Wo würdest du da blättern?) Aufschlagen und erst mal gucken und
   so ... dann hab' ich so'n gewissen Überblick, und dann werd' ich schon irgendwas finden, denke ich mir.

10. Von Gott, also alles, was mit Gott zu tun hat oder was sich die Menschen
    dadrunter vorgestellt haben oder was sie damit verbunden haben.

12. Ja klar, man kann alles, ich denke schon, daß man sie falsch verstehen
    kann. (Wie?) Ja, bei Kriegen, indem man das so mit Gottes Sache auslegt
    und sowas. Ihr marschiert mit Gott oder so, sicher falsch verstanden,
    denk' ich.

11. ... ich weiß nicht, nee, das kann ich so nicht sagen.

13. Nee, also das halte ich meistens für verlogen und ich glaube nicht recht, daß die das ernst meinen.

14. Nee, nein.

15. Sozialpädagoge.

16. Ich würde wahrscheinlich wegfahren in ein anderes Land ... jedenfalls irgendwas anderes kennenlernen.

17. Wohl kaum, nee, glaube ich nicht.

18. Teilweise ja, einige sicher, einige nicht, obwohl ... (Die, die das verstehen könnten, sind die besseren oder näheren Freunde?) Nee, nicht unbedingt, also die einen Freunde sind halt auch Pfadfinder und von daher könnten sie das eher verstehen, und bei den anderen weiß ich nicht, aber ich glaube eigentlich, daß sie es auch verstehen würden.

19. Ja, gemeinsam was zu machen oder gemeinsam was gemacht zu haben, also zusammen, ist halt desöfteren zusammen, macht desöfteren was, oder ist halt bestimmte Interessen, oder einfach nur, daß man sich versteht.

20. Als ich irgendwann mal geklettert bin und mich etwas zu weit gewagt habe, da hatte ich doch etwas Angst gehabt dann, weil alles so rutschig war und ich hatte keinen festen Halt mehr und es war doch etwas riskant. (Wann?) Auf einer Herbstfahrt (mit den Pfadfindern) vor zwei Jahren.

21. (Konntest du dich mit deinen Freunden darüber unterhalten?) Jaja, ich denke schon.

22. Zur Zeit eigentlich hoffe ich auf garnichts Großes. Ja, ich hoffe vielleicht, daß ich, wenn ich gemustert werde und dann zum Zivildienst dran darf oder wenn ich es versuche, daß ich anerkannt werde und dann eine Stelle bekomme. Und dann, daß es mit meinem Beruf vielleicht klappt, weil das etwas, naja, unsicher ist. (Bist du schon gemustert?) Nee, ja genau, und dann hoffe ich, daß es demnächst geschieht.

23. Nee, eigentlich nicht. Ich weiß nicht, also eher so lauter kleine, also ein Riesen-Lebenswerk nicht, höchstens so lauter kleine Ziele, oder Dinge, die man so aufbaut oder erreicht, also so ein riesiges Werk oder Ziel habe ich nicht. (Willst du es nicht erreichen oder kannst du es nicht?) Das habe ich nicht vor Augen ... wenn man irgendsowas machen will, dann muß man irgendwas vor Augen haben und das habe ich halt nicht.

24. Doch ich denke schon, ja.

25. Ja, lauter so Kleinigkeiten ... immer wenn meine Eltern mal so, wenn die mich falsch behandelt haben oder so, dann denke ich mir, das werde ich mal anders machen ... (Zum Beispiel?) Ja, ich hoffe, daß ich meine Kinder nicht schlagen werde ...

26. Also in der letzten Zeit auf alle Fälle nicht mehr, aber früher, glaube ich, schon, weiß nicht.

28. Ja, das sollte eigentlich schon reingehören, also sonst ist es ja irgendwie nicht so effektiv. Also in der letzten Zeit habe ich mich halt bewußt davon abgewendet und, weil ich halt nicht an Gott glaube, und habe mich halt bewußt davon jetzt, daß ich nicht dran glaube, ja vorher wußte ich nicht so genau, aber das ist mir jetzt eigentlich schon klar, denke

ich, und deshalb spricht mich das nicht mehr an. Aber früher, wo ich nicht so genau wußte und wo ich halt noch so halb dran geglaubt habe, da hat mich das sicher angesprochen, ja. (Meinst du auch, daß in der Bibel was drinsteht über den persönlichen Bereich?) Hm. <zustimmend>

Nachgespräch

... (Kannst du dir denken, worum es mir geht?) Ja, dir geht's sicher darum, was die einzelnen jetzt von der Bibel halten und wie sie das auf sich selbst beziehen und wie sie das an ihre Gruppen weiterbringen ... ich habe mich halt sehr stark damit beschäftigt, weil mir das eigentlich recht unklar war und weil ich eigentlich nicht dran geglaubt habe, und da habe ich halt Leute gefragt und mich mit denen unterhalten, und dann ist halt klar geworden, daß ich nicht dran glaube und hab's halt auch bewußt gesagt und halt auch dann so gelebt. Also nicht früher so: mitmachen und so ... also früher ging es immer so, da habe ich mich nicht so damit beschäftigt und hab's halt so über mich ergehen lassen oder hab' mitgemacht, aber ... ich wußte nicht, soll ich jetzt dran glauben oder soll ich nicht oder, es war auch so eine Sinnfrage des Lebens, hab' mich auch mit dem M. (ein Gruppenleiter) drüber unterhalten <lacht> das war recht fertig, naja, und daraufhin ... naja, dran geglaubt habe ich eigentlich noch nie, aber ich bin mir jedenfalls bewußt, daß ich jetzt nichts damit zu tun haben will oder daß es für mich nicht gilt. ... Was für die Glauben ist und so und darüber ist mir ja selbst klar geworden, daß ich nichts mit Gott verbinden kann, daß es den für mich nicht gibt, also ich glaub' halt nicht an irgendsowas Höheres oder so, an was halt die anderen glauben oder auch nicht. (Konntest du mit jemandem aus dem EJW darüber reden?) Jaja, ich denke schon.

Interview C

1. 17 Jahre.

2. Seit dem 9. Lebensjahr in EJW-Gruppen, mit 14 Jahren vorübergehend als Gruppenleiter. Außerdem seit dem 13. Lebensjahr Leiter einer Gemeindegruppe, die nicht zum EJW gehört.

4. Zuerst ... die Gemeinschaft, denn eine Jugendgruppe ohne ... Kameradschaft kann für mich nicht existieren, die zerbröckelt, also wenn da keiner zusammenhält ... auch der Leiter. Wenn es so ist, daß der Leiter außerhalb der Gemeinschaft der Gruppe steht, dann kann er ... nicht so viel mit der Gruppe anfangen, wie wenn er in der Gruppe steht, dann kann die Gruppe auch nicht so viel mit ihm anfangen. ... Die Gruppe muß einem Spaß machen, unbedingt ...

6. Dann, nach der Gemeinschaft ... in einer christlichen Jugendgruppe sollte man ziemlich darauf bedacht sein, daß man, wenn man erst mal eine Gemeinschaft geschaffen hat als Führer, dann sollte man den Leuten halt mehr oder weniger Gott und die Bibel näherbringen und damit praktisch den Leuten 'ne gewisse Verantwortung für sich selbst und auch für Andere ... auferlegen oder ... lernen, denn Gruppe ohne Verantwortung, das läuft auch nicht ... gut. Für das Näherbringen von Gott ist eine Voraussetzung, daß man Gott erst mal versucht selbst zu verstehen.

9. Das Wichtigste in der Bibel sind ohne Zweifel die Evangelien, also das gesamte Neue Testament und da vor allem die Gewißheit, daß uns allen die

Sünden vergeben werden können, wenn wir es nur wollen ... Ich finde eigentlich, daß man nicht irgendwas Besonderes aus der Bibel herausgreifen
kann, sondern die Bibel als solche ist überhaupt wichtig.

12. Die Bibel ist ja nicht das aufgeschriebene Gotteswort, sondern von den
    Menschen aufgeschrieben ... Da wir natürlich die Eigenschaft haben, alles
    zu verfälschen, ist es so, daß viele Unstimmigkeiten in die Bibel rein-
    gekommen sind ...

11. Vor allem darf man die Bibel nicht genau wortgetreu nehmen, sondern man
    muß immer versuchen, dem Sinn nach die Texte zu beurteilen. Dann darf man
    sich einzelne Passagen nicht einzeln rausgreifen ... sondern muß eigent-
    lich den Text im Zusammenhang erklären.

10. Die Bibel ist eigentlich die Geschichte der christlichen Tradition.

13. Das finde ich absolut unsinnig. Das ist genauso wie im Dritten Reich
    der Turnvater Jahn mit seinem "In einem gesunden Körper wohnt ein gesun-
    der Geist", ist genauso ein falsches Zitat, denn ursprünglich hieß es ja,
    daß ... Cato einem Bekannten, der hatte ein Kind gekriegt, hat zu dem ge-
    meint: "Möge in seinem gesunden Körper auch ein gesunder Geist wohnen".
    So kann man ja die Bibelzitate genauso verfälschen ... Vor allem finde
    ich es nicht gut, daß man Bibel zu Propagandazwecken benutzt, die außer-
    halb der Religion stehen. Die Leute ... wollen halt nur bezwecken, daß
    man sie für besonders religiös hält, wie z.B. die CDU, christliche ...

14. Vielleicht ... aber ob ich die Verantwortung, die dann auf mir liegt, er-
    tragen könnte, das weiß ich noch lange nicht.

15. Nee, ich habe noch gar keine Ahnung.

16. Ich würde wahrscheinlich aus Gewohnheit so lange weiter in die Schule ge-
    hen, wie ich Bock hätte, weil da halt auch mein Bekanntenkreis ist, ...
    dann würde ich auch mal ausschlafen. Das ist eigentlich so unvorstellbar.
    Also wenn ich das Geld dazu hätte, würde ich erst mal nach Amerika rüber-
    fliegen, dort ein paar Leute besuchen oder irgendwas machen.

17. Wenn ich nach Amerika fliegen würde, bestimmt. Aber wenn ich irgendwo-
    anders hinfliegen würde, nach Brasilien oder Australien oder irgend so
    ein afrikanisches Dorf oder sowas, dann würden sie das wahrscheinlich
    überhaupt nicht verstehen ... je weiter es weg wird, desto unvorstell-
    barer wird es.

20. Bei jeglichen Zeugnissen ...

21. Ja. (Waren das deine besten Freunde?) Ja ...

19. Gemeinsame Interessen (...unv) so ziemlich alles mit einschließt, so der
    Gefühlsebene her. ... Freunde oder so ... mit meinem Gruppenführer ver-
    bindet mich z.B. ... daß wir so manche gleiche Interessen haben und daß
    wir uns halt prima verstehen ... (Daß man über alles reden kann?) Das
    schließt es auf jeden Fall mit ein.

22. Zuerst einmal das absolute große Geld, weil damit kann man natürlich we-
    sentlich mehr anfangen. Und dann, wenn ich z.B. Geld hätte, habe ich mir
    schon genau überlegt, was ich machen würde. Erstmal würde ich unsere Sip-
    pe sanieren, weil die eh immer zu wenig Geld hat und einen Großteil würde
    ich wahrscheinlich an ... eine Wohlfahrtsorganisation spenden ... und den
    Rest würde ich dann wahrscheinlich erst mal für mich selbst behalten. Das
    sind halt so Wunschträume. Wie z.B. daß ich plötzlich riesenhaft Gitarre

spielen kann wie der beste Gitarrenspieler der Welt sozusagen. Ich meine, davon weiß ich halt, daß sie nicht in Erfüllung gehen, weil ich immer der gleiche miese Klampfenspieler bleiben werde ... Solche Wünsche oder Hoffnungen da gibt es ja eine ganze Masse davon, aber die meisten werden dann wieder gleich desillusioniert durch Erfahrungen. (Welche?) Negative Erfahrungen, so wie jemand durch die Führerscheinprüfung fällt ... wenn man also glaubt, man könnte jetzt endlich und dann zack! kriegt man wieder eine auf den Deckel und hat erst mal seinen Frust, dann muß wieder von ganz vorne anfangen. (Kurze Unterbrechung)

25. Was die Erziehung von meinen Kindern anbelangt, da weiß ich absolut nicht, wie ich sie erziehen würde, ich weiß nur, wie ich sie nicht erziehen würde, wie ich erzogen worden bin oder wie meine Schwester erzogen worden ist. (Wie alt ist sie?) Vier Jahre jünger. (Warst du sozusagen der ältere Beobachter?) So kann man es nennen, und relativ mehr oder weniger eifersüchtig, weil ich ein ungewolltes Kind war und wegen mir mußten meine Eltern heiraten und meine Schwester war ein gewolltes Kind. Und da hat sich halt die Liebesfähigkeit meiner Eltern auf meine Schwester ganz bezogen und ich habe da sehr wenig abgekriegt, abgesehen davon, daß ich in meinen ersten vier Lebensjahren meine Eltern so gut wie nie gesehen habe, weil ich bei meiner Großmutter gewohnt habe ... Ich sage mir, daß ich nicht vor 30 heiraten will, wo ich überhaupt heiraten will ... ich meine, ich kann's noch nicht beurteilen, ich bin noch nicht so alt, vielleicht ist man dann noch nicht ganz reif genug. Wenn ich da manche Mütter sehe, die mit 16 schon rumlaufen mit einem dicken Bauch, da weiß ich also wirklich manchmal nicht, was aus den Kindern werden soll, wenn die Eltern auch noch Kinder sind ... Ehen, die man praktisch zwischen 18 und 22 schließt, lehne ich ab, weil die Ehepartner meistens dann ihre eigene Freiheit noch so total ausbauen wollen, und das versteht wiederum der andere Ehepartner nicht ...

26. Daß es in einer Bibelarbeit um den persönlichen Bereich geht, das ist eigentlich immer so. Wenn sich eine Bibelarbeit um das Thema Freundschaft dreht, da gibt es dann eine ganze Menge Textstellen, wie z.B. bei Jesu Gefangennahme, daß der Petrus da das Schwert rauszieht und dem einen das Ohr abschlägt, das gehört ja auch eigentlich zu einer Art Freundschaft. Bibelarbeit sollte eigentlich immer den persönlichen Bereich treffen, da kann man auch irgendwo die meisten Erfahrungen rausbringen und dadurch lernt man sich auch selbst besser kennen. Auch wenn es nur am Rande ist, sollte eine Bibelarbeit immer den persönlichen Bereich treffen. Wenn man dann später dadrüber diskutiert, dann kann man sich natürlich mit Anderen prima über sein eigenes Bewußtsein unterhalten, wie es einem geht, und man kann vor allem auch andere Erfahrungen mal kennenlernen aber es gibt ja auch ... leider Leute, die geben ihre persönlichen Erfahrungen nicht so offen preis ... die sind halt im Nachteil, das ist dann das Schlechte, wenn man über allzu Persönliches spricht.

27. In unserer Sippe wird halt mehr oder weniger nicht so viel Bibelarbeit gemacht, und alles, was pfadfindermäßige Bibelarbeiten betrifft, habe ich eigentlich schon lange keine mehr gemacht, schon sehr lange, die letzte war, glaube ich, auf meinem Späherlager. (Wann?) Vor vier Jahren.

Nachgespräch

... Bei meiner Gruppe war das so, daß bis auf ein paar wenige die Leute sehr wenig Erfahrung mit dem christlichen Glauben hatten, und irgendwo

wollten die sich auch gar nicht so viel damit beschäftigen. Z.B. die Knappen
(die 11/12-jährigen; Anm. W.B.), ich finde, mit denen kann man das absolut
noch nicht gut machen, weil, die haben wenig Erfahrungen mit dem Christsein
... es fehlt ihnen irgendwo noch der ruhige Zustand, den man dazu braucht.
Ein Knappe, das weiß ich noch aus meiner Zeit, will immer nur Scheiße bauen
... in den Stunden will der sich erst mal austoben. Irgendwann mal in der
Knappenstunde eine Bibelarbeit anzusetzen, das ist falsch. Man muß den Leuten erst mal so ganz langsam und sicher näherbringen. Eine gute Bibelarbeit
kann man, wenn sie Pfadfinder werden (mit 13/14 Jahren; Anm. W.B.), erst
richtig gut machen. Aber Voraussetzung ist, daß sie als Knappen Gott und dem
Glauben nähergebracht wurden ... Vor allem darf man keinen Mußzwang rein-
bauen, weil wenn feststeht: "Jetzt machen wir eine Bibelarbeit zack-aus!",
dann wird sofort so ein Antipathieverhältnis zum Glauben hergestellt, so von
wegen "Kein Bock" ... aber nicht nach dem Motto: "So, jetzt Ende-Aus-Fertig",
so wird das nämlich gemacht. Das war absolut bei uns auch so. Und ich glaube, daher kommt auch diese ganze Antipathiewelle, und ich finde, die wird
noch nicht mal in unserer Pfadfinderschaft allein aufgebaut, sondern auch im
Konfirmationsunterricht. Wenn die Leute also nicht selbst entscheiden können, gehe ich jetzt in den Konfirmationsunterricht und will ich mal was vom
Glauben kennenlernen wenn ich reif genug bin, werde ich mir höchstwahr-
scheinlich überlegen: kannst es ja mal versuchen. Oder wenn du schon Erfah-
ungen mit dem Glauben gemacht hast. Aber so den Mußzwang: "Nächstes Jahr
sollst du konfirmiert werden, also melden wir dich jetzt zum Unterricht an,
zack-Ende-aus!". Und dann: Kein Bock!, so läuft das dann, dann geht man mit
Negativgefühlen da rein und daß du dann natürlich noch schlechtere Erfahrungen mit Glauben, weil du im Konfirmandenunterricht was anderes
machst und dir natürlich dann den Ärger vom Pfarrer zuziehst, der dich dann
mal anmosert, daß dann deine Antipathie noch gesteigert wird, das ist dann
absoluter Unsinn für mich, ich finde, so darf man es echt nicht laufen lassen und ich finde, genauso läuft es auch in unserer Pfadfinderschaft irgendwo. (Warum bist du dann trotzdem Christ?) Vielleicht gerade, weil ich so
schlechte Erfahrungen gemacht habe. Aber vielleicht auch, weil ich eine ganze Menge gute Erfahrungen damit gemacht habe. (Aber nicht in der Pfadfinderschaft?) Ja, nicht in der Pfadfinderschaft ... <zündet sich eine Zigarette
an> Ich bin natürlich auch kein Superchrist, ich bin sogar eigentlich ein
ziemlich mieser Christ, muß ich ganz ehrlich von mir sagen. (Das fällt dir
beim Rauchen ein?) Das fällt mir beim Rauchen ein, von wegen körperlicher
Verstümmelung, von wegen Lunge. Ich weiß nicht, irgendwo habe ich das auch
eingetrichtert gekriegt, von wegen Selbstverstümmelung will Gott nicht. Aber
andererseits weiß ich auch ganz genau, daß in der Bibel steht: "Gott nimmt
dich so, wie du willst", nee, "Gott nimmt dich so, wie du bist" ... Wenn
jetzt gesagt wird, neben der Pfadfinderschaft soll oder muß so ein Bibelkurs
laufen, der ist verpflichtend ... so als Mußzwang, das finde ich absolut
schlecht. (Aber du bist doch so in einem Gesprächskreis?) Ja, aber freiwillig. Wenn man das freiwillig macht, dann sieht es vielleicht so aus, wenn
man die Leute richtig zum Glauben hinzieht, daß dann die Leute nicht kommen ... Wenn es die Leute nicht gäbe, die der Bibel ablehnend gegenüber-
steht, dann wäre das schlecht ... wenn man seinen eigenen Glauben nicht
überprüfen kann, sondern die Leute alle wie man selbst sind in Bezug auf den
Glauben, dann wird nämlich wieder so eine Ja-und-Amen-Beziehung aufgebaut
wenn die Leute die gleichen Erfahrungen haben wie man selbst und den gleichen Bezug zum Glauben und die gleiche Meinung zum Glauben. Ich weiß nicht,
ob dann noch konstruktive Kritik so gefördert wird, das ist absolut anre-
gend. Und vor allem gibt's dann irgendwo, ich weiß nicht, ob man so ein

Triumphgefühl sagen kann oder eine Selbstbestätigung, wenn man denjenigen dann überzeugen kann. Ich weiß nicht, ich finde das halt irgendwo
gut. Solche Leute muß es halt geben, weil immer wieder neue Anregungen
kommen.

Interview D

1. 16 Jahre.

2. Seit dem 10. Lebensjahr; seit dem 16. Lebensjahr als Gruppenleiter.

4. Eh, was mir jetzt am wichtigsten ist oder was mir am wichtigsten wäre
   oder was am wichtigsten sein könnte, also was kommen würde? (Sag mal,
   was du meinst!) Na, auf jeden Fall der Gruppenzusammenhalt. Wir sind,
   also wir sind seit 81 (also seit 2 Jahren; Anm. W.B.) in unveränderter
   Besetzung zusammen, seit Januar 81, da ist niemand dazu und niemand davon
   gegangen von den Älteren, eh, und das und da, dadurch kommt natürlich,
   dadurch gibt's 'en ganz engen Gruppenzusammenhalt, das ist klar, bei
   fünf-sechs Leuten ungefähr, fünf-sechs Leuten und das ist eigentlich das
   Schöne an der Gruppe. (Die dauernden Wiederholungen sind original; W.B.)

5. Praktisch bezogen oder vom Titel her? Mehr praktisch eigentlich (Interviewer nickt) christlich.

6. Das Handeln, würd' ich sagen. Ich seh', ich seh' eh Christsein nicht in
   Form von Worten an, sondern in dem, was was, eh, wie man Worte und Ge-
   schehnisse in die Tat umsetzt.

7. Ja. Aber man muß eigentlich sagen, ich les' eigentlich mehr in der Bibel,
   weil sie mich geschichtlich interessiert, eh wie eigentlich theologisch.
   Theologisch mehr auf Anreiz, wenn ich dann irgendwann man angereizt bin,
   zum Beispiel für 'ne Bibelarb... von 'ner Bibelarbeit, dann setz' ich
   mich hin, such' mir Vergleichsstellen raus, geh' die auch noch durch.
   (Du meinst, von 'ner Bibelarbeit, die du selbst halten sollst?) Eh, oder
   oder die jemand anders mit mir hält, zum Beispiel wenn, in der in der
   Gruppenarbeit hier auf'm Führerkurs. Aber sonst in der zu Hause oft eigentlich geschichtlich, weil ich geschichtlich sehr interessiert bin.

8. Oh, relativ spät. Und eigentlich intensiver mit dem Eintritt in die
   Pfadfinderschaft (mit ca. 13 Jahren; Anm. W.B.) (Schon als Neuling?)
   Auch schon als Neuling.

9. Erstens Schöpfungsgeschichte, hm, ersten Kapitel Moses, dann die, eh,
   dann die, eh, Passionsgeschichte, die Bergpredigt, die zehn Gebote auf'm
   Berg Sinai und, eh, verschiedene Briefe, oder nur Teile aus verschiedenen
   Briefen, zum Beispiel Römerbrief. Römerbrief enthält für mich auch sehr
   viele wichtige Grundaussagen, vielleicht noch Offenbarung.

10. Die Bibel ist ein in zwei Teile gegliedertes Werk, im ersten Teil, eh,
    wird die Ent... wird die Entstehung der urmenschlichen Gemeinschaft nach
    'em christlichen Glauben behandelt. (Meinst du jetzt das Alte Testament?)
    Ich mein' das Alte Testament damit, und eh, es ist, also 'ne Sammlung
    überlieferter, eh, Geschichten, Erzählungen und Schriften aus der vor-
    christlichen Zeit, es geht, glaub' ich, bis 2000 Jahre vor Christus so-
    weit zurück, manche Teile. Un', eh, das Neue Testament hat als Hauptin-
    halt das Handeln, Schaffen und die Geschichte Jesu und seiner Nachfolger,
    seiner engeren Nachfolger. Eh, die Briefe, die sie geschrieben haben, die

Evangelien und, eh, halt haupt... in der Hauptsache der der vier Evangelien die Geschichte Jesu.

11. Oh, das ist 'ne sehr schwierige Frage, das das kann man nur individuell
beantworten, das da kann man eigentlich keine allgemeine Aussage für geben. Jeder hat seine eigene Methode, um die Bibel richtig zu verstehen
und und halt auf jeden Fall durch durch intensives Studium betreffen bestimmter Textstellen, die einem wichtig, eh, erscheinen, die als als zentrale Aussagepunkte einem erscheinen. Vielleicht durch Aufsuchen entspre-
chender Vergleichsstellen, die sind ja in den meisten Ausgaben auch an-
gegeben, durch durch wenn man sich vielleicht die Geschichte selbst auch
noch betrachtet, also die historische Begebenheit, aber also das pauschal
zu sagen, das geht überhaupt nicht. (Und du für dich?) Es wäre, es wäre
eigentlich 'ne Vermessenheit, wenn mer sagen würde, mer versteht die Bibel
richtig. Die ent... die enthält soviele Dinge und Winkel, und da sind, und
da sind soviele Dinge, daß man nicht sagen könnt', ich habe jetzt alles
richtig verstanden, das geht das geht überhaupt nicht. Aber ich für meinen
Teil versuch' eigentlich, hauptsächlich durch durch intensives Beschäftigen mit den mit den Textstellen, die ich mir also vorgenommen habe und
versuche das rauszufinden. (Machst du das auch alleine, also außerhalb
der Gruppe?) Ja, auch alleine.

12. Ja, wenn man sie ein... ja, mer versteht die Bibel falsch, wenn mer se
als ein Beweis, als ein Beweisstück für die Existenz Gottes ansieht. Überhaupt, mer versteht alles überhaupt falsch, wenn mer versucht, nach der
Existenz einer Grundlage des Glaubens zu fragen. Das geht überhaupt
nicht, das darf man auch gar nicht, das wäre auch, das geht 'ne Vermessenheit, also also die Frage, die sich zum Beispiel so stellt: "Gibt es
Gott?", das ist eigentlich für'n Christen absurd. Denn dann gerät er in's
Zweifeln. Denn dann besteht ja automatisch auch die andere Möglichkeit,
daß es Gott nicht geben könnte. Und wenn man dann bloß versucht, wenn man
also versucht, Stellen in der Bibel zu finden, eh, die 'ne Aussage "Es
gibt Gott" oder "Es gibt Gott nicht", eh eh zu suchen, das, also dann
versteht mer die Bibel falsch.

13. Es kommt darauf an, in welchem Zusammenhang. Eh, also also wenn 'se des
wirklich sinngemäß im Text verwenden, so wie es auch in der Bibel gemeint war, dann find' ich das richtig, aber wenn 'se des als als Scherz
oder als Beschimpfung oder oder wenn oder wenn des so geschickt so umge-
stellt wird, ein zwei Worte eingebaut werden, daß es damit zu 'nem politischen Argument werden kann, das überhaupt nicht in den Absichten steht,
den die Bibel damit eigentlich hatte, dann find' ich's falsch. (Könntest
du so'n Beispiel nennen?) Oh, da, oh, da fällt mir jetzt eigentlich
nichts ein. (Vielleicht so'n fiktives Beispiel, em, wie man'n Bibelzitat
ganz aus'm Zusammenhang rausnehmen könnte?) Eh, ja also also jetzt gerade
nicht bei Politikern, aber aber gerade Bibelzitate, das unter Menschen
sehr oft oft gebraucht wird und bei dem 'n ganz kleines wenig verändert
wird, ein Wort genügt, um es völlig zu entstellen, das stammt aus der
Bergpredigt: "Selig sind, die da geistig arm sind", sagen manche Leute,
und es heißt eigentlich: "Selig sind, die da geistlich arm sind", und
damit ist eigentlich religiös gemeint, und ununun wenn und wenn mer also
nur dieses "geistlich" in "geistig" umwandelt, dann meint mer damit so,
meint mer damit ja also ... übertragenen Form eigentlich 'nen Dummen,
'nen Irren und dann ist es ganz aus'm Zusammenhang gerissen und des ist
unmöglich eigentlich.

14. Ja.

15. Historiker ...

16. Oh, oh, das ist schwer. <Atmet tief ein> Also, erstmal würd' ich, könnt' ich mich natürlich intensiver meiner Pfadfindergruppe widmen. Und ich muß ehrlich zugeben, daß ich durch meine vielen Dinge, die ich tun, die ich tue in meiner Freizeit, eigentlich eigentlich nicht so viel Zeit für die Pfadfinderschaft habe, wie ich's eigentlich gerne hätte. Nur nur als Beispiel: Unser Stamm ham hat jetzt bald 'ne Maiwola (Wochenendlager im Mai; Anm. W.B.), mer hat mich gefragt, ob ich auch was zu vorbereiten könnte, ich ich mußte absagen, wir haben Arbeiten in der Schule, ich hab' Klavierunterricht, Gymnastik, ich bin im Schulorchester, ich hab'n Tanzkurs, ich hab' Tischtennisabend, sind alle, sind alle möglichen Dinge und, ja, dann würd' ich intensiv meinen Hobbies nachgehen, ich würd' würde mich mal 'n 'n würde man sagen 'n Jahr richtig entspannen. Mich mal nur, mich mal, auch wenn des wirklich en bißchen kraß klingt, mich nur mit Dingen, die mein, mit meiner persönlichen Genugtuung dienen, beschäftigen. Weil es gibt, es wird sicher später im Leben genug Abschnitte geben, wo man dazu keine Zeit hat.

17. Nein. Würden sie nicht verstehen, wenn mer 'n ganzes Jahr lang nur seiner Lieblingsbeschäf... seinen Lieblingsbeschäftigungen nachgehen würde.

18. Ja, auf jeden Fall.

19. Oh. Des kommt drauf an, wie man "beste Freunde" definiert. Es gibt da, es gibt da 'n schönen Satz vom von von 'nem alten Griechen, der sagte: "Ein Freund ist erst 'n wahrer Freund, wenn ihr miteinander einen Scheffel Salz verspeiset habt." <lacht> Und alalsoalso des also des schränkt eigentlich den Begriff der Freundschaft sehr stark ein, aber was mich mit meinen Freunden verbindet, sind gleiche Interessen, zum Beispiel, ja, es sind überhaupt gleiche Freizeitbeschäftigungen und daß mer so'n bißchen einer Meinung ist überhaupt, mer merkt auch sofort, ob mer 'n bißchen einander sympathisch ist oder nicht.

20. Ja. Ja. (Kannst du...) Jaja, den kann ich erklären, ich war auf Schüleraustausch in Frankreich, in Lyon, meine Austauscheltern ham mir, ham, ja die ham also mit mir 'en Wochenende Skiferien in'n Alpen gemacht, sind mit unser'm Peugeot 504 gefahr'n und in den Alpen da so ab 1500 Metern da kommen diese Straßen, eineinhalb Meter Autobreite also an die Wand geklebt und nebendran geht's 300 Meter runter. Und der gute Vater is' also mit voll beladenem Auto mit 60 Sachen da durch diese Schlängelkurven gebraust. Ich hab' nich' mal aus 'em Fenster geguckt, ich hab' damit gerechnet, daß wir jeden nächsten Moment da über'n Abgrund kippen.

21. Nein eigentlich nicht, ich hätte auch gar keine Veranlassung gehabt, denn darüber zu reden, wir kamen an oben, war'n nicht runtergekippt und damit war für mich die Sache erledigt. (Und hast du sonst nochmals mit irgendjemandem darüber geredet, später?) Ja, aber eigentlich mehr im Spaß, also also wenn also wenn mer des als lustige Begebenheit erzählt.

22. Ja, daß ich, daß ich irgend, daß ich später mal Arbeit finden werde. Will mir also 'ne Existenz sichern.

23. Ja, 'ne große historische Arbeit, also 'ne geschichtshisto... also als Historiker wirklich ein historisches Problem wirklich für's ganze Leben untersuchen und alle Einzelheiten auszuleuchten. (Und dein Leben lang dadran...) zu arbeiten, ja.

(Hätt'ste da schon 'ne Idee, was das sein könnte?) Ja, wahrscheinlich
Napoleon. Napoleon Bonaparte. Überhaupt sein ganzes Leben, seine Veran-
lassungen, was wie der Mann gehandelt hat, das das mal genau zu untersuchen, des des is' wirklich lebendfüllend. Schon allein die Ursache,
warum er gestorben ist und worüber sich die Leute bis heute noch streiten, da das füllt ja allein schon tausende von Buchseiten, also sieht
mer, wie groß die Aufgabe (...unv)

24. Ja.

25. Nein, und des möcht' ich auch nicht, denn ich bin sicher, wenn wenn die
Zeit kommt, wo ich meine Kinder erziehen muß, da herrschen andere gesellschaftliche Umstände, da könnte sich vieles verändert haben und da
muß man dann von anderen Gesichtspunkten ausgehen, deswegen is' müßig,
sich darüber jetzt Gedanken zu machen.

26. Von mir persönlich? (Zustimmend: Hm) Nein.

27. Von mir auch wieder? (Zustimmend: Hm) Eh, in der Sippe, ja. (Sippe ist
die Gruppe, deren Teilnehmer, nicht deren Leiter er ist; Anm. W.B.)

28. Also ich wüßte jetzt keinen Zusammenhang, aber ich bin sicher, daß die
Bibel in ihrer unendlich großen Reichhaltigkeit da sicher eine Stelle
bereit hätte, über der mer dann, über die man 'ne Bibelarbeit machen
könnte und die dann auch den Bereich ansprechen würde. (Aber du hast das
noch nicht so erlebt?) Nein.

29. (Hast du 'ne Idee, woran das liegt?) Jo, daß es bisher noch keiner gemacht hatte. (Aber du hast schon viele Bibelarbeiten, oder einige jedenfalls, mitgemacht?) Ja. (Und daß da trotzdem das nie drankam ...)
Also es ist, es is', es is' 'ne gewisse Scheu auch der Leute,
die solche Bibelarbeiten vorbereiten, in'n persönlichen Bereich einzu-
dringen, denn des ist ja immerhin auch 'ne gewisse Privatsphäre und
nicht jederman hat des gern, wenn man darüber spricht. Mer weiß, mer
weiß ja nicht, ob wenn, ob in manchen Familien besondere Umstände herrschen, ob die Eltern geschieden sind, getrennt leben, ob der Vater gestorben ist, ob die Mutter trinkt oder irgendwas, des weiß mer nich'
vorher, des hätte ja auch bei mir sein können <lacht>. (Zum Beispiel mit
deinen besten Freunden könntest du über sowas reden?) Begrenzt.
(Em, also jetzt von der Anzahl begrenzt oder von der Qualität des Gesprächs?) Ja, von der Qualität des Gesprächs und auch von von der Aus-
führlichkeit. Ich muß ehrlich sagen, ich mag also also wenn's dann so
in die Details geht, da, ah, da sträubt sich auch in mir was dagegen,
da hab' ich also meinen Privatbereich, un' den, da wünsch' ich dann
auch, daß des 'en Privatbereich bleibt. (Da möcht'st du auch gern für
dich bleiben?) Ja.

30. <lacht> Eigentlich recht lustig, ich hab' sowas noch nie gemacht. Ich
fand, ich fand die Fragen fand ich eigentlich mehr oder weniger unver-
fänglich, also ich hätte mir gedacht, daß da mit, daß du vielmehr mit
irgendwelchen Tricks hättest arbeiten können, mit bestimmten psychologischen Tricks, mit mit gewissen Fragen, denn des wäre ja auch interessant gewesen sicher, als Pädagogik-Student. Also ich, also ich fand's
harmlos. (Interviewer lacht.) Hab' ich dich erst mal außer Fassung gebracht? (Nein nein. Aber was für Tricks meinst du denn?) Bitte? (Was für
Tricks meinst du denn?) Oh, ich weiß nich', also also also Studenten und
dann noch Pädagogik, Psychologie so, wenn das in den Bereich reingeht,

na ich hätt' mir eigentlich eher gedacht, daß daß es so'n Test sein könnte, um rauszufinden, eh, ja, wawas was für Fragen wie wie der Mensch eigentlich auch auf bestimmte Fragen reagiert, sowas hab' ich mir eigentlich zuerst gedacht, so 'ne Sache könnte des sein, und daß dann also ich ich weiß nich', wie mer sowas macht, aber ich könnte mir sowas vorstellen, sowas gewesen (...unv) aber des war ja harmlos.

Interview E

1. 15 Jahre.

2. Seit dem 7. Lebensjahr; als Gruppenleiter seit dem 14. Lebensjahr.

3. Nein.

4. Das Wichtigste an der Sippe ist, daß gute Gemeinschaft is'.

5. Ja.

6. Em, <lacht> ja, em, wir versuchen, möglichst, em, zu leben wie Jesus Christus es vorgibt, also wie er gelebt hat, so versuchen wir das auch, also nicht den großen Luxus anzustreben und so, sondern, em, ja möglichst auch sündenfrei und auf den Nächsten halt achten.

7. Em, ja.

8. Begonnen hab' ich damit eigentlich richtig erst vor, nach meiner Konfirmation. Das war 1981 (mit etwa 13 Jahren; Anm. W.B.) im Frühjahr. (Wie bist du dazu gekommen?) Em, das war so, em, mein Glaube war eigentlich nich' so besonders gestärkt, ja, so, em, weil mein Vater und meine beiden ander'n Geschwister, die sind, die glauben nicht so sehr stark an Jesus Christus und an Gott, ja? Und, em, meine Mutter, die ist halt, eh, Kirchenvorstand und is' halt oft in der Kirche und die die glaubt eigentlich auch sehr stark, ja? Und nach meiner Konfirmation, also auch während des Konfirmandenunterrichts bin ich halt konfrontiert worden erst richtig damit und, em, ja da kam ich richtig zum Glauben eigentlich und da hab' ich halt angefangen, auch in der Bibel zu lesen.

9. Em, ich würd' ihm raten, eh, mit den Evangelien anzufangen, ja, also des hab' ich da auch gemacht, weil, em, im Alten Testament steht sehr viel über die Gesetzlichkeit, was ja auch, eh, nachher in dem Galaterbrief, ja, eigentlich zunichte gemacht wird, ja? Un' in den Evangelien dann sieht mer halt, wie Jesus Christus gelebt hat un' und d's sind Gleichnisse, wie man halt so zu leben hat und überhaupt, eh, wie man zu beten hat, des steht halt in den Gleichnissen drin.

10. Em, des Alte Testament handelt, also wenn man mal die Bücher von Mose, eh, sieht, also nur, ja, über vielleicht die Geschichte der, eh, des israelischen Volkes damals, und, em ja, dann em, die Psalmen sind ja Lieder, em, die Evangelien sind, ist der Lebensweg Jesus Christus und, em (...unv) so Gleichnisse, des sin' vielleicht so, also Predigen, ka'mer Predigten halt d's vielleicht bezeichnen, em, Lebenshilfen und, ja, Briefe über Gemeinden wer'n nach, eh, also als, ja, nachdem Jesus Christus halt gekreuzigt wurde, über die Gemeinden, und des wär'.s dann, ja.

11. Ja, wie meinst'e das jetzt, wie ich die, wie man die Bibel richtig versteht?

12. (Ja also, die Frage ist: Ob man se auch falsch verstehen kann?)
    <Überlegt lange> Oh wei, da kann ich, glaub' ich, jetzt so direkt keine
    Antwort drauf geben, ja?

13. Es kommt drauf an, in welchem Zusammenhang. (Kannst'e en Beispiel sagen,
    wo de's richtig oder falsch findest?) Jetzt zum Beispiel mit der Nach-
    rüstung. Es wird halt gesagt: "Auge um Auge, Zahn um Zahn", ja, wenn die
    Sowjetunion jetzt weiter aufrüstet, dann müssen wir hier nachrüsten. Und
    dann wird halt, eh, argumentiert "Auge um Auge, Zahn um Zahn", und des
    steht halt im Alten Testament, und des wird halt normal ganz anders ge-
    braucht, daß man, em, wenn einer ei'm ein Leid zufügt, ja, daß man höch-
    stens das Gleiche macht, ja, nie mehr; weniger, also nich', wenn einer
    ei'm das Auge ausschlägt, daß mer ihm höchstens 'n Zahn halt ausschlägt,
    daß des so gemeint is' und des is' verschieden, des wird halt oft ganz
    falsch interpretiert, ja, und so ist des halt da auch, ne.

14. Nein.

15. Em, da hab' ich (...unv) noch so relativ wenig Gedanken drüber gemacht,
    ja, aber ich hoff', muß mal sehen, ich weiß noch nich'.

16. Em, ja, ich kann machen, was ich will, in dem Jahr, ja? Ich würd' wahr-
    scheinlich des ganz normale Leben weitermachen, wie ich's jetzt führe,
    ja. Ich würd' vielleicht mehr, eh, Zeit auf, em, Freizeit legen, nich'
    so mehr so auf viele Verpflichtungen, aber Schule und mit Freunden weiter
    zusammensein, des würd' ich schon, ja.

17. Ja.

18. Em, verstehen schon, ja, aber, em, sie würden vielleicht sagen, sie wür-
    den was Anderes machen, ja, Urlaub fahren oder würden sich auf die faule
    Haut legen.

19. Em, vielleicht weil wer zusammen sehr viel Sport treiben un' weil wer ge-
    meinsam in 'ner Jugendgruppe, bei'n, in 'ner katholischen Gemeinde, ja?
    Sin' halt lang zusammen und, ja, wir sin' wir sind viel zusammen draußen,
    fahr'n Skateboard, un' spielen Tennis und so Sachen, ja? Des verbindet
    mich halt mit ihm. Und des ich halt mit meinem Freund unheimlich gut über
    jedes Problem sprechen kann, ja? Was ich so mit andern Leuten vielleicht
    nich' grad (unv...) zustande bringe. (Auch mit deinen Eltern vielleicht?)
    Ja, über manche Dinge, eh, Dinger kann ich mit meinen Eltern nich' spre-
    chen, ja? Des geht da halt mit'n Freunden besser, weil d' sin' 'n glei-
    ches Alter, sie ham meistens auch die gleichen Interessen, ja?

20. Angst hab' ich gehabt, ganz bestimmt, aber vor was jetzt genau, könnt'
    ich mich nich' erinnern.

22. Em, ich hoffe, ja vielleicht, daß, em, em si-sich die Großmächte aufhören
    mit ihrer Rüstung, daß endlich mal die der Friede gewährleistet ist,
    nich nur halt im Großen, sondern auch vielleicht zwischen den Menschen
    selbst, ja? Auch im Kleinen, der Familien, des's da nich' so Streitigkei-
    ten gibt und so.

23. Ein Lebenswerk is' eh, für mich besonders auch die Pfadfinder, 's halt
    Mittel zum Zweck, wie man so schön sagt, ja? Daß man halt, eh, jungen
    Menschen zum christlichen Glauben führt, ja? Des is' eigentlich so mei-
    ne persönliche Aufgabe, die ich jetzt so habe, ja?

24. Ja.

25. Em, ja, ich würde sie wahrscheinlich christlich erziehen (...unv), trotz-
    dem, ich würd', em, se immer in eine Richtung lenken und nich' wie manch
    and're Eltern d's jetzt so auf der neuen Welle reiten: "Laß ma' die Kin-
    der, eh, so wachsen wie se wollen". Ich würd' denen schon Richtlinien
    zeigen, ja? Wo's lang geht. (Und was heißt jetzt "christlich erziehen"?)
    Em, ich würd' se, em, schon früh mit dem Glauben konfrontieren, ich würd'
    denen erklären, wie des is', em, ja, mit Gott und, em (...unv) so is'.
    Em, ich würd' mit denen vielleicht sogar schon in frühen Jahren anfangen
    mit der Bibel, sich zusammensetzen, lesen wer Jesus Christus halt war,
    daß se sehen, daß es jemanden gibt, der auch für sie da is', außer den
    Eltern.

26. Ja, ich mein', daß in jeder Bibelarbeit was Persönliches is', wie man zu
    Jesus Christus steht und, ja sicher, des wird halt, in jeder Bibelarbeit
    kommt des raus. Damit mer sieht, wie das mit den Andern is', was sie
    vielleicht für Probleme haben. Das kann auch in in Bibelarbeiten dann ge-
    löst werden, ja? (Hast du auch schon einmal zum Beispiel etwas wie die
    Frage "Kindererziehung", also Gedanken, die du dir ganz persönlich machst,
    im Rahmen einer Bibelarbeit mit anderen besprochen?)
    Nein, (...unv) nichts besprochen so über Erziehung, nein.
    (Aber ansonsten schon persönliche Fragen?) Ja.

28. (Paßt das auch zu einer Bibelarbeit?) Ja, d's könnte ein Thema einer Bi-
    belarbeit sein. (Kann es auch eine Bibelarbeit geben, oder würde es zu
    einer Bibelarbeit passen, daß man da gar nicht über persönliche Fragen
    spricht?) Em, ich glaub', dann würde 'ne Bibelarbeit nicht die Wirkung
    erzielen, wie s'e eigentlich soll, wenn man nicht Beispiele hat, wie das
    mit'n ander'n Leuten is'. Wir ha'm ja heute des gemacht mit dem, ob man
    täglich beten sollte (auf dem Gruppenleiterkurs; Anm. W.B.), da ha'mir
    ja auch persönliche Sachen erzählt, wie das eigentlich doch is', so, ob
    man jetzt (...unv) betet oder nich', ja, (...unv) gesagt, ja abends,
    wenn s'e im Bett liegen, beten s'e und so, ja? Das, ich find' das schon,
    daß das dazugehört.

30. Naja, wie fand' ich das Interview? Ja, die Fragen sind halt bezogen auf
    so, was man bei den Pfadfindern macht, also, du hast jetzt nich' so ge-
    fragt genau, em, ja, wann hab' ich 'ne Operation gehabt, und des war mir
    auch klar, daß des nich' kommt, ja? Und ich meine, das hätt', damit
    hätt'st du relativ nichts an... also hätt'st wenig anfangen können, ja?
    Aber so, em, die Fragen, das war eigentlich so mein erstes Interview, das
    über di-dieses dieses Thema über die Themen da so behandelt wird, ja?
    Hab' ich noch eigentlich noch kein's drüber geführt. (Hat dir das Spaß
    gemacht?) Em, ja, des war eigentlich mal'n neues Erlebnis, ja? So, wenn
    man gefragt wird über persönliche Dinge, ja? Mich freut halt, daß du da-
    mit arbeiten kannst, ich hoff's auf alle Fälle, ja, und ja, daß es dir
    halt weiterhilft.

Nachgespräch:
    (Du hast das mit der katholischen Jugendgruppe gesagt...) Des war während
    den Pfadfindern noch, aber des war mehr 'ne, des war mehr eine Gemein-
    schaft, die, em ja, vielleicht nich', eh, so christlich, also das das
    Christliche, em, nich' genommen hat, ja auch kirchlich. Und wir war'n
    halt oft im Schwimmbad und, em, ja, was ha'mer noch gemacht? Wir ham 'n
    Raum renoviert, wir ham oft diskutiert über Probleme, die jeder Einzelne
    so hat un' (...unv) Drogenprobleme und Wunder und so Sachen, ob's noch
    Wunder gibt, ja? Über so Sachen ham wir dann halt mehr gesprochen. Aber

so wie bei'n Pfadfindern is' es nich', ja? Es war ganz anders. Wir ha'm
uns nur jeden Freitag, so jeden zweiten Freitag da getroffen un' ha'm
halt mehr, des war mehr so'n so'n Kaffeeklatsch, ja, mit Tee und so.

Interview F

1. 16 Jahre.

2. Seit dem 13. Lebensjahr; als Gruppenführer seit dem 15. Lebensjahr.

3. Nein.

4. Daß wir versuchen, gemeinsam Sachen zu unternehmen, egal was wir anfangen.

5. Wir tun unser Bestes, aber ich würd's subjektiv wohl schon so bezeichnen.

6. Daß wir versuchen, uns mi'm Evangelium zu beschäftigen und daraus auch zu
   lernen, und daß wir auch immer den Versuch machen, ob's gelingt is' eben
   'ne andere Frage, als christliche Gemeinschaft zusammenzuleben, wenn wir
   zusammenleben, also sowohl in Stunden als auch auf Fahrt oder so. (Em,
   kannst'e mal sagen, wie das Beschäftigen mit'm Evangelium aussieht in der
   Gruppe?) Meistens konkret so, daß wir Bibelarbeiten machen, Losungen, Gebete, also das, wobei 'ne Bibelarbeit vielleicht noch eher aus'm Rahmen
   fällt als 'ne Losung oder 'n Gebet, die einfach schon im alltäglichen Ta-
   gesablauf, jetzt konkret auf Fahrt eben, integriert sin', während 'ne Bibelarbeit dann schon ne'n bißchen ausführlichere Sache is', wo wir dann
   bißchen konkreter auch in Form eben von Dialog auf Sachen eingehen und
   des wir neuerdings im Stamm (Zusammenschluß mehrerer Pfadfindergruppen;
   Anm. W.B.) auch'n Bibelkreis ha'm, den ich selbst halt regelmäßig besuch'
   und der dann wöchentlich eben die Möglichkeit gibt, sich mal 'n paar
   Stunden lang mit 'ner bestimmten Thematik konkret zu befassen.

7. Ja.

8. So konkret eigentlich letztes Jahr, früher eigentllich nur, wenn ich,
   wenn mich irgendwas besonders gefesselt hat oder so, daß ich was nachar-
   beiten wollte oder aus Spaß an der Freud', oder daß ich tatsächlich ma'
   sagen wollte, ich hab' jetzt dies und jenes durchgelesen und kann wenigstens ganz grob da mitreden und sagen, was drin steht. Aber aus aus dem
   wirklich, also von mir aus von meinem jetzigen Standpunkt aus betrach-
   teten richtigen Interesse heraus eigentlich erst letztes Jahr. (Als du
   die Gruppe bekommen hast?) Nee, vielleicht schon 'n bißchen früher, angeregt auch so durch Sommerlager und so, vielleicht sogar noch 'n bißchen früher, daß ich bißchen intensiver erlebt hab', was ich mir unter
   'ner christlichen Gemeinschaft vorgestellt hab' und dann die Bibel als
   Bedingung dafür auch anerkannt hab' und mich infolge dessen damit auch
   auseinandersetzen mußte.

9. Ich würde ihm ein Evangelium aus'm Neuen Testament empfehlen, wahrscheinlich 'n bißchen was auszugsweise aus Moses für das Alte Testament,
   möglicherweise des Buch Hiob und vielleicht den Römerbrief.

10. Im Alten Testament von der Geschichte des Volkes Israel un' im Neuen von
    Jesus Christus und seinem Leben, beziehungsweise hauptsächlich in Aus-
    zügen von seinem Leben, von 30 Jahren nich' so konkret, und von der Ver-
    breitung des christlichen Glaubens, die ersten 50 Jahre nach sei'm Tod.
    Desweiteren halt darin enthalten von mehr oder weniger konkreten Lebens-
    regeln auch noch für uns. Ja, des war's eigentlich.

11. Wahrscheinlich am besten, indem man versucht, 'ne möglichst objektive
    Grundhaltung einzunehmen, unvoreingenommen an die Sache 'rangeht, aber
    andererseits auch bereit is', Dinge zu akzeptieren, die nich' beweisbar
    sind, oder auf jeden Fall auf wissenschaftlichem Wege nich' beweisbar
    sind, un' bereit is', zu vertrauen auf des, was gesagt wird, in der
    Hoffnung, das das stimmt.

12. Indem man verschieden zu deutende Stellen gegeneinander auslegt, immer
    'ne möglichst großzügige Auslegung für sich selbst, indem man also gegen
    sich selbst auch nich' ma' hart is', wenn man sagt: "Ich hab' hier was
    falsch gemacht und des steht auch so in der Bibel, daß ich's nich' tun
    soll" oder indem man versucht, einfach Sachen für sich nich' zu akzep-
    tieren, die drinstehen, bzw. bewußt dagegenhandelt, und wenn man eben
    nich' mit Überzeugung an die Sache 'rangeht, sondern nur versucht, das
    zu tun, was konkret dasteht un' nich' mitdenkt, nich' weiterdenkt auf
    unsere Zeit oder überhaupt von von vorgedachten Beispielen aus auf das,
    was es für mich bedeuten kann. Des des kann eben, also, der letzte Fall
    kann zu 'nem Falschverstehen führ'n, es muß nich' unbedingt sein, glaub'
    ich, aber wenn mer nich' weiß, wie man die Bibel für sich richtig aus-
    legt, dann glaub' ich schon, daß es relativ schnell geschehen is', daß
    man sie falsch versteht.

13. Ich find's insofern nich' korrekt, als daß ich bei 'n wenigsten Politi-
    kern oder politischen Richtungen feststellen kann, daß da wirklich kon-
    kret versucht wird, nach christlichen Grundsätzen zu handeln. Wenn diese
    Grundsätze vorkommen, dann werden die als moralischer, ethischer, sozi-
    aler oder was weiß ich für einer Natur bezeichnet, un' halt's höchstens
    für richtig, wenn sich wirklich, nehm'n wir mal an, die Friedensbewegung
    in ihr'm Teil, der hauptsächlich mit der Kirche zu tun hat, auf diese
    Bibelzitate beruft. Wenn also die Kirche als politischer Faktor bei-
    spielsweise sich konkret auf die Bibel berufen würde, hielt' ich das für
    korrekt.

14. Ich könnt' es mir sicher vorstellen, aber ich glaub' nich', daß ich Po-
    litiker werden würde. Ich nehme an, der Gewissenszwiespalt würde wahr-
    scheinlich recht groß sein zwischen dem, was ich versuche für mein Le-
    ben anzunehmen und dem, was ich versuche dann Andern, naja, in gewisser
    Hinsicht zu predigen.

15. Kann ich noch nich' sagen. Vielleicht würd' ich gerne irgendwas in Hin-
    sicht auf Kirche machen, aber ich kann's mir im Moment tatsächlich noch
    nich' vorstellen.

16. Ich würd' wahrscheinlich versuchen zu lernen in jeder Hinsicht, zu er-
    fahren, wie die Welt is', was die Menschen sind, ich würd' mich wahr-
    scheinlich auch mit meinem Glauben beschäftigen, ich würd' versuchen,
    mich irgendwie zu bereichern, nehm' ich an; abgesehen davon, daß ich
    vielleicht einigen Vergnügungen nachgehen würde, nich' unter den Zwäng-
    en des Alltags so gefangen zu sein. Die Vorstellung ist etwas schwierig,
    weil abstrakt, ein Jahr Zeit.

17. Unterschiedlich. Ich kann mir durchaus vorstellen, daß meine Eltern Ver-
    ständnis dafür aufbringen würden, daß ich mich, so erst mal in theoreti-
    scher Hinsicht, mit vielen Dingen beschäftigen würde. Andererseits kann
    ich mir auch unschwer vorstellen, daß da Bedenken aufkommen würden, ob
    ich mich da in die richtige Richtung engagiere, un' ob die Vorstellung-
    en, die ich da hab', nich' etwas kollidieren mit den Werten und Normen,

die sich meine Eltern da setzen. (Kollidieren die öfters miteinander?)
Em ja, gelegentlich, also öfters speziell so in Hinsicht auf Pfadfinder
und so gibt es ab und zu schon mal Ärger. Weil meine Eltern in dieser
Hinsicht, also konkret gesagt, mein Vater, ja etwas andere Vorstellungen
von meinem Engagement in der Richtung haben, und darum geraten wir halt
gelegentlich aneinander wenn ich versuche, möglichst viel zu machen und
alles, was ich mach', dann auch möglichst noch richtig und weil es in
meinem persönlichen Bereich halt ab und zu auch aneinandergerät mit so
Kleinigkeiten wie Schule und so, obwohl ich da bisher, muß ich eigentlich sagen, mei'm Vater immer noch entgegenhalten konnte, daß sich da
eigentlich nichts Negatives getan hat. Also des is' eins meiner wenigen
Argumente, daß ich in der Schule noch gut bin, obwohl ich mir in meiner
Freizeit viel Mühe geb', was Sinnvolles zu tun. Und meine Eltern, das
heißt, wie gesagt, konkret mein Vater, zweifeln da eben oft an, auch anhand meines eigenen Verhaltens, ob das, was ich halt vor 'ner Gruppe
oder so verkünden muß, auch für mich so gültig wär' und so. Für mich is'
es halt meistens etwas schwierig, da zu sagen: "Natürlich is' es für
mich alles klar". Em, ich seh's auch so, daß ich immer noch am Lernen
bin und daß ich lang nich' das, was ich versuche Andern nahezulegen,
alles selbst beherrsche, nur muß muß ich das, glaub' ich, auf mich nehmen, weil ich, wie jeder Andere, irgendwo auf'm Weg bin un' des Ziel
wahrscheinlich noch in etwas unerreichbarer Ferne liegt, deswegen ich
auch bei weitem nicht perfekt bin und diese Perfektion eben immer wieder
zusammenstößt mit der Zielvorstellung, die man eben hat von einem
christlich lebenden Menschen. Und da is' es natürlich für mich nich'
immer leicht, den Vorwurf einzustecken, was weiß ich: "Du tust ja garnicht, was du selber sagst", weil ich mir eben, wie ich's so sehe, schon
'n bißchen Mühe geb', aber auch selber seh', daß es nich' immer machbar
is'. Und in der Hinsicht sind halt da Meinungsverschiedenheiten fast un-
vermeidbar.

18. (Versteh'n dich deine besten Freunde?) Meine besten Freunde sind haupt-
19. sächlich die Leute, mit denen ich mich darüber auseinandersetzen kann,
un' ich kenn' halt Leute, die, nun ja, nich' sich so konkret in dieser
Richtung, wie ich, engagieren, die aber zum Beispiel hinsichtlich Eltern
oder so natürlich ähnliche Probleme haben, weil die auch in, die meisten
auf jeden Fall, in irgendeine Richtung ihr Engagement lenken und das naturgemäß zeitauf..., dafür naturgemäß Zeit aufwenden müssen und dem entsprechend auch mit ihr'n Eltern etwas Ärger kriegen, ähnliche Probleme
wie ich ha'm, aber man kann bzw. ich kann mit meinen Freunden eigentlich
über die Sache, sei es nun, daß es irgendwas mit Christentum zu tun hat,
oder daß wir uns über Polit-Religionen oder so unterhalten, eigentlich
sehr gut verständigen. Auf jeden Fall in den meisten Fällen besser als
meine Eltern, ich mit meinen Eltern, weil wir von unser'n Grundanschau-
ungen vielleicht noch in 'ne ähnliche Richtung gehen, während bei mir
und meinen Eltern dann doch eindeutig sowas zu erkennen ist wie Generationenkonflikt.

20. Hm, ja sicher, Angst eben hauptsächlich so in der Hinsicht auf Unsicherheit und Befürchtung von negativen Folgen irgendwelcher Handlungsweisen,
die ich dann eingeschlagen hab' oder so. Aber ich glaub' schon, daß ich
sicher mal Angst gehabt hab'. (Kannst du dich an irgend 'ne Situation
erinnern?) Ja, also das ka'mer wieder zurückführen, eben auch so Diffe-
renzen mit Eltern oder so, daß die also irgendwann mal wirklich hart zuschlagen und da 'n Riegel vorschieben, des is' teilweise halt 'ne Dauer-

befürchtung, aber manchmal, in manchen Situationen spitzt sich des zu.
(Hart zuschlagen im übertragenen Sinn?) Ja, allerdings. <lacht> So, daß
mir eben dann wichtige Tätigkeitsbereiche, bzw. einfach Punkte, die ich
für mein Leben als wichtig erkannt hab' oder erkannt zu haben glaube, mir
unzugänglich gemacht werden und damit eigentlich 'ne Verarmung irgendwie
eintreten könnte. Des liegt wohl eben daran, daß manche Leute über über
mein Leben doch noch 'ne gewisse Macht haben, was sich wieder konkret in
dem Wort "Eltern" ausdrückt. Ja, des wär' halt 'ne Situation, um um die
jetzt konkret darzustellen, müßt' man eigentlich mehrere Einzelfälle dann
so aufzählen, wo ich einfach nur, was weiß ich, ach aus der Sicht meiner
Eltern 'raus mit den Pfadfindern beispielsweise die Sache wieder irgendwie übertrieben hab' un' un' sie dann ärgerlich waren, aber des wär'
schon 'ne Befürchtung, die ich hab', die man als Angst bezeichnen könnte.

21. Ja, ich denke schon. Speziell halt in meinem Freundeskreis kann ich mich
durchaus eben wegen dieser Ähnlichkeit der Problematiken durchaus dadrüber austauschen. Wobei, um 'ne Lösungsmöglichkeit zu finden, eigentlich
auch das Gespräch mit dem Verursacher dieser Angst, in diesem Fall eben
wieder meinen Eltern, eigentlich kaum zu vermeiden is', nur daß des meistens nicht ganz so angenehm is' wie die Analyse der Problematik im klei-
neren Kreis von Gleichgesinnten. (Und die Freunde sind vor allem Pfadfinder?) Teilweise, obwohl ich da sagen muß, das bewegt sich auch so im
Bereich meiner Schule bzw. meiner Klasse, zum Beispiel auch jemand, mit
dem ich mich immer sehr intensiv auseinandersetzen kann, is' pfadfin-
derisch so 'ne Halbkarteileiche, hat also mit mir viel zusammen gemacht,
engagiert sich auch in ähnlicher Richtung wie ich, in 'em andern Verband,
hat also manchmal die selben Probleme wie ich, auch speziell so, wenn's
darum geht, in'er Gruppe irgendwas zu machen, hat in dieser Hinsicht also
auch ähnliche Erfahrungsbereiche wie ich, ja <lacht> wir versuchen halt,
was immer ganz lustig ist, uns gegenseitig wieder an Land zu ziehen
(...unv) ihn zu'n Pfadfindern zu bekehren ... (Unterbrechung) Obwohl ich
mich beispielsweise auch, ich mach' die Meute (Gruppe der jüngeren Pfadfinder; Anm. W.B.) ja nich' allein, mit meinem Kollegen da auseinander-
setz', weil wir eben sehr viel un' recht intensiv zusammen zu arbeiten
ha'm un' unsere Vorstellungen eigentlich in jeder Hinsicht auch immer
wieder zu koordinieren ha'm, weil unsere Ansichten bezüglich verschiedener Themenbereiche halt ab und zu auseinandergehen, obwohl wir uns ziemlich gut verstehen, ja man kann eigentlich sagen, wir sind recht gut be-
freundet, sin' wir eben meistens gezwungen, uns da über viele Sachen aus-
zutauschen, was dann auch in den privaten Bereich durchaus reingeht, un'
so aussieht, daß wir dann halt versuchen, uns auch irgendwie zu helfen,
wenn da was los ist, bzw. wenigstens, wie ich schon gesagt hab', des Problem zu analysieren und nach 'ner Lösung zu suchen. Überhaupt ka'mer natürlich sagen, bzw. gar nicht natürlich, aber man kann sagen, daß bei uns
in der Sippe des nich' so aussieht, daß die Sippe eine große Gemeinschaft
is', jetzt auf die Scoutgruppe (Gruppe der Älteren innerhalb der Pfadfin-
dersippe; Anm. W.B.), die ich als Hauptkern der Sippe doch ansehe, bezogen, sondern daß sich da ja, ja zum einen mehrere kleine Gruppen von auch
privaten Freunden drin wiederfinden, andererseits aber doch jeder den Andern inzwischen auch aus mehrjähriger Erfahrung so gut kennt, daß er sich
mit dem unterhalten kann und daß da keine massiven Antipathien auftreten,
wie ich's auf jeden Fall beobachte, daß es aber auch nich' so aussieht,
daß jeder so ganz ungezwungen auf den Ander'n zutreten kann un' sagt:
"Hier, ich hab'n echt 'n ernstes Problem, könn'wer darüber ma' reden?"

oder so. Also, daß dieser Zustand einfach bei uns noch nich' so erreicht
is' un' wahrscheinlich, aus meiner Sicht, auch noch'n bißchen schwieriger
zu erreichen wird, weil von der Natur unserer Pfadfinderarbeit 's eben
ausgeht, des wir nich' so schnell zu 'ner, oder unter den gegebenen Bedingungen nich' so schnell zu 'ner ganz festen Gemeinschaft zusammenwach-
sen, weil wir ja auch öfters relativ große Gruppen ha'm im Vergleich zu
vielleicht ander'n Möglichkeiten der Jugendarbeit. Wenn mer sich also
beispielsweise ma' unsere Sippe ansieht mit 20 Leuten in der Scoutgruppe,
ka'mer eben zum einen nich' immer geschlossen unterwegs sein, wenn's beispielsweise um Fahrten oder Ähnliches geht, un' dann is' mer eben immer
mit ander'n Leuten zusammen un' je mehr man um sich rum hat, desto weniger lernt man ja den Einzelnen kennen und da is' es wahrscheinlich noch
nich' so weit, daß wir uns da so bedingungslos einander anvertrauen können.

22. Soll ich das jetzt in 'ne bestimmte Richtung beziehen oder allgemein für
mein Leben? (Ja, allgemein.) Hm ja, also 'ne Sache, die ich mir wünschen
würde oder auf die ich hoffe, is' für mich selber eben sehr stark sowas
wie Erkenntnis, Selbsterkenntnis vielleicht auch, daß ich also richtig
verstehen kann, was zum Beispiel Glauben bedeutet, daß ich sehen kann,
wie ich zum Beispiel in 'ner Gruppe leb', daß ich seh'n kann, wo bei ander'n Menschen Probleme auftauchen, wo ich helfen kann und daß ich dann
auch wirklich über meine eigene Dekadenz, bzw. meinen eigenen Schatten
spring' und versuch', des dann auch zu tun, so gut wie ich kann. Em ja,
ich hoff' vielleicht auch in Hinsicht auf unsere Gruppe, wie ich des eben
schon erwähnt hab', daß da 'mal 'ne uneingeschränkt gute Sache draus werden kann. Obwohl mer des im Moment auch nich' so als negativ abstempeln
sollte, des halt' ich für'n Gerücht, ja? Nur, daß da eben noch viele Ver-
besserungen kommen können, daß ich da vielleicht auch mich selbst ma'n
bißchen mit einbringen könnte. Hm, worauf hoff' ich? Naja, in zweiter,
oder vielleicht, je nachdem, des ka'mer nich' sagen, auch erster Linie,
des ich in so Sachen wie Schule oder Beruf vielleicht mal Erfolg ha'm
werde, aber des sin' eigentlich nich' die Dinge, auf die ich am meisten
hoffe. Ich würd' sagen, des des sin' halt so Sachen, die einem das Leben
durchaus leicht machen können, aber die aus meiner momentanen Sicht heraus auf jeden Fall nich' der ganze Sinn sind, deswegen wär's auch keine
Vorbedingung für mein glückliches Leben, Erfolg in was weiß ich welcher
Hinsicht zu ha'm. Sondern ich glaub', wenn man'n wirklich gutes Verhältnis zum Glauben hat, das eben so Punkte, wie ich die eben genannt hab',
mit einschließt, daß mer dann auch eben sehr gut 'n glückliches oder er-
fülltes Leben führ'n kann ohne daß man was weiß ich, im materiellen Wohl-
stand lebt oder so. Darum hoff' ich eben hauptsächlich, oder ich, ich
glaube oder hoffe, je nachdem, wie man's definieren will, daß das, woran
ich mir vorgenommen hab', zu glauben, wirklich stimmt und für mich gelten
wird. Des hat also doch schon konkret was mit Religion oder Christentum
zu tun.

23. Is' schwierig zu sagen. Aus meiner momentanen Sicht her sehe ich eine
meiner wichtigen Aufgaben möglicherweise in sowas wie Mission. 's aber
nur begrenzt un' mit Vorsicht zu genießen. Ich glaub', daß sich da meine
Ansichten auch durchaus noch ändern können oder vielleicht sogar mehrmals
ändern werden. Aber ich glaub' nich', daß ich ein Ding irgendwie fertig-
bringe und dann sag': "Jetzt bin ich fertig, jetzt darf ich sterben",
sondern, daß ich eigentlich immer irgendwie unterwegs sein müßte un' mit
kleinen Schritten zu 'nem Ziel zu kommen versuch', das ich selber wahr-

scheinlich eh' nie ganz erreichen werde, die mir aber doch des Erfolgs-
erlebnis geben, was geschafft zu haben. Wenn ich mir also zum Beispiel
vorstell', in Hinsicht auf Mission, daß ich, wie ich's konkret in 'ner
Gruppe eben auch bei'n Pfadfindern versuche, Menschen zum Glauben hin-
zuführ'n. Ich kann allerdings tatsächlich nich' sagen, ob des die Sache
wär', die mein Leben ausfüllen sollte. Aber ich könnt' mir vorstellen,
des das 'en sehr wichtiger Punkt wär', auf jeden Fall aus meiner jetzigen Anschauung heraus, und die ich auch eigentlich auch für ziemlich richtig halte. Ja doch, des wär's so in der Richtung.

24. Nicht unbedingt. Kann ich auch etwas schwerlich sagen, weil ich mir in
der Hinsicht nur sehr blasse Vorstellungen von meinem Leben gemacht hab'.
Ich glaub', des is' 'ne Sache, die man sich sehr stark überlegen muß,
wenn man in die Situation kommt, sich da zu entscheiden, ob man des mit
seinem Gewissen vereinbaren kann, ob man sich diese Aufgabe zutraut, und
ich glaub', aus meiner momentanen Situation würd' ich sagen, is' es eben
nich' ganz einfach zu entscheiden, ob ich mir sowas zutrauen würde, weil
darin auch 'ne gewisse Verantwortung liegt, die ja dann auch zu 'nem gros-
sen Teil auf mir lasten würde, wo ich aber nich' so einfach 'raustreten
kann aus dieser Verantwortung, sondern die ich mit 'ner einmaligen Entscheidung für 'ne ziemlich lange Zeit auf mich nehm'.

25. Ja, 'n bißchen. Also ich glaub', Kinder zu erziehen is' 'ne Sache, die man
eigentlich ununterbrochen mit seinem Gewissen oder mit seinen Idealvor-
stellungen abstimmen muß; oder mit dem Bewußtsein, daß man dafür verantwortlich is', was aus diesem Kind ma' wird, oder auf jeden Fall zu 'nem
großen Teil verantwortlich. Zum Beispiel könnt' ich mir nich' vorstellen,
'n Kind so autoritär zu erziehen, daß es keine Eigenverantwortung entwickeln kann, oder auf ewigen Gehorsam zu trimmen, sondern ich würde
wahrscheinlich, wenn ich diese Aufgabe hätte, versuchen, dem Kind möglichst viele Möglichkeiten offenzulassen, auf der ander'n Seite aber auch
wieder so zu helfen, daß es 'ne gute Chance hat, aus sei'm Leben was zu
machen. Ich will wahrscheinlich auch in Hinsicht auf Religion des Kind
zu nichts zwingen, ihm aber insofern doch 'ne Chance vermitteln, als daß
es beispielsweise des Christentum mal gründlich kennenlernen sollte. Ich
würde also wahrscheinlich versuchen, je älter des Kind is', um so mehr
seine eigene Entscheidungsfreiheit zu respektier'n, weil ich die ja für
mich auch immer in Anspruch nehmen will un' in Zukunft auch immer mehr,
würd' ich die auch jedem Ander'n versuchen zuzugestehen und folglich
auch meinem Kind. Wie des nun aussehen würde in Einzelfragen, muß mer
dann eben bei so 'ner Frage klär'n. Aber ich müßte wahrscheinlich immer
versuchen, eben diese Erziehungsarbeit abzustimmen mit dem, was ich für
richtig halte, un' mit dem, was mir mein Gewissen vorschreibt zu tun
oder zu lassen, und dem, was ich glaube für das Kind tun zu müssen, bzw.
in sei'm Interesse nicht zu tun.

26. Hm, muß ich sagen, des hält sich eigentlich in vergleichsweise eng ge-
steckten Grenzen; bei den meisten Bibelarbeiten, an denen ich teilge-
nommen hab', wurde die Bibel eben noch, nja, sagen wir ma', vergleichsweise abstrakt behandelt, so daß zwar vielleicht diese oder jene Lebens-
regel oder, ja, Aufforderung, oder jenes Gebot, sagen wir ma', an mich
dabei 'rausgearbeitet wurde, auch in seiner Bedeutung für mein Leben,
aber nich' so, daß auf Einzelfragen tatsächlich, sagen wir mal in Hinsicht auf Eltern, so eingegangen wurde, daß mir gesagt worden is' oder
daß ich mit 'ner Gruppe erarbeitet hätte, wie ich mich da verhalten

soll, wenn dieses oder jenes. Sondern nur als Basis eben die Grundregel
"So sollst du dich verhalten, so will des Gott von dir", und dann der
Rest in meine eigene Entscheidung gestellt, meines Erachtens manchmal etwas zu sehr. Ich glaub', viele Bibelarbeiten hätten mir, speziell als
ich noch 'n bißchen jünger war als ich jetzt bin, mehr geholfen, wenn ich
konkrete Sachen gehabt hätte, an denen ich (...unv) hätte aufhängen können, wenn ich gesagt hätte: "Nein, des darf ich jetzt nich' tun, wir ha'm
des wirklich für diese Situation erarbeitet" und des is' besser, wenn ich
diesen Konflikt eben ohne 'ne Auseinandersetzung, sondern durch meinetwegen 'ne Unterhaltung über die Thematik löse, einfach meinetwegen um der
Gesundheit meiner Eltern willen, um des jetzt noch ma' auf auf des El-
ternbeispiel zurückzubringen, oder weil, beispielsweise weil Gott will,
daß ich mit meinen Eltern vorsichtig umspringe, weil ich ihnen viel zu
verdanken hab', sowas in der Richtung, daß ich da manchmal was Konkrete-
res gehabt hätte, wo ich mir hätte erklären können "Warum soll ich das
so tun?" und "Wie soll ich's im Einzelfall tun?", das ich dann immer noch
auf den ganz speziellen Fall hätte ausbauen und erweitern können; daß ich
aber schon eben so Sachen gehabt hätte, an denen ich mich mehr oder weniger festhalten hätte können. Jetzt kann ich mich halt mit so 'ner Bibelarbeit in der Richtung mehr anfreunden, weil ich, meiner Ansicht nach,
mehr gelernt hab' weiterzudenken, die Sachen für mich wirklich auszulegen, des mit meinem Gewissen auszumachen, ob diese Auslegung so richtig
is', und dann versuchen, danach zu leben und zu handeln. Aber früher wär's
für mich eben viel leichter gewesen, wenn ich einige Sachen gehabt hätte,
die ich so unbewußter fast schon in meinen, in meinen Verhaltensweisen
mit hätte einfließen lassen können, über die ich dann gar nich' mehr so
viel nachdenken hätte müssen, sondern die ich mir mal erarbeitet hätte,
als richtig anerkannt, vielleicht irgendwann überprüft, ob des mit meiner
Einstellung noch übereinstimmt und dann, ja daß ich sie dann eben gelebt
hätte oder auf jeden Fall den Versuch gemacht hätte.

27. Also in'er großen Gruppe is' es etwas schwierig we'man in 'ner Bibelarbeit, obwohl wir uns da eigentlich immer versuchen eben in so große Gruppen zu finden, daß man derartige Aktionen auch durchführen kann. Es is'
immer etwas schwierig, sich so von innen nach außen zu wenden un' dann so
mehr oder weniger frei zu erzählen. Aber wenn wir in relativ kleinem
Kreis an so 'ne Problematik kommen, dann ka'mer dadrüber eigentlich schon
sprechen un' kann auch versuchen, da 'ne Lösung zu finden. Wenn sich das
eben so als Problemstellung für 'nen Einzelnen präsentiert oder wenn
sich's als, ja, mehr oder weniger vorgegebene Problematik, mit dem sich
dann Einzelfälle eher in Deckung bringen lassen, uns aufgibt als Diskus-
sionsmöglichkeit oder Diskussionsbasis.

28. Meinst'e jetzt des Reinbringen von privaten Problemen, um's mal so zu bezeichnen? (Zustimmend: Hm.) Ich glaub', es kann nich' der, der Hauptin-
halt von 'ner Bibelarbeit sein, weil die dann eben zu sehr auf diese Einzelfälle beschränkt bliebe, weil's in manchen Situationen schwierig wär',
zu übertragen. Aber ich glaub', es muß in 'ne Bibelarbeit rein, wie ich
vorhin schon gesagt hab'. Eben bei den Jüngeren um so mehr, daß sie lernen, von 'nem abstrakteren Sachverhalt auf ihr eigenes Leben Schlüsse zu
ziehen. Darum glaub' ich, muß in 'ne Bibelarwei...brau't, schwieriges
Wort, ne, muß in 'ne Bibelarbeit rein, wie 'n Einzelner mit dieser Sache
fertiggeworden is', auch wenn er selbst da die Sache erst vorträgt un'
bei der Sache erst 'ne Lösung erarbeitet wird. Weil man dann, glaub' ich
auch, besser den Sinn erfaßt von der Sache, die man grad' gemacht hat

un' merkt, da ha'm wir vielleicht geholfen oder so un' es hat sich was
gebessert, also kann des bei mir auch helfen, daß des einfach den Glauben
verstärkt. Andererseits sollte halt auch 'n gewisser Grad an Abstraktion
gewahrt bleiben, damit man wirklich Sachen auch auf verschiedene, also
Bibelaussagen beispielsweise, auf verschiedene Problemgruppen umlegen
kann un' daß man sich eben nich' so spezialisiert: "Für den Fall gilt
Spruch sieben". Also ich glaub', daß in der Hinsicht eben 'ne Bibelarbeit oder irgendwie 'ne Beschäftigung mit der Bibel, ob se nun mit in den
Bibelarbeitsrahmen fällt, is' relativ egal, 'n Mittelweg sein muß zwischen allgemeinen Essenzen, die man da ziehen kann, und konkreten Anwei-
sungen, die man überprüfen und dann vielleicht auch akzeptieren sollte.
Ja, das war's eigentlich.

30. Hm, naja, 's war'n halt viele, oder sagen wir mal nich' viele, aber doch
'ne beträchtliche Zahl an Fragen drin, auf die ich mich gern 'n bißchen
vorbereitet hätte, indem ich mir zur Sache überlegt hätte, wie ich des
anseh'. Manche Sachen hatt' ich mir, so wie du se mir als Frage gestellt
hast, eigentlich noch nie richtig durchüberlegt. Zu anderen hatt' ich
eigentlich 'ne eher klare Einstellung un' ich glaub', des hat mir vielleicht sogar 'n bißchen geholfen. Ich hab' mir, also mir is' aufgefallen,
daß ich eben zu einigen Sachen mir noch 'n Standpunkt erarbeiten muß, daß
ich da Standpunkte überprüfen, erneuern, verändern muß und daß des halt
Fragen sin', die mer ja nich' nur an sich selbst stellen kann oder soll,
sondern die mer durchaus auch in 'ner passenden Diskussion oder Unterhaltung mit Andern auch verwerten kann; die ei'm vielleicht sogar 'n bißchen Aufschluß über sich oder den andern geben können, was wohl auch dein
Ziel und Zweck gewesen is'.

Interview G

1. 15 Jahre.

2. Seit dem 10. Lebensjahr; als Gruppenleiter seit dem 15. Lebensjahr.

3. Christliche Gruppe, ja, in der Gemeinde war ziemlich viel los, deshalb
bin ich auch auf Pfadfinder gekommen, durch den Pfarrer X, der is' leider
weggezogen, da war immer Posaunenchor und, eh, Kindergottesdienst (...unv)
ziemlich stark engagiert ... da war ich immer dabei, das hat mir viel
Spaß gemacht ... das war in der 2. oder 3. Klasse, weil wir'n auch immer
in Religion gehabt haben, da hat er auch immer seine Gitarre mitgebracht.
Und da hat's eigentlich ziemlich viel Spaß gemacht, da kamen nachher noch
em, wenn wir große Pause hatten, da kamen noch die Katholischen rüber,
ha'm dann auch noch mitgesungen, ja. Das war eigentlich so der Pfarrer da
in der Zeit ... (Und seitdem praktisch durchgehend bis heute immer in irgend'ner Form in 'ner christlichen Gruppe?) Ja.

4. Das Wichtigste, das Wichtigste find' ich immer die Fahrten am Wochenende,
weil da immer noch am meisten läuft. Also auch, da wird die Gemeinschaft
gefördert, macht der Verein auch ziemlich viel Spaß.

5. Also vom Namen her schon, em, is' die Frage, ob es nicht manchmal so
ziemlich vernachlässigt wird. Also in, in der Meute (Gruppe der Jüngeren;
Anm. W.B.) ist es immer noch so 'ne feste Regel, daß man am Anfang immer
'n Ausklang macht, eh, am Ende 'n Ausklang macht, aber in der Scoutrunde
(Gruppe der Älteren; Anm. W.B.) da geht des vielleicht manchmal unter, da

wird des nur so auf Fahrten gemacht, ne? So als Losungsausgaben ...

6. Das, em, Christliche, würd' ich sagen, ist erst mal der, eh, Zusammenhalt, em, des eh, des alle ein Ziel haben, nämlich, em, sich mit dem Glauben zu beschäftigen und zu befassen und, em, (...unv) ist halt auch daran, daß man das so in Form von Bibelarbeiten oder in'n Gottesdienst gehen, em, auch ausdrückt. (Und gilt das auch für eure Gruppe?) Ja. (Also ich meine, em, würdest du eure Gruppe demnach auch als christlich bezeichnen?) Ja.

7. Ja.

8. Em, des war eigentlich, seitdem ich die "Gute Nachricht" (eine moderne Bibelübersetzung; Anm. W.B.) bekommen hab', weil, früher hat mich die Bibel ziemlich abgeschreckt, weil, em, des im alten Deutsch war und da hab' ich eigentlich immer äußerst wenig verstanden. Oder früher, des war, em, halt mit'm Pfarrer X., da ha'm wir uns auch viel damit beschäftigt, da hab' ich auch noch so 'ne Kinderbibel gehabt, da war'n, eh, die Geschichten halt genau erklärt und auch leichter zu schließen, hat schon Spaß gemacht, aber nachher hatt' ich immer so 'ne Bibel (unv...) halt ganz normale Bibel, wo das halt so im alten Deutsch gestanden hat, da hab' ich eigentlich ziemlich schnell die Lust verloren. Und mit der "Guten Nachricht" des war vielleicht, ja, seit ich in die Pfadfinder komme (...unv)

9. Ja, die Evangelien, also Matthäus, Markus, Lukas, Johannes. Oder, oder auch nur eins. Aber des sind halt die Wichtigsten, weil da halt die Werke und, em, Taten von Jesus Christus behandelt werden (...unv) auf dem halt, eh, unser Glaube auch basiert.

10. Die ganze Bibel, Altes und Neues Testament? (Ja.) Ja, im, im Alten Testament, da werden halt, em, ziemlich viel Geschichten erzählt und, eh, Voraussagen und, eh, im Neuen Testament, da sind halt auch die Briefe, wo halt, eh, das Vorangegangene ausgelegt worden ist, ausgelegen worden, ausgelegt wird.

11. Ja, eh, die Bibel, die kann man eigentlich nur, nur verstehen, wenn man mit Anderen auch darüber spricht. Denn wenn man die Bibel so allein liest, hab' ich auch gemerkt, da sind unheimlich viele Fragen und Widersprüche, ja? Und die ka'mer, glaub' ich, gar nich', em, alleine lösen.

12. Hm, wie man die falsch versteht, eh, naja ich denk' da an's, eh, Mittelalter, als die ganzen Glaubenskriege geführt worden sind. Und da ha'm sich die ja das Recht eigentlich genommen, so die Bibel, eh, so auszulegen, daß man Andere halt mehr oder weniger mit Gewalt bekehren soll.

13. Ich hab' es eigentlich noch nicht gehört.

14. Nee, ich glaube nich'.

15. Traumberuf. Hab' ich eigentlich jetzt noch gar keine Vorstellung.

16. Em, 's 'ne schwierige Frage. Also ich würd' mich erst mal viel mehr der Sippe widmen, weil da, em, die Schule sonst immer da dazwischenfunkt, wenn man sich etwa für irgend 'ne Arbeit vorbereiten muß, und die Pfadfinderschaft mir eigentlich, eh, ja, <lacht> mehr Spaß macht als die Schule zur Zeit, obwohl die Schule halt auch wichtig ist. Aber wenn man nur ein Jahr Zeit hätte, da würd' ich mich halt viel mehr auf die Pfadfinder konzentrier'n.

17. Ja.

18. Ja, sicher <lacht>, die, eh, die brauchen überhaupt nicht so viel zu verstehen, ja also, em, ich seh' sie in der Schule, aber nachmittags so
treffen, ist eigentlich nie so. (unv...) habe ich meistens nie Zeit, weil
immer was Anderes ist. (Zum Beispiel?) Ja, em, Musik und Pfadfinder und
bei'n Pfadfindern hab' ich halt, halt auch die meisten Freunde, also die
ich kenn', auch näher kenne, denn die andern aus der Schule, na, die
lernt man eigentlich weniger kennen. (Also, deine besten Freunde kennst
du von'n Pfadfindern?) Ja, kann man sagen.

19. Ja, daß bei'n Pfadfindern andere Maßstäbe gesetzt werden als so in der
normalen Gesellschaft, die in der normalen Gesellschaft auch gesetzt werden sollen, aber des's halt ziemlich schwer durchzusetzen, falls du mir
folgen kannst noch. (Kannst's 's noch erläutern?) Em, ja, ich könnte so
sagen, daß, em, daß mer bei den Pfadfindern eigentlich viel freundlicher
mite'nander umgeht, daß, em, erheblich mehr Gemeinschaft ist, daß
(...unv) größerer Zusammenhalt ist und, eh, sie gehör'n ja auch zusammen, weil wir uns auch Pfa... eh, Heliand-Pfadfinderschaft nennen. Also,
wir sind ja auch schon mal erst mal vom Namen miteinander verbunden. Und,
eh, in der Schule ist halt mehr oder weniger immer so locker, da is' es
auch so'n Leistungsstreben und das gefällt mir halt nicht <lacht>. Da
geht's halt nur (...unv) darum, wer jetzt der Bessere ist, ja. Aber es,
es geht ja, em, nicht darum, wer vielleicht jetzt, em, der bessere Freund
ist. (Also ist das was Verschiedenes, die Leistung in der Schule und 'n
besserer Freund?) Ja, das sind, das sind schon verschiedene Sachen, weil,
ich glaub', die Freundschaft manchmal auch, eh, darunter leiden kann,
wenn man jetzt nur Leistungsbestreben hat. Daß man den Andern halt möglichst ausschalten will, daß man halt nur an sich denkt dann, em, um, um
am Ende 'ne gute Note zu bekommen.

20. Angst? Ja bestimmt ziemlich oft <lacht>, em, wo hab' ich Angst gehabt?
Em, es war mir mal im letzten Jahr ziemlich mulmig, als ich bei "Jugend
musiziert" mal wieder mitgespielt hab' und ich (...unv) Solo, und da
ging's mir also schon Wochen davor etwas mies, und das ist halt auch immer 'ne ziemliche Aufregung, und das hat mich auch ziemlich geschlafft.
Deshalb hab' ich auch in diesem Jahr auch wieder nicht mitgemacht, weil
naja, des geht doch ziemlich auf die Seele. Und sonst hab' ich Angst gehabt, ja, em, auch vor, vor der Schule, vor Arbeiten, wo ich mich halt
entweder wenig drauf vorbereitet hatte oder weiß, daß nur wieder, em,
solche Fragen (...unv) eine Falle gestellt ist und man die Frage nicht
versteht.

21. Ja, bestimmt. (Welche?) Em, ja des sind entweder meine Eltern, zum Beispiel in Latein hab' ich jetzt auch Nachhilfe, weil, weil wir jetzt 'n
neuen Lehrer bekommen haben und die wurden jetzt aus allen Klassen zusam-
mengesetzt, weil wir Griechisch genommen haben und da is' halt jetzt der
Unterschied, eh, von den einzelnen Schülern, die aus anderen Klassen kommen is' auch größer, weil wir auch überhaupt nich' so, so weit gekommen
sind, wie die Andern und da hat er mit meinen Eltern drüber gesprochen,
wie ich das jetzt am besten wieder beheben kann. Weil's mir ja auch wirklich vor'n Lateinarbeiten immer ziemlich mulmig war.

22. Em, in der Schule jetzt oder allgemein? (Allgemein.) Em, naja, es is'
auch ziemlich schwer zu sagen (...unv) es gibt ja zwei (...unv) also einmal im weltlichen Leben, einmal im christlichen Leben. Also es is', eh,
sehr schön, wenn mer des christliche Leben auch mi'm weltlichen Leben

verbinden könnte, muß mer halt immer versuchen, aber is' halt ziemlich
schwierig, also, im weltlichen Leben denk' ich halt daran, daß wir
alle 'ne gute Zukunft haben, und des's ja wohl auch die Sorge von den
Meisten, also die Hoffnung, em, später 'n gutes Leben zu führen und, em,
im christlichen Bereich is' halt, em, ja wie's auch in der Bibel steht,
'n ewiges Leben zu erhalten. Das's ja das Ziel von jedem Christen. (Em,
was meinst 'e mit "gutes Leben im weltlichen Bereich"?) Ja, ich hab', ich
hab' da weniger, weniger an Geld jetzt gedacht, obwohl des Geld halt auch
'ne, em, sehr große Rolle spielt, weil des heut', des Geld is' halt, eh,
die Macht heute, wenn man, eh, kein Geld hat, dann <lacht> dann geht's
ei'm auch meistens ziemlich schlecht. Aber ich denk' so, em, na daß mer
halt 'en glückliches Leben führen kann und des nich' halt Kriege gibt.
(Kannst du des noch näher beschreiben, des glückliche Leben?) Em, ja,
glückliches Leben. Ja, daß einem das Leben wirklich Spaß macht und daß
man nicht immer dem Geld hinterherrennt, weil es halt wirklich noch andere Sachen gibt, die viel wichtiger sind. (Zum Beispiel?) (Kurze Unterbrechung) ... wenn mer nich' nur dem Geld hinterherrennen soll, dann soll
man, eh, sich zum Beispiel auch um die Mitmenschen kümmern, und den,
denen auch helfen (...unv)

23. Lebenswerk? Oh wei <lacht> em, ja Lebenswerk, des is'en schwer zu sagen,
    oder zur Zeit ist so die Hauptaufgabe eigentlich die Meute, die ich jetzt
    hab' (Pfadfindergruppe, die er leitet; Anm. W.B.) und die jetzt, ja, man
    kann sagen, eh, richtig heranzuziehen, ja, des is' eigentlich 'ne, eh,
    ziemlich schwierige Aufgabe, weil einige eigentlich ziemlich wenig Kon-
    takt mit dem, eh, christlichen Glauben gehabt haben.

24. Ja.

25. Noch nich' sehr, em, ja wie des is', eh, des kann man auch nich' so in
    einem Satz beantworten. Ja, also erstmal: selbständig soll'n die erzogen
    werden, daß sie auch des, eh, des auch ein Ziel der Pfadfinderschaft, em,
    und halt zum, eh, christlichen Glauben erziehen. Oder, eh, obwohl, eh,
    wenn sie nachher älter sind, dann, em eh, würd' ich auch die Entscheidung
    ihnen lassen, ob se dann wollen oder nich' wollen.

26. Nein.

27. Ja, ich glaub', des, des ka'man nich' in der Gruppe machen, sondern des
    muß man mehr, eh, also sozusagen unter vier Augen machen, ja. Da hat man
    vielleicht einen guten Freund, mit dem, da kann man schon so Sachen bere-
    den. Aber in der Gruppe, glaub' ich nich'. Da gibt's doch immer Einige,
    die sich da mehr oder weniger drüber lustig machen.

28. Bei Älteren würd' ich schon sagen: ja. Aber so in der Meute, da halt' ich
    das weniger für sinnvoll. (Aber zum Beispiel in der Scoutgruppe?) Ja. Is'
    die Frage, ob da alle auch dazu nachher bereit wär'n. Dann is' nur die
    Sache, weil dann immer noch diverse Hemmungen vorhanden sind und deshalb
    nur Zwei Drei reden und die Andern dann, eh, wie, eh verklemmt dasitzen
    und nichts sagen wollen. (Nehmen wir mal an ... von der Gruppe her wäre
    das möglich, es wären also alle bereit dazu. Würde es speziell zu einer
    Bibelarbeit passen?) Ich, ich würd' schon sagen. Weil, em em, ja mit den
    Menschen, mit denen man umgeht, ob's nun die Familie is' oder im Berufs-
    leben, das sind ja die Menschen, mit denen man am meisten zu tun hat. Und
    mit den Menschen, mit denen man am meisten zu tun hat, muß man ja auch
    gut auskommen. Und das heißt, daß man, em, ja, wenn man mit den Menschen
    gut auskommen will, dann muß man ja auch schon n' bißchen des christ-

lichen Glaubens verwirklichen. Obwohl des auch manchmal so 'ne schwierige
Frage is', eh, wenn man sagt "den christlichen Glauben verwirklichen" wegen Einigen, die damit überhaupt nichts, eh, zu tun haben wollen. Em, da
muß man vielleicht manchmal vom, eh, von der, eh, Nächstenliebe abwei-
chen, um beim Andern Anerkennung zu finden. Des's mal wieder so'n Zweifelspunkt, den mer jetzt nich' so beantworten kann. (Em, sag' da mal noch
was dazu!) Em, ja jetzt zu den Zweifelspunkten, ja? (Zustimmend: Hm.)
Em, das mit den Zweifelspunkten zähle ich auch, em, Zweifelspunkte von
den Zehn Geboten, em, zum Beispiel, eh, wenn es heißt im Gebot "Du sollst
nicht lügen", em, da ist ja erst mal daran gedacht, eh, daß man, eh beim,
bei seinem Mitmenschen Vertrauen schaffen soll und auch mal seine Fehler
eingestehen soll, aber da is' ja die Frage, ob's nich' manchmal doch
sinnvoll is', zu lügen. Also einige Fälle sind schon ziemlich bekannt,
wenn zum Beispiel 'n Autounfall war und, eh, der Mann schwer verletzt im
Sterben liegt und die Frau eigentlich noch Chan... Chancen sind, daß sie
durchkommen wird, aber der Arzt hat ihr jegliche Aufregung verboten und
da kommen nun die Tochter von der Frau rein und die erste Frage is', eh:
"Wie geht's meinem Mann?" Em, da wird's wohl <lacht> besser sein, daß die
Tochter die Unwahrheit sagt, em, denn, em, wenn sie die Wahrheit sagen
würde, würde die Frau auch noch sterben. Des sind halt so Zweifelsfälle,
die dann jeder selbst entscheiden muß und die dann eigentlich im Wider-
spruch zu den Zehn Geboten stehen. (Ja, nochmal zu der Frage von davor
eben: em, also ich hab' dich so verstanden, daß du, du selbst noch keine
Bibelarbeit erlebt hast, in der es so um den persönlichen Bereich gegangen wäre.) Ja. (Hast du 'ne Idee, woran das liegen kann?) Ja, ich, ich
würd' sagen, daß die Bibelarbeiten oft zu wenig vorbereitet werden, und
daß man dann so oberflächlich, oberflächliche Sachen nimmt, die man vielleicht schon überall gelesen hat und die man nun vielleicht irgendwie
auch für die Gruppe übertragen will; em, daß mer vielleicht auch nicht
gerne in den privaten Bereich eindringen will. Oder wohl, eh, in gewisser
Weise dringt man immer in den privaten Bereich ein. Denn die Bibelarbeiten oder Losungsausgaben sollen ja dazu sein, daß man sich, eh, selbst
ändert oder daß man auch fragt: "Warum mach' ich das? Warum mach' ich
das nich'?" Also in gewisser Weise, em, dringen sie immer in'n privaten
Bereich ein. (Auch so konkret, wie wir jetzt vorhin besprochen haben?)
Naja, hm, des's eigentlich weniger so, ich kann da wenig zu sagen.<lacht>

30. Ganz lustig, ja. <lacht> Was soll ich dazu auch noch sagen? Kurz und
    schmerzlos.

Interview H

1. 16 Jahre.

2. Seit dem 12. Lebensjahr; noch nicht Gruppenleiter.

3. Nein.

4. Ja, Gemeinschaft, daß Alle sich gut versteh'n. Viel Spaß und gute Fahrten.

5. Teils teils. (Was meinst'e damit?) Es gibt welche, die sin' sehr gläubig
   un' es gibt welche, die glauben nich'.

6. Andachten, Gebete, christliche Spiele. (Was ist das?) <atmet tief> (Oder
   kannst'es 'n bißchen noch beschreiben, em, was ihr...) Zum Beispiel, wir

nehmen irgendeine Stelle aus der Bibel, un' zum Beispiel der verlorene
Sohn oder Anderes, andere Geschichten und versuchen die in die Jetztzeit
umzusetzen (...unv) so zwei Parteien, die eine Partei hat dann die eine
Geschichte un' eine 'ne andere und die erzählt die also von der Jetztzeit
un' die andere Partei muß dann erraten aufgrund der Geschichte, was für
eine biblische Geschichte des war.

7. Hab's mal versucht. Bei diesen ganzen Zeugungen bin ich dann stecken geblieben. (Wo hattest du da angefangen zu lesen?) Ja ganz vorne im Alten
Testament.

8. Vor anderthalb Jahren. (Aber du hast es nicht sehr lange dann gemacht?)
Ne Woche, dann is' mir des mit den Namen zu Leid geworden.

9. Ja, es, wie is' das jetzt gemeint? Auf das Alte oder auf das Neue oder
insgesamt? (Insgesamt.) Ja, die Schöpfung, bis zu den Zeugungen. Den Rest
kann er vergessen, dann die Zehn Gebote, die Geschichten von. Dann geht's
eigentlich schon in's Neue Testament über. (...unv) im Neuen Testament
steht die ganzen Kurzgeschichten da, ja halt der verlorene Sohn oder die
Hiobsbot... ach nee, Hiob is', glaub' ich, noch im Alten, sowas halt.

10. <atmet tief> In der Verkündung von Gott und vo... über Jesus. Verkündung
is' Altes Testament.

11. Wie meinst'e die Frage?

12. (Also, oder andersrum: kann man sie auch falsch verstehen?) Wenn man se
falsch auslegt. (Kannst'e des beschreiben, wie das, wie man se falsch
auslegt?) Ja, wichtige Stellen überliest (...unv) noch zu detailliert
eingeht un' dann Sachen verdreht. (Und fällt dir da irgend 'n Beispiel
für ein?) Nee, fällt mir nix ein. Oder doch, wart mal! Em, es wird ja
jetzt zum Beispiel schon immer gesagt, von'er Hölle geredet. In der Bibel
kommt nicht ein einziges Mal die Worte, das Wort "Hölle" vor.

13. Nee!

14. Nee.

15. Schreiner im Moment noch.

16. Verreisen. (Wohin?) Och (...unv) hin, wo's schön is'. Alle Herrn Länder
mal.

17. Weiß es nich'.

18. Nö. (Woher kennst du deine besten Freunde?) Von der Pfadfinderschaft.

19. Ja, schon mal die Sippenstunden, dann die Fahrten und Lager. (Hast du
auch außerhalb der Pfadfinderschaft gute Freunde?) Wenig.

20. Ja. (Kött'st du sagen, in welcher Situation?) Des war als mein Schlüssel
un' Alles, meine Brille, meine Uhr, mein Geld alles weg war im Schwimmbad
un' ich gedacht hab', weil es war auch Adressen un' Alles dabei, daß da
jetzt des ganze Schloß un' Alles ausgewechselt werden muß. Un' wie ich
des dann meinen Eltern erklär'n soll, daß das weg war.

21. Naja, des war bei 'nem Pfadfinderaus... ausflug in's Schwimmbad passiert
un' da war also noch, noch jemand mit betroffen und da ha'm also Alle
gesucht ... (Un' hast'e später vielleicht nochmal mit jemandem über diese
Angst geredet?) Nee, des war ja erst am Samstag.

22. Ja, daß meine Aus..., daß ich meine Ausbildung gut schaff', mein' Beruf,

Gesellenbrief, des ich den Führerkurs noch schaff'. (Gruppenleiterkurs
der Pfadfinderschaft, der kurz vor dem Interview stattgefunden hatte und
dessen Prüfung noch ausstand; Anm. W.B.)

23. Nee. Wie verstehst'e das, was mein... meinst'e unter Lebenswerk? (Em, ja,
    etwas was du in dei'm Leben erreichen willst.) Glücklich und zufrieden
    zu sein. Frieden.

24. Ja.

25. <atmet tief> Nö.

26. Ja. Also, jetzt aber verallgemeinert, nich' nur über meinen Bereich.
    (Also ich mein' jetzt, für dich, also deinen Bereich.) Nee, da net.
    (Aber sag' mal, wie du's eben meintest!) Ja, überhaupt über Lebenspro-
    bleme un' Lebensauffassungen.

27. Nich' zu Allen. (So in 'ner normalen Stunde?) Nein, eher mit Einzelge-
    sprächen.

28. Wie? Was? (Also, wenn mer in der Gruppe so, so ganz persönliche Fragen
    bespricht, würde das zu 'ner Bibelarbeit passen?) Ich hab's noch nich'
    ausprobiert. Könnte aber schon gut möglich sein. (... du hast eben ge-
    sagt, em, daß ihr in 'nem etwas weiteren Rahmen auch persönliche Fragen
    in Bibelarbeiten besprochen habt, so Lebensfragen. Un' könn'ste da'n
    Beispiel für erzählen?) Ja, des war zum Beispiel auf dem Zeltlager in X.
    Bei'm N. in der Gruppe ha'm wir so über Drogenprobleme und auch Lebens-
    auffassungen, Erwartungen gesprochen.

30. Och, ganz gut.

Interview I

1. 16 Jahre.

2. Seit dem 12./13. Lebensjahr

3. Nein, nur ein Bastelkreis "aber ich glaub', des ka'mer nich' so vergleichen, also des war von der Kirche aus". Zur Zeit in verschiedenen Gemein-
   degruppen (2 Jugendtreffs, Töpferkreis, Kindergottesdienst, Kirchentag).

Nachgespräch zum Assoziationstest

   (Wie fand'st du das?) Es war'n 'n paar schwierige Wörter drin. (Zum Beispiel?) Ja, also ich hab' nich' viel ü..., ich weiß nich' viel über die
   Bibel oder über Gott, nur'n bißchen un' das sin' so Sachen über'n Religionsunterricht. Un' zum Beispiel Pfingsten, da weiß ich nich'. Oder auch
   and're so schwierige Wörter wie Sinn, Beruf, em, das sin' so Wörter, die
   mer nich' so einfach erklären kann (...unv) wo man mehr erzählen muß. (Du
   hast immer versucht, die zu erklären, ne?) Ja, weil die für mich, also
   ein paar Wörter bedeuten für mich sehr viel, wie Freunde oder Hoffnung,
   Gott, Beten. Un' die kann ich auch erklären un' die sind unwahrscheinlich
   schön. (Hat dir des Spaß gemacht?) Ja, ja d's war, doch es war gut. ...

4. Also mit'n Pfadfindern seh' ich, daß wir, hm, bündisch sind, also daß wir
   etwas zusammen machen, daß wir uns auch nach außen hin zeigen, daß wir
   Pfadfinder sind und daß wir eigentlich ziemlich viel zu, zusammen machen
   un' daß wir, zum Beispiel auf Fahrten und so, was ja eigentlich ziemlich
   selbstverständlich is', helfen und daß wir uns nich' gegenseitig aus-

spielen oder d's, des wir sehr oft zusammen sin' und daß man den Andern auch versteht, nich' so, nicht nur so als Pfadfinder, sondern auch privat, des man den halt so kennt.

5. Die Pfadfinder? (Zustimmend: Hm.) Ja, ja ka'man sagen.

6. 's Christliche is', daß sie zusammenhält und daß sie auch versucht, etwas nach außen zu tragen, daß sie versucht, auch Leuten zu helfen. Pfadfindersein heißt, ja, Verantwortung tragen und jemanden zu helfen. Nich', daß mer jeden Tag 'ne gute Tat machen soll, sondern daß es ein'n, in ei'm schon drin ist, daß man immer versucht, jemanden Freude zu machen und zu helfen. Und des Christliche is' auch noch mit, daß zum Beispiel Morgenandachten, daß man darüber nachdenkt, was die Andacht sagen will un' daß man auch'n bißchen Bibelarbeit macht, aber des machen wir kaum.

7. Naja, ich hab', hab' mal versucht, darin zu lesen, aber es is'n sehr schwieriges Buch, also mir gefällt es nich'. Aber manche Stellen, die sin' sehr gut und die versteh' ich auch. Aber dann kommen wieder so Sachen, die versteh' ich einfach nich'. Da is', da is' so'n Stammbaum un' der erzählt, wie, wie alt die werden. 700 Jahre, 800 Jahre, der Eine wird nur 500 Jahre und lauter so Sachen, die versteh' ich nich'. (Ganz am Anfang?) Ja, und sowas versteh' ich nich'. Oder manchmal ist des auch so verdreht geredet. Also für früher, also da ha'm die bestimmt so geredet, un' aber ich kann es nich' richtig verstehen. (Was hast du für 'ne Übersetzung?) ⟨holt seine Bibel⟩ So 'ne kleine. Die Bibel oder die ganze Heilige Schrift des Alten und des Neuen Testamentes nach der Übersetzung Martin Luthers. (Ausgabe AT 1964 und NT 1956; Anm. W.B.) (Weißt du, daß es da inzwischen 'ne neue gibt?) Nein. (Kennst du die "Gute Nachricht" zufällig?) Meine Mutter hat die, glaub' ich. ⟨Als ich ihm eine gebe, liest er darin⟩ ... Liest sich gut. Ja, ich verstehe, also ich kann mir (...unv) des dann besser vorstellen, und ich versteh' des jetzt auch, also, wenn ich jetz' hier so'n paar Zeilen lese. (Also, du hast sozusagen wieder aufgegeben drin zu lesen, weil du sagtest, es fällt dir schwer?) Der O., der hat mir mal so'n Buch gegeben, zum, zum verstehen, also um die Bibel besser zu verstehen, des war auf'm Führerkurs. Aber da hatt' ich viel, also viel Anderes zu tun, un' da konnt ich leider noch nich' drin lesen. Ich werd' mir mal das Buch angucken.

9. Also ich kann dem gar..., also was ich glaub', die Psalme und von der Bergpredigt hab' ich viel gehört, aber gelesen hab' ich, em, wenig. Ich kann da schlecht was dazu sagen.

10. (Könntest du sagen, wovon die Bibel handelt?) Ja, ich glaub' schon. Daß es 'n Buch is', ja das is' einfach so 'ne Art Tagebuch, so 'ne riesen Geschichte, Geschichte von Anfang an, des alles erzählt wie es war und wie es gewesen is'. Aber ich weiß nich', ob das stimmt. (Och, ich würd' schon sagen. Schreibst du zufällig auch selbst Tagebuch?) Ja, ich hab' in England hab' ich angefangen zu schreiben und in den ganzen Ferien hab' ich so geschrieben, da, was mich bewegt. Und des steht auch in der Bibel drin, also was damals die Leute so bewegt hat, oder was passiert is' gerade an dem Tag. ...

11. Wenn man vielleicht in sie hineinkriecht. Wenn man, wenn man richtig versch... versucht, sie zu verstehen. Wenn man vielleicht ganz a..., ganz allein is' und abschaltet und (...unv) sie liest. Oder vielleicht noch mit, mit ein paar Andern un' darüber redet.

12. So, vielleicht so wie ich. Daß man sagt, eh: "Des is' nix!" oder "Was
    für'n Käse!", so. (Sagst du das?) Also als ich des, des erste Mal, also
    als ich des mit dem Stammbaum gelesen hab', des hat mir überhaupt nicht,
    also da fand ich des irgendwie Schwachsinn. Wie kann man so alt werden?
    Aber vielleicht hat des auch etwas mit Gott zu tun, daß der dann gesagt
    hat, daß er die Menschen so gern' gehabt hat, daß er sie so lange leben
    gelassen hat.

13. Nein, das find' ich nicht gut. Weil, na also die Politiker, die sind,
    glaub' ich, einer der wenigsten Leuten, die was von Moral halten. Und
    wenn sie dann von der Bibel so erzählen, des find' ich nicht gut; 'n,
    die Politik, ach, die Bibel hat auch sehr wenig mit Politik zu tun und
    vielleicht sollte man sie besser rauslassen.

14. Ja. (Hast du da schon Ideen, was du da machen würdest?) Ja (...unv)
    (Sag' mal eine!) Daß, des hört sich jetzt 'n bißchen grün an, daß man
    versucht, mit der Natur zu leben und sie mehr zu versteh'n, ja, mehr zu
    versteh'n. Und daß man durch die Natur auch wieder mehr Arbeitsplätze
    schaffen kann un' daß dadurch auch das Verständnis geweckt wird und auch
    die Liebe zur Natur. Un' daß man sich dann später des gar nich' mehr an-
    ders vorstellen kann. Und ich glaub', die Leute würden dann 'n ganz ande-
    res Bewußtsein bekommen un' würden nich' mehr so mit so grauen Gesichtern
    rumlaufen. Un' daß man den Leuten mehr Zeit gibt un', und nicht dafür
    wieder 'n Computer hinbaut. Des, des würde mehr eine Menge Geld kosten.
    Und man sollte auch die Schule verbessern, daß man mehr Lehrer und weni-
    ger Klassen, also daß man, sagen wir mal, für 20 Schüler ein Lehrer, daß,
    daß dann die Schüler, ja, mehr lernen und daß des nich' nur so, daß da
    ein Lehrer steht un' der, also, daß die Schüler mit dem Lehrer zusammen
    wachsen, (unv...) so 'ne Autorität da is', daß man des auch irgendwie
    privatisieren kann, daß es irgendwie nich' nur so als Muß angesehen wird,
    sondern daß es, daß man das vielleicht ganz locker machen kann. Ja, un'
    das sind so meine Ideen. Aber ich hab', ich hab' noch'n bißchen mehr,
    aber die sin' vielleicht nich' (unv...) reif, weil, wenn die sich jemand
    anhört, dann meint er, des kann (unv...) überhaupt nich' klappen. (Erzähl
    mal!) Daß man sich mehr auch um alte Leute kümmert, daß man sie nich' in
    Heime, em, steckt, daß man and're Häuser baut, wo, wo Alle mithelfen ...
    daß die alten Leute mit den jungen Leuten, oder, egal, zusammenleben. Daß
    man sie nich' einfach als, als altes Auto irgendwo hinschiebt. Und daß
    man auch schönere Häuser baut, nicht so Hochhäuser, wo die Ander'n sich
    nicht kennen, sondern so einfache Häuser hat und'n Garten, zum Beispiel
    wie wir, da wo man so'n Nachbarn kennt und grüßt. (Hast du damit, das so
    zu sagen, schon mal schlechte Erfahrungen gemacht?) Ja, daß es
    kaum machbar is', ja? Und ja, wie, wie ich mir's vorstelle und wie
    es mit'm Geld ist, weil des ja unwahrscheinlich viel Geld kostet. Aber
    ich glaub', des kann man machen. Ja, und dann seh' ich noch was, mit dem
    Krieg, daß man etwas And'res machen muß hier in Europa, daß man, ja, 'n
    Vorbild sein, hier in Deutschland, daß man Vorbild sein muß, daß man Vor-
    urteile abbaut. Wir ha'm erst 'n Zweiten Weltkrieg angefangen, und daß
    wir jetzt wieder etwas ganz Neues machen, also sozusagen wie, wie's die
    Amerikaner sagen würden oder die Russen, 'n Rückschritt, daß man fried-
    fertig ist.

15. Mein Traumberuf? Das ist, daß ich mit vielen Leuten zusammenlebe und daß
    wir etwas zusammen machen. Wo sich jeder gegenseitig hilft und daß man,
    ja, das könnt' ich vielleicht nur sein als Bauer oder vor allem in allen

Berufen, wo ich jemanden helfen kann, wo ich ihm irgendwie was geben kann, 'n Stuhl, 'n Tisch oder mit dem ich ihm irgendwo mit was 'ne Freude bereiten kann, so etwas will ich gerne machen, oder auch Politiker ... (Kurze Unterbrechung)

16. Ich würde reisen, irgendwohin. Ja, zu Leuten, mit denen, ja, mit denen ich fröhlich sein kann, mit denen ich, ja, meine Freude teilen kann, un' mein Leid, alles (...unv). Aber nicht, daß ich da fest bin, sondern daß ich immer reise. (Also nicht zu bestimmten Leuten?) Nein, sondern einfach hin, ich würd' einfach wohin reisen, also rumfahr'n, und mal bin ich mal da, mal da. Un' daß ich aber auch die Leute fröhlich mache, glücklich, mit Musik oder so. (Gitarre?) Hm, oder auch daß ich ihnen was vorspiele, also Theaterstück oder so. Das würd' ich gerne machen.

17. Ich weiß nich', zuerst nich', aber wenn ich dann später vielleicht, ich kann des nich' genau sagen. (Versteh'n dich denn sonst deine Eltern?) Ja, doch, sie versteh'n mich sogar sehr, das bewunder' ich. Nur manchmal nich', aber ich glaub', des's normal.

18. Ja. Ja, die würden versteh'n, daß ich was Neues machen will un' daß, un' daß ich was Verrücktes machen will. Doch, sie würden es versteh'n. (Woher kennst du deine besten Freunde?) Meine besten Freunde, die kenn' ich so einmal beim Töpfern und einmal, weil ich mit ihnen weggefahr'n bin, auf 'ne Behinderten-Freizeit, un' da ha'm wir uns zusammen um Behinderte gekümmert. Und weil wir auch so sonst viel machen, zusammen wegfahr'n.

19. Das Zusammensein, das (...unv)

20. Ja, Ja, ich hatte Angst, daß ich es nicht schaffe, ein guter Mensch zu werden, daß ich es nicht schaffe, fröhlich zu sein, oder daß ich es nich' schaffe, Menschen zu ver..., Leute zu versteh'n, davor hatt' ich Angst oder hab' immer noch Angst. (Hatt'st du da'n bestimmtes Erlebnis?) Ja, ja. Wenn ich mit Leuten zusammen bin, dann auf einmal, wenn ich merke: Oh, was hast du da für'n Mist gemacht (...unv) du verstehst sie garnich'. Aber am, am größten war die Angst, als ich in Indien war, da (...unv) war des irgendwie schlimm, da wußt ich keine Lösung un' des war von, durch all die Leute, wie sie da unten leben, un' die Landschaft, un' die ganze Athmosphäre, des hat d's dazu gebracht. Und ich kann des nich' beschreiben, wie des gewesen is' oder wie die Angst war, aber sie is' sehr schlimm, un' man glaubt zuerst garnicht, d's, man kann des lösen, aber mit der Zeit merkt man dann doch, daß es geht.

21. Zuerst wollt' ich mit niemand darüber reden, weil ich gedacht habe, ich würde sie belasten, also mit meinen Problemen. Doch nun, nun geht das, nun hab' ich Freunde und die versteh'n das auch und sie hör'n mir wenigstens zu. Und manchmal wissen sie auch, was ich machen kann un' sie erzählen mir nich' irgendwas, so kluge Ratschläge oder so. (Gibt's denn andere Leute, die dir so kluge Ratschläge geben?) Ja, meine Mutter oder mein Vater. Sie wollen es zwar hör'n, aber ich weiß, sie versteh'n es nicht. (Was dich beschäftigt?) Ja, über meine Ängste. Ansonsten versteh'n sie mich sehr gut, doch in sowas versteh'n sie mich nicht.

22. Em, auf das Leben, darauf hoff' ich am meisten, ja, das is's. Und auf Gott, daß er mir hilft, wenn ich nich' mehr weiter weiß un' daß ich ihm auch helfe, wenn, wenn er nich' mehr weiter weiß.

24. Ja.

25. Ja. Aber ich hoffe, ich werde es schaffen, sie richtig zu erzieh'n und
    nich' so mit Autorität und mit Strafen; sondern, ja, mit so frohen Kin-
    dern und Kindern, die darüber nachdenken un' die sich viele Fragen stel-
    len oder andere Leute fragen; un' die nich' immer so angenehm sind; un'
    die einfach immer voller Drang sind, was zu machen. (So wie du.) Ja.

26. Nein. Oder es wurden immer so wenig angeschnitten, aber so richtig, nein.

27. Kaum, nein. eig... nein, das is' nich' so. (Hast'e 'ne Idee, woran des
    liegt?) Ja, wir, also bei uns in der Sippe, wir machen zu wenig miteinan-
    der und, un' das bringt uns auseinander, weil wir nichts mehr haben, wo-
    ran wir uns erinnern können, was wir zusammen gemacht ha'm oder was wir
    Tolles gemacht ha'm, höchstens außer Feez und Mist, ja? Aber mehr ist
    nich' und's find' ich sehr traurig un', ja, un' auf sowas wird kaum ein-
    gegangen. Höchstens ob du 'ne Freundin hast, aber des is' alles un' da
    sin' meistens, also Hintergedanken drin. So Fragen gibt es nich'. (Aber
    in der andern Gruppe is' es anders, in der Töpfergruppe zum Beispiel?)
    In der Töpfergruppe da töpfern wir. Aber wir treffen uns donnerstags
    nochmal un' (...unv) ja, un', na es is' irgendwie anders, da is's persön-
    licher (unv...) zu versteh'n mit seinen Problemen, also wenn er welche
    hat oder wenn, wenn er nich' mehr weiß, wie's weitergeh'n soll, des
    merkt man ja auch, wenn er total traurig is' oder wenn er agressiv is',
    andauernd rummotzt.

28. Das Thema? (Zustimmend: Hm.) Ja, auf jeden Fall, weil des, des wird immer
    eine Rolle spielen, denn in jedem Leben, über Hoffnung, Leben, Freude,
    Kinder, immer un' soviel ich verstanden hab', is' des, steht des auch in
    der Bibel drin. Warum soll man das dann weglassen? Weil des ja 'ne ganz,
    'en ziemlich fester Teil vom Leben is'. (Kannst'e dich vielleicht, em,
    also wenn nicht bei der Sippe, an sonst irgend 'ne Bibelarbeit erinnern,
    wo des ma' vorgekommen wäre von dir?) Ja, des war, des war bei einer Me-
    ditation, des war, ja, von der einen Gruppe, da ha'm wir, der eine hat so
    aus'm Buch gelesen, und dann wurde dann gefragt, was man sich darüber
    gedacht hat. Also des fand ich sehr persönlich. ...

30. Ja, des war sehr persönlich. Ich glaub', des hätt' ich dir nur alles er-
    zählen können, wenn ich dir'n bißchen vertraut hätte. Ich mein', wenn de
    mir total fremd gewesen wärst, hätt' ich dir bestimmt nicht soviel er-
    zählt. Und ansonsten fand ich das sehr gut. Und mir is' des auch egal, ob
    ich ano... anonym bin oder nich'.

Interview K

Nachgespräch zum Assoziationstest

    (Wie fandst'e das?) Wie fand ich das? Oh, zu schnell, wegen dem Ding,
    (Tonband; Anm. W.B.) sonst könnt' mer sich Zeit lassen und erst überle-
    gen, aber so.

1. Fast 16 Jahre.

2. Mit 11 Jahren Jungschar, dann lange nicht, dann ab etwa dem 14. Lebensjahr; z. Zt. Gruppenleiterausbildung.

3. Ich geh' seit, ich glaub', seitdem ich geboren bin, bin ich immer mit in
   die Kirche genommen worden. (In'n Gottesdienst?) Ja, oder, em, abgegeben,
   je nachdem. (Wie abgegeben?) Naja, zum Kindergottesdienst <lacht>.

4. 's Wichtigste? Hm, ohje <lacht>, naja, in erster Linie die Leute halt,
   <lacht> wie sie sind, wie sie sich benehmen, is's Wichtigste. Natürlich,
   ah, ich weiß: Das Ziel einer Jugendgruppe is' Jesus Christus, d's hab'
   ich gelernt <lacht>, aber, eh, wenn de in 'ner Gruppe bist, erlebst'e d's
   nich' so mit. (Wie meinst'e das?) Ja also, ich weiß nich', für mich is'
   in der Gruppe gar nich' so, eh, unbedingt Jesus Christus drin, nicht
   immer. Den meisten Leuten, die hingehen, geht's um Spaß, ja? Un', naja,
   Bibelarbeit oder Andacht oder sowas, 's wird meistens auch ziemlich zu-
   rückgesteckt. Naja, aber trotzdem, ich geh' gern hin und's tun die andern
   halt auch. Es sind auch nich', ich glaub', 's sind auch welche die da
   dabei, die nich' evangelisch sind oder denen's eigentlich egal is', also
   's glaub' ich, mein Eindruck, ja? Ob des jetz' christlich is' oder nich'.
   's kann natürlich sein, d's ich mich da täusche, aber mir kommt's so vor.

5. Naja, die von P. (Vermutlich der Name der Gruppenleiterin; Anm. W.B.)
   <lacht> (... Also du würd'st d's 'ne christliche Gruppe nennen?) Ah, ja
   doch, würd' ich schon sagen. So, von manchen Leuten hatt' ich 'n bißchen
   falschen Eindruck, des is' mir jetzt bei uns'rer Gebetsgemeinschaft da
   aufgefallen, da war ich doch erstaunt, wer da mitgebetet hat.

6. 's Christliche an der Gruppe? Oh, nö, 's kann ich nicht sagen <lacht>.
   Vielleicht der Rahmen, eh, vielleicht, also manchmal, an manchen Tagen,
   's nich' jede Stunde, an manchen Tagen is's wirklich da, em, da würd' ich
   sagen, ja, des is' 'ne christliche Gruppe, an manchen Tagen würd' ich sagen, ob des jetz im Namen Gottes geschieht oder nich', des kann ich nich'
   behaupten. Aber ich glaub', d's in andern Gruppen auch so.

7. Hm, ja, doch.

8. Selbst in der Bibel zu lesen, also freiwillig, ohne des irgendwie mein
   Vater oder irgendjemand des gesagt hat? (Zustimmend: Hm.) Hm, wann hab'
   ich damit angefangen? Naja, em, weiß nich', irgendwann, ah, ich glaub'
   vor zwei Jahr'n so, hab' ich mal mit meiner Schwester angefangen, zusammen immer abends regelmäßig, regelmäßig Bibellese zu machen. 's aber dann
   wieder eingeschlafen <lacht>.

9. <fällt mir ins Wort:> Schnell? (Ja.) Em, naja, er kennt die Bibel überhaupt nich'? (Zustimmend: Hm.) Hm, ja also ich fand immer die Offenbarung
   am interessantesten. Aber wenn man noch gar nichts kennt, weiß ich nich',
   ob des so interessant is'. Vielleicht bei Markus anfangen.

10. <lacht> Also nuja, wovon die Bibel handelt? Ja also <Vortragsstil kari-
    kierend> "In der Bibel gibt es verschiedene Teile. Da gibt es, em,
    Gleichnisse, da wird über Jesus erzählt, alle möglichen Geschichten er-
    zählt", hübsch ne? <lacht> Und, aber sie, em, also die Bibel will halt,
    eh, auf Gott, auf Jesus hinweisen. Em, wovon handelt die Bibel? Was 'ne
    lustige Frage, also wirklich <lacht>. Eh, ja also, die Bibel is' so groß,
    daß man das nich' in einem Satz oder auch nich' in fünf fassen kann.
    (Un' in zehn?) In zehn? <lacht> Glaub' ich auch nich'. Die Bibel, eh,
    wirkt für jeden anders irgendwie, des muß man lesen, ja? Einer liest den
    Satz so, sagt: "Ach, des sagt mir überhaupt nix" und der Nächste sagt:
    "Mensch, das is' genau das, was ich die ganze Zeit wissen wollte". Des
    muß mer lesen <lacht>.

11. Wie man die Bibel richtig versteht? Also, em, na das liegt nich' an ei'm
    selbst, 's liegt an Gott, wie man die Bibel versteht.

12. (Kann man sie auch falsch versteh'n?) Eh, ja, wenn man sich auf irgend'ne

Kleinigkeit da drin versteift und sagt: "Des's jetzt die ganze Wahrheit, dieser Satz, des steht in der Bibel'", na klar, dann kann man s'e auch falsch versteh'n. (Hast du das schon mal erlebt, daß jemand die Bibel falsch verstanden hat?) Naja, glaub' ich schon, bei den Sekten zum Beispiel. Die berufen sich auch manchmal auf die Bibel. Un' die machen halt das, daß s'e sich irgend'n Satz raussuchen un' des jetzt in'n Mittelpunkt stellen.

13. Na, wenn s'e richtig angewandt sind, was heißt richtig angewandt? Naja, also im richtigen Zusammenhang gesehen. Aber ich glaube, 's hat im großen und ganzen meistens nix damit zu tun.

14. \<lacht\> Nee, weniger.

15. Mein Traumberuf? \<lacht\> Hat nix mit der Bibel zu tun. Kulissenmalerin beim Theater oder sowas, 's mein Traumberuf. Eh, un' mein, mein nächster Beruf, was ich wahrscheinlich werden will, is' Krankenschwester \<lacht\>.

16. Wahrscheinlich erstmal gar nix \<lacht\>. Also des weiß ich nich', was ich da machen würde. (Versuch' dir's doch mal vorzustellen!) Ein Jahr Zeit um zu tun, was ich will, em, ja des wird nich' lange hin sein, da hab' ich ein Jahr Zeit \<lacht\>, wenn ich mit der Schule fertig bin. Aber, eh, das weiß ich nich', 's kann ich echt nich' sagen. Des wird sich dann ergeben. Wahrscheinlich geht's dann so weiter, daß man wieder dahin muß und dorthin und dann sich bemühen, was man nach dem Jahr macht \<lacht\>. Eh, un in dem Jahr hat man sowieso keine Ruhe, auch wenn man Zeit hat. Auch in'n Ferien, da fällt dir ein: "Zu dem Arzt mußt du und das mußt du machen und jenes", 'n Jahr geht auch schnell 'rum. Natürlich, ich mein', sinnvoll wär's, hinzusetzen und zu fragen: "Was will Gott jetzt von mir?" und des dann zu tun, aber 's is' meistens nich' realisierbar. (Wieso nich'?) Wieso nich'? Weil ich in soviel Zwängen drinsteckst. Da sind die Eltern, da is' die Schule auf'er andern Seite, die sagen: "Ja, kannst doch nich' hier einfach dich jetz' hinsetzen und da, was weiß ich, wohin zu fahr'n, weil du meinst, des is' richtig. Des mußt du jetzt machen, des geht doch nich'. Eh, bemüh' dich mal, deß du wenigstens nach dem Jahr dann was hast, was du machen kannst!" Und des geht dir auch so. Kannst ja auch nich' en Jahr hinsetzen un' machen, was du willst \<lacht\> oder was Gott will.

17. (Also, deine Eltern würden des nich' versteh'n?) Hm \<zustimmend\>.

18. Nein. (Eh, ja würde des überhaupt jemand versteh'n?) Glaub' ich weniger. Ich würd's wahrscheinlich selbst nich' versteh'n.

19. Was mich mit meinen besten Freunden verbindet? Ja, kommt drauf an, welche \<lacht\>. Meistens gemeinsame Interessen. (Hast du verschiedene Arten von Freunden?) Ja natürlich. Es gibt Freunde, em naja, es gibt halt Kumpel und es gibt andere Freunde. 's kommt halt drauf an \<lacht\>. (Also, die Kumpel, des sind die weniger...) Neenee, neenee, die sind am wichtigsten eigentlich. (Achso.) \<lacht\> Ja also, em, so'n Kumpelfreund oder auch -freundin brauch' man einfach, also die helfen ei'm weiter, zu denen ka'man hingeh'n, mit denen ka'man reden, ohne daß s'e gleich denken: "Ach die will was von mir" oder sonstwas, ja? Bei den andern Freunden is' es schon problematischer. (Also die andern, die sin' so etwas entfernter?) Nee, des nicht \<lacht\>. (Dann mußt'es nochmal erklär'n.) Em, ja also, eigentlich sind die andern ja die näheren Freunde, aber \<schluckt\>, tja also die Kumpel kennen ein'n meist, also die kennt man meistens länger,

die wissen meistens mehr über ein'n, trotz allem. Die wissen andere Sachen über einen <Pause, dann lacht sie>. (Also ich kenn' nich' diese Unterscheidung. Mußt du nochmal erklär'n.) Kennst du nich'? Eh ja, zum Beispiel deine Freundin oder deine zukünftige Frau, ja? Des's doch was anderes als zum Beispiel, em, die R., ja? Die R. is' kumpelhaft 'ne Freundin.
Ja, und des's halt keine kumpelhafte Freundin. Also, 's kann auch 'ne
kumpelhafte Freundin außerdem sein, aber des's halt nochwas anderes.
Logo? <lacht> (Ja, dann gibt's einen Freund oder eine Freundin und dann
noch mehrere Kumpel.) Ja, genau <lacht>.

20. Einmal? <lacht> Ja, natürlich. Gibt's überhaupt Leute, die keine Angst
haben? Die nie Angst haben? Also sowas ist mir noch nich' begegnet. Kommen immer Situationen, wo man Angst hat. (Ja, es gibt Leute, die erinnern
sich nich' mehr dran.) So? Aber oft, 's passiert so oft. (Kannst'e ma'
irgend so 'ne Situation erzählen?) Irgendeine? 's is' ganz egal, wo man
überhaupt ist. Angst, man kommt zu spät, Angst, 's passiert irgendwas,
Angst, em, Angst, deß die Schwester nich' mehr nach Hause kommt, Angst,
deß man keine Lehrstelle kriegt, Angst, deß man 'ne schlechte Note
schreibt, man hat ständig Angst vor irgendwas. Ich glaub' das <lacht>.
(Vielleicht fällt dir noch irgend'ne besondere Situation ein?) 'ne besondere? Ja, des sind alles besondere Situationen <lacht>. Naja, o.k., des's
wenn man 'ne schlechte Note schreibt, vielleicht nich' so, aber sonst.
(unv...) so viele Sachen, also nur, ich hab' eigentlich, 's vergeht kaum
'ne Woche, daß man nich' irgend wovor eine Angst hat. Naja Angst, vielleicht hat man irgendwas, was nich' so ganz in Ordnung war, gemacht, deß
es jemand merkt. 's is' immer was, wovor man Angst hat.

21. Em, ich kann meinen Mund sowieso nie halten <lacht>. Ja, natürlich, also
es kommt drauf an, was für Angst. Jede Angst für jeden Menschen, also
<lacht> so ungefähr. Na, die eine Angst, in der Schule spricht man natür-
lich mit'm Nachbarn, seine Angst, hm, naja zum Beispiel, daß die Schwester nich' nach Hause kommt oder was, spricht man vielleicht mit der Mutter <schluckt>, eh, die Angst, deß d's vielleicht, deß's mi'm Freund aus
is', da spricht man vielleicht mit der besten Freundin drüber, je nachdem. Jede Angst für jeden Menschen <lacht>.

22. Worauf ich am meisten hoff'? Im Moment? (Zustimmend: Hm.) (unv...) ach,
erst ma' hoff' ich darauf, daß ich die Ferien gut verbringen kann.<lacht>
(Und so längerfristig?) Längerfristig hoff' ich darauf, deß ich 'n guten
Lehrstellenplatz krich. Un' noch längerfristig hoff' ich darauf, irgendwann glücklich zu werden <lacht>. (Bist'es noch nich'?) Bist du glücklich? <lacht> In gewissem Sinne, ja. Aber so ganz, so total, ohne jedes
Aber? Also, so glücklich bin ich nich', daß ich sagen kann: "Jetzt, jetz'
hab' ich des Glück für mich". (Aber du würdest gerne so sagen?) Ja. Un'
wer will des nich'? <lacht> (Ich glaub', ich möcht' nich' nur glücklich
sein. Also so, daß ich keinerlei Probleme mehr hätte.) Ja natürlich, na
des würd' ja langweilig auf die Dauer. (Ja genau.) <lacht> Aber ich
kann's mir auch schön vorstellen, so mal einen Monat nur glücklich sein,
ohne jede Trübung. (Un' woran liegt's, deß's nich' kommt?) Woran des
liegt? Ach vielleicht an der Angst <lacht>. Nja, an den ganzen Problemen,
die ständig kommen, jede Kleinigkeit. Grad' bist'e wirklich total glücklich; meinetwegen, ich komm' vom Kirchentag, bin total happy, komm' nach
Hause, dann der übliche Trott, hm! Da vergeht dir des schon alles. (Un'
wer macht den, den Trott?) Na, den machst'e selbst, den macht alles um
dich 'rum, wo de drinsteckst, Familie, Schule, alles, was dazu kommt.
(Des, was du vorhin mit den Zwängen gemeint hast?) Hm, genau.

23. <Zustimmend:> Hmhm. Jetzt willst'e auch wissen, welches? <lacht> Ja, em,
darauf hat mich der S. gebracht, kennst'e vielleicht. (Ja.) Em, ja, also
vielleicht möcht' ich, wenn ich Krankenschwester bin, gern in die Ent-
wicklungshilfe geh'n. Aber dann kommen wieder die ganzen Wenn und Abers.
Und meine Mutter: "Ja, aber dann findet man sich, wenn man zurückkommt,
nich' mehr hier zurecht und des is' viel primitiver dort" und so, naja.
Is' ja jetz' noch nicht. (Un' warum würdst'e des gern machen? Oder, was
verbindest'e damit?) E'n bißchen Glück <lacht>. Nee, ich glaub', des is',
em, 'ne Aufgabe, da hat man vielleicht des Gefühl, das heißt, also ich
hab's gemerkt im Krankenhaus, überhaupt hat man das Gefühl, man wird gebraucht. Un' das hat'n Sinn, was du machst. Tust nich' einfach irgendwas,
zum Beispiel Friseuse, da andern Leuten die Haare lassen, das is' ja völlig unsinnig, oder Sachen verkaufen. Den Leuten weiterzuhelfen, helfen zu
können, find' ich wichtig. Deshalb möcht' ich des auch gern lernen.
(Hast'e schon mal im Krankenhaus gearbeitet?) Hm, 'n Monat. Obwohl, ehrlich gesagt, ich war ganz schön geschafft danach. (Wieso?) Hm, 's ganz
schön hart die Arbeit, mußt mal dahin geh'n! <lacht> Für einen Monat. Un'
dann Samstag-Sonntag-Dienst, das macht Spaß. (Aber du kannst dir trotzdem
vorstellen, deß sowas dein Lebenswerk ist?) Kann ich mir vorstellen, obwohl ich viel lieber malen würde <lacht>. (Hm, des is' doch ganz was anderes?) Ja, trotzdem ... (Kurze Unterbrechung) ... (Du sagst, daß du einerseits gerne sowas Richtiges machen würdest, was den Menschen hilft und
was auch hart is' und dann hast'e gesagt, du würdest aber eigentlich viel
lieber malen.) Ja genau. (Kannst'e des nochmal sagen, wie das zusammen-
paßt?) <lacht> Überhaupt nich', des paßt nich' zusammen, aber trotzdem,
malen würde mir viel mehr Spaß machen. Ich mal' nu' mal gerne. Und so Ku-
lissen malen beim Theater, des wär' was, des würd' ich gerne machen, oder
auch so gestalten. Aber des geht halt nich'. (Wieso?) Na, eh, bleib' ma'
auf'm Boden, ich mein', guck dir mal hier an, wieviel Arbeitslose es
gibt! Ich kann auf die Kunstschule geh'n und da drei Jahre sein und danach doch nix haben, was hab' ich davon? Außerdem weiß ich auch nich', ob
Gott des will. Ich weiß nur, daß mir persönlich des natürlich besser,
lieber <schluckt> wär'. 's würd' mir mehr behagen. Un' im Krankenhaus is'
schon harte Arbeit. Aber dafür kriegt mer am Schluß, also dafür kri'st'e
'n tolles Gefühl irgendwie, wenn de siehst, wie jemand total down ankam
und dann wieder geh'n kann, ja? Im Krankenhaus hast'e, egal, wann du da
bist und wo du bist, nie das Gefühl, du wirst nich' gebraucht, bist überflüssig, ja? Un' des is' halt auch'n schönes Gefühl. (Du meinst, als
Künstlerin hätt'st du vielleicht manchmal das Gefühl, daß du überflüssig
bist?) <lacht> Davon ka'man erstens nicht leben und zweitenst, em, ja,
's kann passieren. Obwohl, ich könnt' mich da genauso, ich kann tagelang
mich hinsetzen und malen, ja? Des macht mir nix aus un' ich würd' mir da
auch nich' weiter groß Gedanken drüber machen, ob des jetz' sinnvoll is'
oder nicht. Na, ich würd' des halt einfach machen <lacht>. - Wenn ich davon leben könnte und wenn ich da keine Probleme mit hätte - wieso nicht?!
Irgendwann wird mir dann schon kommen, was ich machen soll. -

24. <Zustimmend:> Hm <lacht> naja also, ich find's langweilig, keine Kinder
zu haben. Ich kann mir nicht vorstellen, du lebst und dann stirbst du
(...unv) naja, o.k., em, es kommt halt drauf an. Aber ich möcht' unbedingt Kinder haben. Ich weiß auch nicht so genau, warum <lacht>.

25. Hm, hm, tja also wahrscheinlich so, wie ich erzogen bin. Irgendwie find'
ich meine Erziehung natürlich immer blöd, ja? Also so von "Um soundso-
viel Uhr mußt du zu Hause sein!". Aber am Ende is's doch richtig. Em,

geschadet hat's ja auch nich'. Ich hab' meine Eltern zwar auch oft jetzt
so hinter's Licht geführt, ne, aber trotzdem. Ich fand's schon so ungefähr richtig. Obwohl, wenn ich so jetzt meine Schwestern angucke und mich
anguck', irgendwo is' doch überall was falsch gelaufen <lacht>. (Wie
meinst'e das?) Naja, da mußt du meine Schwestern kennen, um des zu versteh'n <lacht>. (Kannst ja mal was erzählen von denen.) Ou, naja, also
meine eine Schwester, die wohnt jetzt in Berlin, studiert Medizin und,
un' läuft recht ausgeflippt 'rum un' möcht eigentlich nur die Leute 'n
bißchen schocken. Also die glaubt an Gott, ja? Und so, ich glaub' fast,
also naja, an sich kann ich nich' sagen, aber konsequenter als ich vielleicht. (Was heißt das?) Naja, des heißt zum Beispiel, daß sie, hm, naja,
sie is' selbstloser als ich vielleicht. Ja, würd' ich schon sagen. (Also,
des is' 'ne Konsequenz aus dem Glauben, selbstloser zu sein?) Ja, find'
ich schon, glaub' ich <lacht>. Nja, un' meine andere Schwester is' auch
Mitarbeiterin im EJW (Evangelisches Jugendwerk; Anm. W.B.), aber im Moment geht's bös' bergab mit ihr, glaub' ich. Also, ich weiß nich', was
des mi'm Glauben her is'. Naja, ich glaub' vielleicht schon, daß des vom
Glauben her is' irgendwie. Ich war recht geschockt: Is' sie ausgezogen,
hat des Zimmer aufgeräumt un' alles, was s'e dagelassen hat, Bibel, Kate-
chismus, alles, was mit Jesus zu tun hat, "Termine mit Gott" (ein An-
dachtsbuch; Anm. W.B.) hat sie nich' mitgenommen. Bin ich doch 'n bißchen
stutzig geworden irgendwie. Naja, ich hab' mit ihr auch drüber geredet,
aber was sie sagt, ka'man ihr nix anhaben. Ja, also ich mein', man kann
ihr wirklich nix anhaben. Des's sozusagen 'ne eigene Sache, 's schon blöd
gewesen, deß ich sie überhaupt drauf angesprochen hab', vielleicht. Ja,
irgendwie kam mir das 'n bißchen komisch vor <schluckt>. Naja, und sonst,
em, sie lernt Kindergärtnerin und sie baut auch ziemlich viel Mist, also
was heißt Mist? Sie fährt wochenends über nach Berlin un', em, naja,
kommt dann vielleicht Mittwoch zurück, obwohl s'e eigntlich Montag hätte
da sein müssen, macht s'e, was ihr gefällt. Ka'man halt nix machen. (Und,
em, also du meinst, da ist in der Erziehung was falsch gelaufen?) Weiß
ich nich'. Eh, ich (...unv') also ich glaub', für sie war's sehr schlecht,
daß sie ausgezogen is'. Is' jetzt vor'm halben Jahr ausgezogen. Nee, noch
nich' ma'. März is' s'e ausgezogen. Viertel Jahr. Naja, vorher war s'e
ja, eh, ich mein', vorher hat s'e immer noch so von meinen Eltern den
Druck, wenn sie wochenends über weg war, dann mußte sie sich auch so 'ne
Ausrede einfallen lassen. Des brauch' sie jetzt halt nich' mehr. Oder
wenn sie nicht zur Schule gegangen is', hat meine Mutter gesagt: "Was'n
heut' los?" gell? (Und fin'ste's o.k., wie du erzogen worden bist?)
Hast'e schon ma' gefragt, oder? <lacht> (Ja ... könntest du irgendwie
noch'n bißchen konkreter sagen, wie du deine Kinder erziehen willst?)
Wie ich meine Kinder erziehen will? Was willst'e jetzt hör'n, christlich?
<lacht> (Em, das, was dir dabei einfällt.) <lacht> Em, also jedenfalls
nich' wie, eh, nich' so, wie ich des jetzt oft gesehen und gehört hab',
so mit drei vor'm Fernseher und dann erzählen s'e im Kindergarten, daß
s'e gestern Dracula gesehen haben, und so. Also des find' ich nich' so
ideal. Von solchen Sachen vielleicht 'n bißchen weg. Obwohl, da is' immer so 'ne Gefahr dabei, daß die Leute dann, also die Kinder, dann welt-
fremd werden, oder so, wenn man sie vor solchen Sachen immer abschirmt
so, nich' Fernseh'n, nich', nich' das seh'n, nich' dies seh'n, ja? Bei
uns war des so: Immer wenn irgendein Krimi kam oder was, dann kam mein
Vater rein und wenn 'ne Schießerei war, wurde ausgemacht, oder irgendwas
<lacht>. Hab' ich ma' im Kino gesessen, da war ich schon zehn, und dann
war was, was ich gedacht: "Gleich kommt mein Vater rein" <lacht>. Ja,

des ging lange so, ich glaub', bis ich, bis ich zwölf war noch, deß immer
der Fernseher ausgemacht wurde, egal, was war, ob 'ne Liebesszene war
oder 'n Krimi oder jemand erschossen wurde oder irgendwas Brutales, jemand hat sich geschlagen, ja, ausgemacht! Ich mein', des is' vielleicht,
eh, am Ende dann auch 'n bißchen unsinnig. (Also so willste's nich' machen?) Weiß ich nich', ich hab' dann immer heimlich ferngesehen. <lacht>
Naja, des kommt halt drauf an. Mer muß's 'm Alter anpassen, aber ich
find's ziemlich unsinnig, wenn 'n fünfjähriges Kind sich da Dracula an-
guckt <lacht>.

26. Em, naja, glaub' schon. Ma' überlegen, sicher. Ich hab' schon soviel Bibelarbeiten miterlebt <lacht> eh, deß ich nich' weiß, welche. Aber über
Angst, klar. Willst'e jetz' was konkretes wissen? (Wenn dir was ein-
fällt.) <lacht> Nee, mir fällt nix ein <lacht>.

27. Nja, ka'man. Man kann über alles reden w'man will. Man muß nur wollen.
(Tut ihr's?) <lacht> Eigentlich ha'm wir immer so viel zu tun, Zeit is'
viel zu kurz <lacht>. (Ja also...) Naja, in zwei Stunden, nee! Also, em,
kommt erst mal (...unv) dann kommt Organisatorisches und daran bleiben
wir schon meistens hängen. Dann hätten die Leute meistens auch gern noch
was gespielt oder so. Und dann noch irgendwo 'ne Andacht reinzuquetschen,
ja? Also des's schon viel zu wenig Zeit. Und wenn dann doch persönliche
Sachen besprochen werden, klar, wenn jemand wirklich 'n Anliegen hat, ja?
Dann wird die Zeit genommen, aber normalerweise is' da keine Zeit dafür.
(Also is' es eher die Ausnahme?) Ja. (Findst'es o.k.?) Weiß ich nich',
glaub', wenn jedesmal irgendjemand mit seinen kleinen Problemchen da an-
käm' (...unv) "Darüber müssen wir unbedingt reden", würd' sich das am Ende auch, ich weiß nich', ob des auch so sinnvoll is' in der ganzen Gruppe? Dazu gehört die Gruppe (...unv) nich' genug zusammen. Also, bei uns
in der Gruppe sind ganz schöne Altersunterschiede, wenn auch nich' so vom
Alter her, also von, wieweit die Leut' schon entwickelt sind, da so von
der Entwicklung her. Un' deshalb in der ganzen Gruppe find' ich nich' so
sinnvoll. Man muß seinen ganz persönlichen Seelsorger haben. Mit dem redet man dann <lacht>. (Hast'e den?) Ja, hab' ich. (Also, die Gruppe is'
auch nich' so wie die Kumpels?) Nich' ganz, also, ich mein', ich versteh'
mich ja mit gewissen Leuten in der Gruppe besser un' mit anderen hab' ich
weniger zu tun, obwohl ich deshalb die nich' meide oder irgend (...unv)
mit denen versteh' ich mich auch. Ich hab' halt wenig mit denen zu tun.
Falls ich s'e mal im Bus treff', daß wir dann reden, meistens über Mädchenkreis, was wir noch machen wollen und (...unv) (Aber nicht so, daß
ihr da über alles reden könntet?) Na über alles rede ich sowieso mit fast
niemandem. (Außer mit den Kumpels?) <lacht> Em, tja also, kommt auf den
gewissen Kumpel drauf an. (Also, ich will nochmal bei der Bibelarbeit
nachfragen, em, du hast ja sicher auch schon außerhalb der Gruppe welche
erlebt, vielleicht auf 'ner Freizeit oder auf'm Mitarbeiterkurs oder so.)
Nich' nur. Wir machen auch in der Familie, also jetzt weniger, wir sind
jetzt halt nur noch zu dritt, aber früher, als wir noch zu fünft war'n,
da ha'm wir unsern Privatgottesdienst abgehalten, ja? (Hui!) <lacht>
(Ja, und, em, hast'e des da oft erlebt, daß es um so ganz persönliche
Fragen ging?) Selten. Eigentlich, des is', also Herr T. is' halt unser
Pastor, ja, un' er hat manchmal so Predigten gebracht, ich glaub', jetzt
dreima' schon, die ha'm mich total selbst angesprochen. Naja, aber so
in der Bibelarbeit is' mir selten so richtig klar geworden, höchstens,
wenn ich alleine die gemacht hab', hm, hm <lacht>. (Und so im EJW?) Hm,
wenn ich da an die letzte Mitarbeiterbesprechung denke, muß ich sagen,

ich hab' nichts verstanden <lacht> von alledem, was die das geredet haben, des heißt, verstanden so schon eigentlich, aber 's, 's war für mich
total unwesentlich, ja? Hat mich weiter überhaupt nich' belastet.

28. (... Also du hast jetzt gesagt, daß du verschiedene Erfahrungen mit Bibelarbeiten gemacht hast, nämlich solche, die dich angesprochen haben und
solche, die dich halt nich' angesprochen haben.) <Sie stimmt dem zu>
(Und was entspricht der Bibel am ehesten?) Die, die ein'n ansprechen oder
die, die ein'n nich' ansprechen? Ja also, im Verhältnis zu'nander sprechen mich mehr Texte nich' so direkt an, also die interessier'n mich halt
noch nich' so. Zum Beispiel, wenn's um, um's Leben nach'm Tod geht, ja?
Ich mein', ich denke, daß ich noch etwas lebe und is' mir halt früher
auch in'n Predigten immer aufgefallen. Da kommen halt 70% ältere Leute.
Bei uns, in unserer Gemeinde nich' so, da steht's jetzt, 50% sind bald
Jugendliche, ja? 's liegt aber auch am Pfarrer, ne? <lacht> Em, tja, un'
da werden die Themen halt auf diese Leute zugeschnitten un' nich' unbedingt (...unv) (Also, es gibt Themen innerhalb der Bibel, die dich im
Moment nich' so berühr'n?) Nö, eigentlich nich' <lacht>. (Kannst'e nochmal welche sagen, die dich berühr'n?) Die mich berühr'n? Em, ja also, ich
bin ganz begeistert von der Offenbarung, da les' ich unheimlich gerne
drin. Na, die mich berühr'n? Es kommt immer auf die Zeit drauf an, ja?
Letztes Jahr, also des war auch sehr schön, war ich mit meiner Schwester
zusammen. Wir hatten beide das gleiche Problem, des's jetzt eigentlich
nich' so wichtig, welches. Das hat uns wirklich beschäftigt. Un' da ha'm
wir zusammen in der Bibel gelesen. Wir ha'm uns zusammen Bücher dazu be-
sorgt un' ha'm versucht, zusammen gemeinsam d's Problem zu lösen, ja?
<schluckt> Für mich is' eigentlich nich' so viel rausgekommen, also,
glaub' ich jedenfalls. Mich hat das Ganze leicht geschockt, ja, was da
stand. Eh, em, ich hab' mir das anders vorgestellt gehabt. Un' meine
Schwester hat des wiederum anders gesehen. Aber trotzdem fand ich des
toll. Jetzt willst'e wissen, worum's geht <lacht>. (Wenn du's sagen
willst.) Nee, ich will's nich' sagen. (Kannst'e noch was zur Offenbarung
sagen, warum die dich interessiert?) Sind immer wieder Sätze drin, also
nich' so direkt zum Thema, em, die mich halt total berührt ha'm. Da hab'
ich am meisten Sachen gefunden, die direkt, ah, die ich noch nich' ge-
wußt hab', ja? Wenn ich den Markus lese un' den Matthäus und so, d's
kenn ich fast alles schon, ja? Deshalb vielleicht. (Zum Beispiel?) Was,
was ich schon kenne? (Nee, was, was dir neu war.) Was mir neu war? Ja,
also was war mir neu? Also, ich muß ehrlich gesteh'n, daß ich in letzter
Zeit keine Zeit hatte, in der Bibel zu lesen <lacht>. 's letzte Mal
war's, als ich mich mit mei'm Mitarbeiterordner beschäftigt hab', ja?
Un' dann auch nur gewisse Stellen, em, was war denn da? <lacht> Mir
fällt's jetzt nich' ein. (Ja, em, des war's so im Prinzip.) Des war's?
<lacht> (Aber wir können noch weiter machen.) Dann kannste's ja abschal-
ten <zeigt auf das Tonband>. (Nee, laß mal laufen) <lacht>

30. Hm, harmlos, also ich könnte damit nich' viel anfangen <lacht>. Also ich
an deiner Stelle. (Was hast'e denn erwartet?) Hm nja, was weiß ich, ich
hab' mir eigentlich keine Gedanken drüber gemacht, weil ich im Moment
keine Zeit für sowas hab'. Em, letzte Woche war's ziemlich hektisch.

9 LITERATUR

AFFOLDERBACH, Martin (Hg.): Grundsatztexte zur evangelischen Jugendarbeit.
Münster 1978

AFFOLDERBACH, Martin (Hg.): Praxisfeld "Kirchliche Jugendarbeit": Soziales
Umfeld; Arbeits- und Lebensformen; Beiträge zur Konzeption.
Gütersloh 1978

BARTH, Karl: Rechtfertigung und Recht. (1938) In: Theol. Studien 104,
EVZ 1970

BÄUMLER, C.: Kirchliche Jugendarbeit zwischen Anpassung und Emanzipation. In:
Loccumer Protokolle 13/1976, Konzeptionsprobleme kirchlicher Jugendarbeit. Loccum 1976

BROCHER, Tobias: Gruppendynamik und Erwachsenenbildung. Braunschweig 1967

BROCKMANN, Gerhard und STOODT, Dieter: Schülerorientierung als Situations-
erschließung und Situationsbearbeitung. S. 256-269 in: Wissenschaft und
Praxis in Kirche und Gesellschaft 6/76

BROCKMANN, Gerhard und STOODT, Dieter: Sünde. Frankfurt 1981

BUBER, Martin: Ich und Du. In: Das dialogische Prinzip. Heidelberg 1979

BUTTON, Leslie: Gruppenarbeit mit Jugendlichen. München 1976

CANNAWURF, Ernstrichard: Das Primanerforum im Amt für Jugendarbeit der Evangelischen Kirche in Hessen und Nassau oder Evangelische Jugendarbeit bedarf auch der Alternative einer kirchlichen Schülerarbeit.
Frankfurt 1982

CARDENAL, Ernesto: Das Evangelium der Bauern von Solentiname. Wuppertal $_3$1977

COHN, Ruth: Von der Psychoanalyse zur themenzentrierten Interaktion.
Stuttgart 1976

CVJM-WESTBUND (Hg.): baustein - Evangelische Jugendzeitschrift, Nr. 9/80

DERESCH, Wolfgang: Kirchliche Jugendarbeit - Wege zur personalen, sozialen
und religiösen Identität. München 1984

DREVER, James und FRÖHLICH, Werner: dtv-Wörterbuch zur Psychologie.
München $_{13}$1981

EBELING, Gerhard: Dogmatik des christlichen Glaubens, Band I. Tübingen 1979

EBELING, Gerhard: Dogmatik des christlichen Glaubens, Band II. Tübingen $_2$1982

EBELING, Gerhard: Dogmatik des christlichen Glaubens, Band III. Tübingen 1979

EBELING, Gerhard: Diskussionsthesen für eine Vorlesung zur Einführung in das
Studium der Theologie. S. 447-457 in: Ders.: Wort und Glaube, Band I.
Tübingen $_2$1962

ERDHEIM, Mario: Gesellschaftliche Produktion von Unbewußtsein. Frankfurt 1982

ERIKSON, Erik H.: Jugend und Krise. (1968) Frankfurt, Berlin, Wien 1981

EVANGELISCHES JUGENDWERK FRANKFURT (EJW): Standpunkte und Stationen. Denk-
schrift zum 75-jährigen Jubiläum. Frankfurt 1973

EVANGELISCHES JUGENDWERK FRANKFURT (EJW): Wort und Werk 2/80, Grundlagen
    unserer Arbeit. Frankfurt 1980

EVANGELISCHES JUGENDWERK FRANKFURT (EJW): Jugendarbeit in der Großstadt.
    Informationsblatt zum Kirchentag 1979

FAHLBUSCH, Erwin: Taschenlexikon Religion und Theologie, Band 1 - 4.
    Göttingen $_3$1978

FREUD, Anna: Psychoanalyse für Pädagogen. Bern 1935

GAGE, Nathaniel und BERLINER, David C.: Pädagogische Psychologie, Band 1 - 2.
    Übersetzt und herausgegeben von BACH, Gerhard.
    München, Wien, Baltimore 1979

GIESECKE, Hermann: Jugendarbeit. S. 313-315 in: WULF, Christoph (Hg.): Wör-
    terbuch der Erziehung. München, Zürich $_4$1978

HAHN, Karl Heinz: Vom Jugendbund zum Jugendwerk in der Kirche, eine Untersu-
    chung des Führungsbegriffes, wie er bei dem Frankfurter Lehrer und Ju-
    gendführer Paul Both in den Jahren 1920 - 1966 zur Auswirkung kam.
    Dissertation, Frankfurt 1981

HARTFIEL, Günter: Wörterbuch der Soziologie. Stuttgart $_2$1976

HAUSS, Friedrich: Väter der Christenheit. Wuppertal 1949

HEUSSI, Karl: Kompendium der Kirchengeschichte. Tübingen $_{16}$1981

KANTZENBACH, Friedrich Wilhelm: Programme der Theologie. München $_2$1978

KLAFKI, Wolfgang: Aspekte kritisch-konstruktiver Erziehungswissenschaft.
    Weinheim, Basel 1976

KNIPPING, Hans-Heinrich: Verkündigung als Gespräch. S. 35ff. in: PTh 55,
    1966, H.1

LEHMANN, Hartmut: Zur Definition des "Pietismus" - Pietismus und weltliche
    Ordnung in Württemberg vom 17. bis zum 20. Jh. (1969) S. 82-90 in:
    GRESCHAT, M. (Hg.): Zur neueren Pietismusforschung. Darmstadt 1977

LORENZER, Alfred: Sprachzerstörung und Rekonstruktion. Frankfurt 1973

LUTHER, Martin: Von der Freiheit eines Christenmenschen. (1520) WA Bd. 7,
    herausgegeben von METZGER, Wolfgang. Gütersloh $_4$1977

MILLER, Alice: Das Drama des begabten Kindes und die Suche nach dem wahren
    Selbst. (1979) Frankfurt 1983

MILLER, Alice: Am Anfang war Erziehung. (1980) Frankfurt 1983

OERTER, Rolf und MONTADA, Leo: Entwicklungspsychologie.
    München, Wien, Baltimore 1982

OSTEN-SACKEN, Peter von der: Wie aktuell ist das Alte Testament?
    Berlin, Jerusalem 1985

PÖHLMANN, Horst Georg: Abriß der Dogmatik. Gütersloh $_3$1980

RGG (Die Religion in Geschichte und Gegenwart). Herausgegeben von GUNKEL,
    Hermann und ZSCHARNACK, Leopold. Tübingen $_2$1930

SCHARFENBERG, Joachim und KÄMPFER, Horst: Mit Symbolen leben.
    Olten und Freiburg i. Br. 1980

SCHARFENBERG, Joachim: Seelsorge als Gespräch. Göttingen $_3$1980

SCHMIDT, Martin: Speners Wiedergeburtslehre. (1951) S. 9-33 in: GRESCHAT, M. (Hg.): Zur neueren Pietismusforschung. Darmstadt 1977

SCHMIDT, Martin und JANNASCH, Wilhelm (Hg.): Das Zeitalter des Pietismus. Bremen 1965

SCHMIDT, Martin: Wiedergeburt und neuer Mensch. Gesammelte Studien zur Geschichte des Pietismus. Arbeiten zur Geschichte des Pietismus, Band 2. Witten 1969

SCHWENK, Bernhard: Reformpädagogik. S. 487-491 in: WULF, Christoph (Hg.): Wörterbuch der Erziehung. München, Zürich $_4$1978

SPENER, Philipp Jakob: Pia Desideria. (1675) Herausgegeben von GRÜNBERG, Paul. Bibliothek theologischer Klassiker, Band 21. Gotha 1889

SPRANGER, Eduard: Psychologie des Jugendalters. (1924) Heidelberg $_{27}$1963

STOODT, Dieter: Religiöse Sozialisation und emanzipiertes Ich. S. 189ff. in: DAHM, Karl-Wilhelm, LUHMANN, Niklas und STOODT, Dieter: Religion - System und Sozialisation. Darmstadt, Neuwied 1972

STOLLBERG, Dietrich et al.: Tiefenpsychologie oder historisch-kritische Exegese? Identität und der Tod des Ich. S. 213ff. in: SPIEGEL, Yorik (Hg.): Doppeldeutlich. München 1978

TILLICH, Paul: Systematische Theologie, Band I. Stuttgart $_3$1956

TILLICH, Paul: Wesen und Wandel des Glaubens. (1961) Frankfurt, Berlin, Wien 1975

TILLICH, Paul: Auf der Grenze. Stuttgart 1962

TILLICH, Paul: Der Protestantismus als Kritik und Gestaltung. München, Hamburg 1962

WALLMANN, Johannes: Philipp Jakob Spener und die Anfänge des Pietismus. Tübingen 1970

WATZLAWICK, Paul et al.: Menschliche Kommunikation. Bern, Stuttgart, Wien $_4$1974

WEBER, Edmund: Johann Arndts vier Bücher vom wahren Christentum. Hildesheim $_3$1978

WERDER, Lutz von: Alltägliche Erwachsenenbildung. Weinheim, Basel 1980

ZINK, Jörg: Das biblische Gespräch. Gelnhausen, Berlin, Freiburg i. Br. 1978

ZINNECKER, Jürgen (Hg.): Der heimliche Lehrplan. Weinheim, Basel 1975

ausklappbarer Interview-Leitfaden

INTERVIEW-LEITFADEN

O   1. Alter?

2. Seit wann in EJW-Gruppen?

3. Vorher in einer anderen christlichen Gruppe?

I   4. Was ist das Wichtigste an deiner Jugendgruppe?

5. Ist deine Gruppe eine christliche Gruppe?

6. Was ist das "Christliche" an ihr?

7. Liest du manchmal selbst in der Bibel?

8. Wenn ja, wann hast du damit begonnen?

9. Stell dir vor, jemand kennt die Bibel überhaupt nicht und will nun schnell das Wichtigste in ihr kennenlernen. Was rätst du ihm, was er lesen soll?

10. Wovon handelt die Bibel?

11. Wie versteht man die Bibel richtig?

12. Wie versteht man die Bibel falsch?

13. Manche Politiker argumentieren in ihren Reden mit Bibelzitaten. Findest du das richtig?

II   14. Könntest du dir vorstellen, einmal Politiker zu werden?

15. Was ist dein Traumberuf?

16. Wenn du von heute an ein Jahr Zeit hättest, um zu tun, was immer du willst, was würdest du in diesem Jahr tun?

17. Meinst du, deine Eltern könnten das verstehen?

18. Meinst du, deine besten Freunde könnten das verstehen?

19. Was verbindet dich mit deinen besten Freunden?

20. Hast du irgendwann im vergangenen Jahr mal Angst gehabt?

21. Gab es da Menschen, mit denen du darüber reden konntest?

22. Kannst du sagen, worauf du am meisten hoffst?

23. Kannst du dir ein Lebenswerk für dich vorstellen?

24. Möchtest du mal Kinder haben?

25. Wenn ja, hast du dir schon mal Gedanken darüber gemacht, wie du sie erziehen willst?

III 26. Wir haben jetzt sehr persönliche Fragen besprochen; Fragen aus deinem persönlichen Bereich: Berufswünsche, Träume, Eltern, Freunde, Angst, Hoffnung, Lebenswerk, Kindererziehung. Frage: Hast du schon Bibelarbeiten erlebt, in denen ihr über diesen persönlichen Bereich von dir gesprochen habt?

27. Kann man in deiner Gruppe über diesen persönlichen Bereich reden?

28. Würde das zu einer Bibelarbeit passen?

29. Warum? bzw. warum nicht?

IV 30. Wie fandest du dieses Interview?

INSTITUT FÜR WISSENSCHAFTLICHE IRENIK

an der

Johann Wolfgang Goethe-Universität Frankfurt am Main

ZUM PROGRAMM UND ZUR METHODIK DER WISSENSCHAFTLICHEN IRENIK

(Ex: A.H. SWINNE, Von der Oekumenik zur Irenik, Hildesheim, 2. Aufl. 1977, S. 29–42, STUDIA IRENICA, Bd. VII)

Das Institut für wissenschaftliche Irenik wurde durch Beschluß des Großen Rates der Universität Frankfurt/Main und ministerielle Verfügung im Jahre 1966 begründet. Unter dem Wort von den „Verfertigern des Friedens" (Mth 5, 9) nimmt es eine bedeutende geistes- und theologiegeschichtliche Tradition auf, die sich von den Friedensbriefen der Märtyrer von Lyon über die Irenischen Collegien und Publikationen des Humanismus und des Barock bis hin zu den irenischen Bestrebungen des großen europäischen Enlightenment erstreckt.

Während die ökumenischen Bemühungen der Moderne sich der unifikativen zwischenkirchlichen Diakonie widmen, wendet sich die Irenik dem Problem der Überwindung jenes mysterium iniquitatis in der Mitte des Menschen als Menschen zu, aus dem die konfessionelle Zersetzung und der konfessionelle Haß im weitesten Sinne der Begriffe entspringen.

Die Rationalisierung und Objektivierung der Motive und Gesetze, nach denen nicht nur die Konfessionen der Christenheit, sondern auch Weltreligionen, Philosopheme, Ideologien, Politsysteme zum Kampf gegeneinander antreten, ist eine Aufgabe, der in der Gegenwart eine zunehmend hohe Dringlichkeitsstufe zukommt.

Die wissenschaftliche Irenik nimmt diese Aufgabe mit den Mitteln der Strukturanalyse, Ideologiekritik, Vorurteilsforschung und Anthropologie der Gegenwart wahr. Sie verwendet die historische, systematische und phänomenologische Methode in Integration. Die Erhellung des Weges der Irenik durch die Jahrhunderte, eines Weges der Nachfolge und des Nachfolgeleidens, wie die wissenschaftliche Information über ungenügend bekannte Sektoren aus dem denominationellen Spektrum der Christenheit, gehören zum fundierenden Arbeitsbereich.

Die strukturalanalytischen und ideologiekritischen Verfahren des Instituts dienen im Felde der christlich-konfessionellen Kämpfe und schultheologischen Aggressionen der Eingrenzung und Definition der außertheologischen Faktoren. Unter irenischer transkategorialer Distanz ermöglichen sie geistesgeschichtlich allgemein die Diagnose der fließenden Kombinationen und Segregationen der kategorialen Geschiebe, die auf immer neuen historischen Ebenen und unter unaufhörlich wechselnden phänomenologischen Aspekten in Aktion treten. Sie erweisen die todbringende Virulenz und geistige Inferiorität der fanatisierten mentalen Mechanik und eröffnen spezifische Wege zur Überwindung der ideologischen Entwirklichung.

Frankfurt/M, 1968   Wolfgang Philipp
                                               Lic. theol. Dr. phil. habil.
                                               o.ö. Prof.

STRUKTURANALYTISCHE GRUNDTAFEL

Zweidimensionale Projektion der interkategorialen Bezüge
des menschlichen Mentalhirns

Gültigkeit der Stellenwerte unabhängig vom Problem der Semantik

Diagnostisches Organon zur Dekuvrierung von Systemen,
Ideologien, Typologien und zur Gewinnung
transkategorialer Wirklichkeitsperspektiven

STRUKTURANALYTISCHE GRUNDTAFEL

STRUKTUREN	II Akt	I Selbst	III Sein
Selbst Akt Sein	Relation Qualität Mit-sein	Negation Intensität Da-sein	Limitation Quantität So-sein
Selbst	Negation Relation Limitation	Ewigkeit Ethos Zeit	Gegenwärtigkeit Existenz Punktualität	Unendlichkeit Ästhetik Raum
Akt	Intensität Qualität Quantität	Kontinuität Zufälligkeit Vielheit	Kausalität Möglichkeit Einheit	Dependenz Notwendigkeit Allheit
Sein	Da-sein Mit-sein So-sein	Aktuosität Aktiv Akzidenz	Subsistenz Medium Eigentlichkeit	Inhärenz Passiv Substanz
Negation	Gegenwärtigkeit Ewigkeit Unendlichkeit	Krisis Futur. Eschat. Lineare U.	Ekstatik Präs. Eschat. Zentrierende U.	Epiphanie Jenseits-Esch. Diffundier. U.
Relation	Existenz Ethos Ästhetik	Engagement Formal-Ethik Formalismus	Behauptung Existential-E. Espressionismus	Entwurf Material-Ethik Sensualismus
Limitation	Punktualität Zeit Raum	Zeitliche P. Zukunft Breite	Mathemat. P. Gegenwart Höhe	Räumliche P. Vergangenheit Tiefe
Intensität	Kausalität Kontinuität Dependenz	Final-Kausal. Geschichtl. K Synergist. D.	Spontan-Kausal. Anthropol. K. Totalitäre D.	Effekt-Kausal. Natur-Kontin. Infusionist. D.
Qualität	Möglichkeit Zufälligkeit Notwendigkeit	Erkenntnisth. M. Das Nichtbeabsicht. Formal Gesetz	Logische M. Das Nichtwesentl. Existentielles G.	Onotolog. Mögl. Das Nichtnotw. Material. Gesetz
Quantität	Einheit Vielheit Allheit	Egalismus Pluralismus Theopanismus	Autismus Monadismus Identismus	Kollektivismus Emanatismus Pantheismus
Da-sein	Subsistenz Aktuosität Inhärenz	Dialekt. S. Koexistenz Geschichte	Mystische S. Kontingenz Humanum	Gnoseolog. S. Konkretisation Natur
Mit-sein	Medium Aktiv Passiv	DU – DU Aktion Resistenz	ICH Potenz Renitenz	ES Funktion Obödienz
So-sein	Eigentlichkeit Akzidenz Substanz	Personalität Welle Energie	Identität Sprung Masse	Objektivität Strahlung Materie

Institut f. wiss. Irenik Frankfurt/M.

THESEN ZUR WISSENSCHAFTLICHEN IRENIK

Wissenschaftliche Irenik

1.) ist überkirchliche theologische Wissenschaft historisch-systematischen, aber auch phänomenologischen Charakters;

2.) ist einerseits eine theologische Disziplin und wie Sozialethik und Ökumenik in die Reihe der theologischen Disziplinen einzuordnen;

3.) ist andererseits weniger eine geschlossene Disziplin im gewohnten Sinne als vielmehr eine Funktion der gesamten theologischen (und auch nichttheologischen) Wissenschaft;

4.) ist eine eigene Disziplin, sofern sie Unterlagen zur gerechten Beurteilung sowohl historischer als auch gegenwärtiger Sachverhalte und Personen auf dem Spezialgebiet wissenschaftlicher und praktischer Einheit bzw. Spaltung in Theologie und Kirche erarbeitet (Sie nimmt dabei − primär Werkzeug und nicht Selbstzweck − die Rolle eines Gutachters wahr.);

5.) ist prüfend und organisierend auf die Ergebnisse der verschiedenen übrigen Disziplinen gewiesen (auch nichttheologische Wissenschaften: etwa der Anthropologie, Soziologie, Philosophie, Medizin, sowie der gesamten Naturwissenschaften);

6.) ist aber auch selbst forschende Wissenschaft auf dem Gebiet theoretischer und praktischer Zwietracht bzw. Einheit im gesamten Bereich wissenschaftlichen Denkens und von solchem Denken bestimmten Handelns (dabei gilt − analog zur sozial-philosophischen Vorurteilsforschung − ihr Interesse besonders der pseudowissenschaftlichen, d.h. ideologischen Begründung menschlichen Handelns.);

7.) ist im engeren Sinne Motiv- und Kriterienforschung auf dem Spezialgebiet der theologischen und kirchlichen Spaltungen und Vereinigungen (nach Theorie und Praxis derselben. Hieraus ergibt sich die Abgrenzung gegenüber der Ökumenik);

8.) prüft kritisch ablehnende und militante wie ausdrücklich versöhnliche Haltungen in Historie, Dogmatik und Symbolik, mit Hauptaugenmerk auf der Ketzergeschichte, der Kontrovers-Dogmatik und der polemisch-militanten Symbolik;

9.) ist in ihren Vollzügen nicht dadurch in Frage gestellt, daß Meinungen und Haltungen, die sie erforscht, primär polemisch ausgerichtet und auf tatsächliche ökumenische Zusammenarbeit nicht ansprechbar sind oder waren;

10.) ist auch und gerade in solchen Fällen darauf aus, Befangenheit zu überwinden, Werte zu entdecken und Urteile zu relativieren, statt zu verurteilen (dabei werden allerdings militante Maßnahmen mit friedlichen verglichen und insofern u.U. auch Urteile gefällt);

11.) ist nicht identisch mit theoretischer oder praktischer Toleranz; obwohl in Forschung und Lehre auf tolerantes Verhalten gewiesen, sieht sie dennoch gerade auch in der radikalen Toleranzidee nichts anderes als einen menschlichen Versuch, einem menschlichen Grundübel beizukommen, den sie zu kritisieren und zu relativieren hat;

12.) ist als besondere wissenschaftliche Haltung Funktion des christlichen Glaubens und christlicher Theologie; u.U. in bewußter Ausrichtung gegen einseitige Ansprüche zeitbedingter Ausformungen in Theologie und Kirche;

13.) ist insofern nicht anderes als Theologie im Vollsinn des Wortes in der Freiheit zur Kritik und Selbstkritik, zu der Theologie gerufen ist: Sie bringt nicht von vornherein den Frieden, sie will vor falschem Frieden bewahren, wie vor falscher Einschätzung des Streites.

14.) ist die theologisch-wissenschaftliche Konsequenz aus der Überzeugung, daß Zwietracht und Spaltung auf den Selbstbehauptungs- bzw. Erlösungsversuchen des Menschen beruhen und daß es Mittel und Wege gibt, die in der Natur des Menschen verankerten Bedingungen dieser Versuche zu erhellen, verständlich zu machen und einander widerstrebende Positionen in ihrem Wahrheitsanspruch zu relativieren, um Raum für gegenseitiges Verstehen zu schaffen.

Mitteilung aus der
Arbeitsgemeinschaft für Irenik
Sommersemester 1967

METHODIK DER IRENISCHEN
WISSENSCHAFTLICHEN ARBEIT

Inklusiv-Methodik (Verwendung aller im betreffenden Falle sinnvollen Wege zur Erhellung. Keine Trennung von geistes-, naturwissenschaftlichen, soziologischen oder anderen Methoden). Ablehnung einer pseudowissenschaftlichen Exklusiv-Methodik (Verbot bestimmter Fragestellungen im Interesse eines unbewußt oder bewußt erwünschten, scheinwissenschaftlichen Resultats).

I. Phänomenologische Irenik
   Was ist objektiv erscheinungskundlich da? „Zu den Sachen selbst!" Lebensräumliches Milieu (Biotope; soziolog. Sachfragen). Phänomenologische Methode.

II. Historische Irenik
   Wo kommen die Phänomene her? Verständnis aus dem Strom der Geistes-Ideen-Philosophie-Religions-Theologiegeschichte. Geschichtliches Milieu (Feld der Traditionen- soziologische Geschichtsfaktoren). Historische Methode.

III. Systematische Irenik
   Wo sind die Phänomene unterzubringen und einzuordnen? Analyse der kategorialen und artstrukturellen Motive. Rückführung auf überzeitliche und überräumliche anthropologische Faktoren („Außertheologische Motive"). Systematische Methode.

   a) Die Irenische Bedeutung von Kategorien und Strukturen. Kategorientafel als Instrument der Differentialanalyse. Strukturen des:
   Personalismus   (Historismus)
   Identismus   (Mystizismus)
   Objektivismus   (Ontologismus)
   Verwurzelung in anthropologischen und religionsgeschichtlichen Tiefen

   b) Die Irenische (bzw. polemische) Funktion der menschlichen Kategorien und Strukturen
   Die Entstehung des konfessionellen Hasses und der konfessionellen Zerspaltung durch Isolierung und Absolutsetzung von Kategorien und Strukturen (in ihrer Eigenschaft als Instrumente bzw. Interpretamente der christlichen Verkündigung).

c) Irenische Diagnose
  Welche Kategorien und Strukturen traten bei der betreffenden Ek-
  klēsia tou Theou (bei der betreffenden Persönlichkeit) auf – z.B.
  futurische Eschatologie (II), Verbalinspiriertheit (II), Führerkult
  (I), religiöser Sozialismus (II, Nationalismus (III), Limitation (III).
  I: Selbst; II: Akt; III: Sein; In der Strukturalanalytischen Grundta-
  fel, s.S. 33

d) Einende Kräfte and Ausstrahlungen
  Welche Kategorien, Strukturen und Phänomene begründen Spal-
  tungen im Innern? (Resultate) Welche fördern Gegnerschaft und
  Ablehnung nach außen? (Resultate)

IV. Angewandte Irenik

  a) Irenische Ersuchen an die Oekumene
    Welches irenische Verständnis sollte die Oekumene gegenüber der
    betreffenden Ekklesia aufbringen?

  b) Irenische Ersuchen an die Oekumene betreffende Ekklesia
    Welche Irenische Leistung sollte die Oekumene von der betreffen-
    den Ekklesia erhoffen können?

Mitteilung aus der Arbeitsgemeinschaft
für Wissenschaftliche Irenik
Sommersemester 1967

STUDIA IRENICA
DOCUMENTA IRENICA

Die Auseinandersetzungen der Gegenwart zwischen Ost und West, zwischen den Industrienationen und den Ländern der Dritten Welt oder in den einzelnen Staaten selbst sind nur vordergründig macht- und wirtschaftspolitischer Art. Auch wenn es um die Neuverteilung der wirtschaftlichen Ressourcen in der Welt, um eine Neuverteilung des Vermögens innerhalb einer Volkswirtschaft oder um eine Neuordnung des innerbetrieblichen Entscheidungsprozesses (Mitbestimmung, Partizipation) geht, letztlich handelt es sich hierbei um ähnlich strukturierte Erscheinungsformen, wie sie auch im Bereich der konfessionellen Auseinandersetzung der christlichen Kirchen untereinander oder beim Aufeinanderprallen der Weltreligionen auftreten. Unter Verwendung von strukturanalytischen und ideologiekritischen Verfahren werden Themen aus dem religions- und theologiegeschichtlichen und -systematischen Bereich aufgearbeitet. Darüber hinaus eröffnen die Monographien der STUDIA IRENICA den Dialog mit anderen Disziplinen, vor allem aus religionspädagogischer, sozioökonomischer und anthropologischer Sicht. Die STUDIA IRENICA werden durch die seit 1981 erscheinenden DOCUMENTA IRE—NICA (Quellen, Texte und sonstige Dokumente zur Irenik) ergänzt.

Neuß am Rhein, 1975   Axel Hilmar Swinne

STUDIA IRENICA

Band I

SWINNE, AXEL HILMAR. John Cameron, Philosoph und Theologe (1579-1625) Bibliographisch-kritische Analyse der Hand- und Druckschriften sowie der Cameron-Literatur. 2. Auflage. Hildesheim 1972. X, 367 S., Portr. u. 53 Faks., kart.

Cameron, geistiger Vater der Hugenotten-Universität in Saumur, prägte fast ein Jahrhundert die reformierte Theologie Frankreichs durch einen humanistischen Calvinismus, der von seinen Schülern, den Cameroniten, weiterentwickelt und als Schule von Saumur unter Amyraldismus und hypothetischer Universalismus bekannt wurde. Auf kirchenpolitischem Gebiet strebten die Cameronisten eine Verständigung und Annäherung der reformierten und katholischen Kirche an. Mit seiner Neuen Methode wurden Cameron zum Wegbereiter reformierter Irenik in Frankreich und England (Novi Methodistae).

Band II

WEBER, EDMUND. Johann Arndts Vier Brüder vom Wahren Christentum als Beitrag zur protestantischen Irenik des 17. Jahrhunderts. Eine quellenkritische Untersuchung. 3. Auflage. Hildesheim 1978. IV, 255 S., kart.

Mit diesem interkonfessionellen Erbauungsbuch, das auch in der katholischen, anglikanischen und reformierten Kirche gelesen wurde, trug Arndt dazu bei, die Selbstabgrenzung der christlichen Konfessionen untereinander zu durchbrechen und schuf eine ökumenische Frömmigkeit, an der alle christlichen Gruppen partizipieren können. Weber entwickelt grundlegend die Arndtsche Irenik und ihre einzigartige Wirkung auf die lutherische Orthodoxie und den Pietismus.

Band III

REICH, JUTTA. Amerikanischer Fundamentalismus. Geschichte und Erscheinung der Bewegung um Carl McIntire. 2. Auflage. Hildesheim 1972. 328 S., kart.

Dieses Buch deckt die Verbindung zwischen theologischem Fundamentalismus und Amerikanismus in seiner unangenehmen Form, extremen Individualismus, Anti-Ökumenismus und Kapitalismus schonungslos auf, liefert wertvolle Aufschlüsse über die nationalen und internationalen Bemühungen der militanten Fundamentalisten auf den Gebieten der Theologie der anti-ökumenischen Zusammenschlüsse (ACCC und ICCC), der Propagierung ihrer Ideen und der Einflußnahme auf die Öffentlichkeit. Reich bringt damit einen irenischen Beitrag zum Dialog zwischen den Fronten.

BAND IV

MUELLER, KONRAD F. Die Frühgeschichte der Siebenten-Tags-Adventisten bis zur Gemeindegründung 1863 und ihre Bedeutung für die moderne Irenik. 2. verb. Aufl. 1977. 207 S., kart.

Mueller zeigt die Anfänge der S.T.A. historisch und phänomenologisch, wobei der Irenik - das Bemühen um eine friedliche, interkonfessionelle Auseinandersetzung mit dem Ziel der Aussöhnung, das in der Millerbewegung eine vorrangige Rolle spielte - besondere Aufmerksamkeit geschenkt wird. Für die Zeit der Vorgeschichte der S.T.A. und ihrer Entstehung bis hin zur Konsolidierung als Denomination liefert dieses Buch eine gründliche, mit Originalquellen stark durchsetzte und vorurteilsfreie Darstellung.

Band V

BENDER, GOTTFRIED. Die Irenik Martin Bucers in ihren Anfängen (1523 - 1528). 1976. VIII, 270 S., kart.

Bucers irenisches Denken und Handeln wurde durch den Gedanken der grundsätzlichen Einheit der Autoritätskritik und des Religionsgespräches bestimmt und hat damit entschieden auf das Reformationszeitalter gewirkt. Diesen Beitrag Bucers, auch prägend für die spätere reformierte Irenik, hat Bender umfassend dargestellt, zugleich den Einfluß des erasmischen Friedensgedankens auf Bucers Irenik einbezogen.

BAND VI

VON DER OEKUMENIK ZUR IRENIK. In Memoriam Wolfgang Philipp, des Begründers der wissenschaftlichen Irenik, hrsg. von Axel Swinne. 2. verb. und erw. Auflage 1977. VI, 161 S., kart.

Dieser Band bringt neben Beiträgen Philipps zur Irenik auch einige programmatische Mitteilungen aus dem Institut für wissenschaftliche Irenik an der Universität Frankfurt, dann die Gedenkreden für Wolfgang Philipp (Sternberg, Surkau, H. Seesemann, Rammelmeyer, E. Weber, Swinne, K. Dienst) sowie die erste vollständige Bio-Bibliographie Wolfgang Philipps.

BAND VII

SWINNE, AXEL HILMAR. Französische Irenik im 17. Jahrhundert und M. Amyraut: „Apologeticus ad Jac. Irmingerium", 1674. Textkritische Ausgabe des unveröffentlichten Manuskriptes. In Vorbereitung.

Die Schule von Saumur wurde zum Zentrum der Französischen Irenik. Vor allem J. Cameron und M. Amyraut gelangten durch die antiaristotelisch-humanistische Philosophie des P. Ramus zu einem philanthropischen Calvinismus und formten die reformierte Foederaltheologie durch Umwandlung der orthodoxen Dekretenlehre in eine Lehre der Offenbarungsstufen der Heilsgeschichte um. Diese zwischen Universalismus und Partikularismus vermittelnde Prädestinationslehre wirkte mit ihrem irenischen Ansatz vor allem auf Richard Baxter in England und William Penn in Amerika. Der hier zum ersten Mal veröffentlichte „Apologeticus" stellt in seiner Dichte und Klarheit die Kerngedanken des Amyraldismus gegenüber der schweizer-reformierten Orthodoxie dar.

BAND VIII

RAE, THOMAS H.H. John Dury. Reformer of Education. 2. Auflage. Hildesheim 1972. XI, 466 S., kart.

Die außerordentlichen Bemühungen Durys für eine Union der christlichen Kirchen Europas (außer der römischen) haben ihn zu einem überragenden Ireniker seiner Zeit gemacht. Diese Einigungsbestrebungen überlagerten bislang völlig Durys Beitrag zur Reform des englischen Erziehungswesens. Dury, geprägt von der Französischen Irenik, versuchte - ähnlich einem anderen großen Ireniker seiner Zeit, A. Comenius - eine neue Didaktik zu konzepieren, die bei Rae als erstem eine umfassende Würdigung fand.

BAND IX

WOLF, DIETER. Die Irenik des Hugo Grotius nach ihren Prinzipien und biographisch-geistesgeschichtlichen Perspektiven. 2. Auflage. Hildesheim 1972. 180 S., kart.

Grotius hat neben seinem Wirken als Rechtsgelehrter sich u.a. für die Irenik in besonderer Weise in Theorie und Praxis engagiert: Entwicklung seiner irenischen Konzeption als Teil des christlich-humanistischen Weges zur Verwirklichung die pax ecclesiastica auf nationaler, gesamtprotestantischer und universalchristlicher Ebene. In Paris förderte er als schwedischer Gesandter die Wiedervereinigung der Kirchen. D. Wolf dekuvriert Ansatz und Strukturen des irenischen Denkens des Hugo Grotius.

BAND X

SWINNE, AXEL HILMAR. Bibliographie Irenica 1500 - 1970. Internationale Bibliographie zur Friedenswissenschaft: Kirchliche und politische Einigungs- und Friedensbestrebungen, Oekumene und Völkerverständigung. Hildesheim 1977. XXVI, 391 S. mit 35 Faksimiles, kart.

Eine umfassende Bibliographie der irenischen Literatur fehlte bislang. Sie soll zugleich als Grundlage zur Aufarbeitung der Geschichte der Irenik von ihren Anfängen bis zur Gegenwart dienen.

BAND XI

ROCH, HOLM-DIETER. Naive Frömmigkeit der Gegenwart - Eine kritische Untersuchung der Schriften Werner Heukelbachs. 2. Auflage. Hildesheim 1972. 230 S., kart.

Werner Heukelbach wurde in den letzten Jahren vor seinem Tode (1968) als Evangelist der Erweckungs-Verkündigung weit über die Grenzen der Bundesrepublik hinaus bekannt. Roch unternimmt die Aufgabe, diesen Typ gegenwärtiger Frömmigkeit kritisch zu untersuchen und hieraus praktisch-theologische Konsequenzen zu ziehen.

BAND XII

EBERT, MANFRED. Jakob I. von England (1603 - 25) als Kirchenpolitiker und Theologe. Hildesheim 1972. IV, 340 S., kart.

Jakob I. gehört zu den profiliertesten Königen der Neuzeit, indem er sich zugleich als Theologe in Wissenschaft und Praxis engagierte. Die „irenischen" Bemühungen Jakobs erweisen sich als Transponierung seiner innerbritischen Uniformitätspolitik auf die Ebene der zwischenkirchlichen Beziehungen. Die römischen Katholiken, die Puritaner und Presbyterianer sollten auf die via media zurückkehren und die Deckungsgleichheit von Kirche und Staat in dem einen corpus christianum wiederherstellen.

BAND XIII

GRUNEWALD, HEIDEMARIE. Die Religionsphilosophie des Nikolaus Cusanus und die Konzeption einer Religionsphilosophie bei Giordano Bruno. 2. verb. Auflage 1977. 255 S., kart.

Während Cusanus sich nicht nur kirchenpolitisch, sondern auch theologisch mit der Vereinigung des Christentums und den Fremdreligionen befaßt, wobei das Christentum unangetastete Grundlage der Diskussion bleibt, so steht Bruno ein Jahrhundert später einer gespaltenen Kirche gegenüber, die gerade dadurch fraglich geworden ist und von ihm in ihrem Absolutheitsanspruch nicht mehr bestätigt, sondern angegriffen wird. Grunewald entwickelt und beleuchtet die religionsphilosophischen Prinzipien, die hier bestimmend wirken.

BAND XIV

BRINKMANN, GÜNTHER. Die Irenik des David Pareus. Frieden und Einheit in ihrer Relevanz zur Wahrheitsfrage. Hildesheim 1972. 199 S., kart.

Pareus ist unter die großen Ireniker zu zählen und hat die Pfälzische Irenik entschieden geprägt. Die Grundkonzeption der Pareischen Irenik gilt für die Gegenwart unverändert: Keine letzte Relativierung von Wahrheit, weg von einer unifikativen Einheit zu einer „Einheit in der Wahrheit", die das mysterium iniquitatis, das Mysterium konfessionalistischer Bosheit in der Mitte des Menschen überwinden will.

BAND XV

SCHÜSSLER, ROLAND. Pädagogische Denkstrukturen und christliche Schulerziehung. Hildesheim 1973. 515 S., kart.

Nach einem Rekurs auf die ältere religionspädagogische Literatur aktualisiert Schüßler die Problematik christlicher Schulerziehung auf dem Hintergrund gegenwärtiger Schulreformen. Die Möglichkeit christlicher Schulerziehung wird von ev. Religionspädagogen nicht allein aus sachlichen Gründen wie etwa der Logik des Glaubens bestritten, sondern auch aufgrund ihrer Mentalität und der Strukturen ihres Denkens. Schüßler erörtert schließlich schulorganisatorische Maßnahmen durch sozialintegrative Interaktionsmodelle, wobei Erziehungsziele zur Stabilisierung wie zur Emanzipation des einzelnen beitragen können.

BAND XVI

HOFFMANN, RÜDIGER. Religiöse Jugendliteratur. Eine Analyse des Weltbildes kirchlicher Verteilblätter. Hildesheim 1975. XIV, 243 S., kart.

Die von Hoffmann vorgelegte Analyse der christlich-religiösen Verteilblätter beleuchtet einen bislang völlig unterschätzten Bereich der Gemeindewirklichkeit und gibt einen sehr guten Überblick über die Vielfalt dieser „Subkultur". Gleichzeitig wird auf den theologischen und sozioanthropogischen Gehalt dieser Literatur abgestellt.

BAND XVII

KRIEGSTEIN, MATTHIAS VON. Paul Tillichs Methode der Korrelation und Symbolbegriff. Hildesheim 1975. VII. 197 S., kart.

Kriegstein beginnt die Fragestellung über die negativen Auswirkungen bei der Vermittlung religiöser Inhalte, wie Diskrepanz zwischen Theologie und Gemeindewirklichkeit und dem Defizit an handlungsorientierendem Wissen. Die Konsequenzen für die theologische Arbeit treffen die Theologie als Wissenschaft und als symbolbezogene Wissenschaft.

BAND XVIII

LEHMANN, RAINER. Analytische und kritische Theologie. Hildesheim 1975. VII, 346 S., kart.

Die theologische Theoriebildung entweder durch den analytischen oder durch den kritischen Bezugsrahmen zu normieren, hat für Lehmann ein unbefriedigendes Ergebnis. Lehmann versucht, vorläufige Orientierungshilfen für die konkrete theologische Theorieausbildung zu formulieren.

BAND XIX

SWINNE, AXEL HILMAR (Hrsg.). Zur Irenik und Anthropologie. Mit Beiträgen von Wolfgang Philipp, Erika Spalke, Roland Schüßler. 1980. 249 S., kart.

In diesem Sammelband erscheinen u.a.: W. Philipp, Die Verfertigung des Friedens - eine mit vielen Beispielen angereicherte Darstellung des Programms der wissenschaftlichen Irenik, einer auf Überwindung des Unfriedens der Menschheit, sowie auf Universalität und Ganzheit ausgerichteten Konzeption in konfessionellen, ideologischen und politischen Bereichen. E. Spalke, Die Frage der Gottesvorstellung in der Anthropologie W. Philipps, und R. Schüßler, Zur wissenschaftstheoretischen Relevanz anthropologischer Denkstrukturen für die Erziehungs- und Bildungstheorie, bringen neue Impulse für eine irenische Anthropologie.

BAND XX

DUDEK, HUBERT G.J. Pathopsychische Strukturen religiöser und ideologischer Ergriffenheit.
1. Teil: Die eschatologisch-dualistische Gestalt religiöser und ideologischer Ergriffenheit in der Anankastischen Struktur psychischer Störungen. 1981. XIV, 274 S., kart.

BAND XXI

2. Teil: Die epiphanisch-monistische Gestalt religiöser und ideologischer Ergriffenheit in der hysterischen Struktur psychischer Störungen. In Vorbereitung.

BAND XXII

3. Teil: Die mystizistisch-ekstatische Gestalt religiöser und ideologischer Ergriffenheit in der pavorangorischen Struktur psychischer Störungen. In Vorbereitung.

Gibt es im menschlichen Bereich einen Ort, an dem die drei großen anthropologischen Strukturen (W. Philipp) mit unausweichlicher Notwendigkeit zusammen in Erscheinung treten müssen? Dieser Ort ist die psychiatrische Klinik. Sie funktioniert wie ein anthropologisches Prisma, in dem die 3 Primärfarben des Menschlichen eingefangen sind und - wenn auch in Negativprojektion - in oft scharf konturierter Einseitigkeit und Isolierung beobachtet werden können. H. Dudek analysiert das nosologische Feld der Diagnostik der „Kleinen Psychiatrie", die die „Reaktionen, Neurosen, Pathien", (W. Bräutigam) umfaßt. Die jeweiligen „Gestalten" des pathopsychischen Verhaltens, Erlebens und der daraus erwachsenden Gebilde zeigen eine erstaunliche strukturale Kongruenz oder Isomorphie mit den von W. Philipp aufgedeckten Strukturen von religiösen und ideologischen „Gebilden" sprachlicher, sozialer und artifizieller Art.
Prof. med. D. Langen (Mainz) forderte die Entwicklung einer exakten und formalisierbaren „Syndromlehre" auch in der Kleinen Psychiatrie. H. Dudeks dreibändiger Entwurf erfüllt bereits diese Forderung. Für Praktiker wie für Grundlagenforscher der Psychotherapie ist die Beschäftigung mit diesem Werk unerläßlich. Wenn es die hier nachgewiesenen regelhaften Zusammenhänge gibt zwischen dem pathosychischen Verhalten und Erleben und den daraus entstandenen einseitigen religiösen und ideologischen Gebilden (sprachlicher, sozialer und artifizieller Art), dann kann auch kein Testpsychologe an diesen Ergebnissen vorbeigehen.

BAND XXIII

PHILIPP, WOLFGANG. Methodik der Evangelischen Theologie aus irenischer Sicht. Herausgegeben von Axel Hilmar Swinne. Hildesheim 1981. IV, 133 S., kart.

Mit den Arbeitsmitteln der wiss. Irenik hinterfragt W. Philipp die wissenschaftlichen Methoden der Theologie, zeigt ihre Durchmischung mit strukturellen (metaphysischen)

Methoden als anthropologisches Phänomen auf. Nur auf dem Hintergrund einer De-metaphysizierung von Gott-Mensch-Geschichte-Natur kann mit Hilfe der transkatego-rialen Methode der Irenik eine transmetaphysische Methode in der Theologie empfohlen werden.

BAND XXIV

PHILIPP, WOLFGANG. Irenische Dogmatik. Marburger Vorlesungen. Hrsg. v. Günther Brinkmann, Hildesheim 1983. IX, 204 S., kart.

Wolfgang Philipps Marburger Dogmatikvorlesungen geben in ihrer geistvollen Handha-bung der Ich-Du-Es-Strukturen als möglicher systematischer Denkkategorien einen Beur-teilungsmaßstab für theologische, philosophische und politische Systeme an die Hand, wie er heute notwendiger ist denn je. In einer Zeit existentieller und ideologischer Sack-gassen zeigt Philipp, wie biblische Theologie dem modernen Menschen Wegweisung und Befreiung sein kann in dem ganzheitlichen transkategorialen Rückbezug auf den im alt-testamentlichen kaboth und in der neutestamentlichen doxa auf uns eindringenden Gott Jesu Christi.

BAND XXV

PHILIPP, WOLFGANG. Irenische Dogmatik. Frankfurter Vorlesungen. Hrsg. v. Axel H. Swinne. ca. 250 S., kart.

Mit den Frankfurter Vorlesungen, gehalten 1965 - 1969, konzipiert W. Philipp eine Dogmatik auf dem Raster der wiss. Irenik. Im theologischen Bereich erscheint „Katego-rie" heute meist als schlagwortartiges Vorzeichen struktureller Metaphysizierung („Kate-gorie des Einzelnen", „Kategorie des Du"). Durch solche selektive Herauslösung einzel-ner Kategorien aus der „heiligen Ganzheit" der Kategorientafel werden diese zu Mittlern zwischen Gott und Menschen gemacht, durch ihre Absolutsetzung werden ideologische Ergriffenheit und konfessionaler Haß erzeugt. Irenische Dogmatik weist den Weg, wie wir diese einseitigen Entwicklungen überwinden können.

BAND XXVI

PHILIPP, WOLFGANG. **Trinität ist unser Sein. Prolegomena der vergleichenden Religionsgeschichte.** Herausgegeben von Axel Hilmar Swinne. Hildesheim 1983. XV, 541 S., kart.

Diese gründliche Arbeit, in den 50er Jahren aus der Auseinandersetzung mit der Religionswissenschaften und Theologie seiner Zeit entstanden, wird nunmehr aus dem Nachlaß W. Philipps veröffentlicht. Hier werden wesentliche Bausteine zur Entwicklungsgeschichte der von W. Philipp konzipierten wiss. Irenik offengelegt: Das Gesetz der fortschreitenden Triangulation, die Tricurrenz, der trinitarische Umlauf als Drehung des ontologischen Schlüssels und der Ternar, die trinitarische Struktur als objektiv geronnenes Gegenüber. Dieses Werk stellt zugleich ein wichtiges Bindeglied zu den übrigen Veröffentlichungen W. Philipps dar und hat von ihrer Aktualität nichts eingebüßt.

BAND XXVII

BENAD, MATTHIAS. **Toleranz als Gebot christlicher Obrigkeit.** Das Büdinger Patent von 1712. 494 S., kart., 1983.

Die hessische Grafschaft Büdingen zählte zu Beginn des 18. Jahrhunderts zu den wenigen Territorien im Reich, in denen Christen geduldet wurden, die sich zu keinem der drei zugelassenen Bekenntnisse (katholisch, lutherisch, reformiert) hielten. Der Graf lud Separatisten als Siedler ins Land und versprach Privilegien. Benad erschließt die Obrigkeitslehre lutherischer Tradition (Seckendorff) als den geistesgeschichtlichen Kontext des Unternehmens und untersucht theologie- und frömmigkeitsgeschichtliche Aspekte (hallischer Pietismus, Inspirationserweckung) ebenso wie die politischen und sozialökonomischen Zusammenhänge.

BAND XXVIII

WEBER, EDMUND (Hrsg.). **Christentum zwischen Volkskirche und Ketzerei.** Frankfurt/M., Bern, New York, 1985, 109 S.
ISBN 3-8204-8891-X   br. sFr. 26,–

Volkskirche und Ketzerei bilden elementare Tangenten der Wirklichkeit des Christentums. Unter Bezugnahme auf Kirchensoziologie, Sozialgeschichte und wissenschaftliche Irenik werden beide Aspekte der Ekklesiologie in Geschichte und Gegenwart exemplarisch beleuchtet.
Aus dem Inhalt: Soziologie der Volkskirche - Pietismus in Hessen - Schleiermacher - Katharer und Freigeister - Die andere Kirche.

BAND XXIX

STOODT, DIETER (Hrsg.). Volkskirchliche Katechetik
Frankfurt/M., Bern, New York, 1986.
ISBN 3-8204-8894-4   144 S., br. sFr. 32,—

Fünf Beiträge plädieren für einen volkskirchlich fundierten seelsorgerlichen Ansatz des
Religions- und Konfirmandenunterrichts und problematisieren vor allem pädagogisch
die Selbstfesselung beider durch die normative Bindung an die Lebensformen der regelmäßigen Gottesdienstbesucher. Nicht die Bejahung einer bestimmten Symbolik oder
gar Mythologie, sondern der rechtfertigende Glaube ist das Verbindliche des Christentums. Das damit implizierte lebenspraktische Programm wird anhand einer schulischen
Unterrichtseinheit über die Konfirmation sondiert und vorgestellt. Die Koppelung empi-
rischer Untersuchungen des Schülerverhaltens im Religionsunterricht an die Normen
der sog. Kerngemeinde, die fälschlich mit der Kirche identifiziert wird, enthüllt sich in
dem Beitrag über Schüler und Kirche als Bluff. Was in einem theologisch und politisch
reflektierten Sinn Volkskirche heißt, wird anhand von Selbstaussagen von Jugendlichen
analysiert. Die Religion der Jugendlichen setzt sich nicht von „der Kirche", sondern
von den Lebensformen der sich für die Kirche ausgebenden innerkirchlichen Subkultur
ab.

BAND XXX

WEBER, EDMUND (Hrsg.). Krishna im Westen
Frankfurt/M., Bern, New York, 1985. XVIII, 254 S.
ISBN 3-8204-8903-7   br. sFr. 35,—

Die Krishnareligion Indiens ist im Westen hauptsächlich von der Internationalen Gesellschaft für Krishna-Bewußtsein bekanntgemacht und verbreitet worden. Diese Religions-
gemeinschaft des Vaishnava-Hindutums, von A.C. Bhaktivedanta Swami (1896-1977) in
New York gegründet, hat im Rahmen der Religionswissenschaft und Theologie zu wenig
kritische Resonanz erfahren. Die Polemik von kirchlich beauftragten und von der Mas-
senpresse angestellten Publizisten hat insbesondere in der Bundesrepublik dazu geführt,
daß nicht nur der allseits postulierte interreligiöse Dialog hier außer Kraft gesetzt, sondern auch die wissenschaftliche Konfrontation stark vernachlässigt wurde.
Die vorliegende Veröffentlichung will nunmehr auch für den deutschsprachigen Raum,
der differenzierten, interdisziplinären und damit normalen wissenschaftlichen Arbeit an
dieser hinduistischen Religionsgemeinde den Weg ebnen.
Aus dem Inhalt: Günther Kehrer: Indische Religiosität im Westen - Tilak Raj Chopra:
Was ISKCON betrifft, so ist sie keine Sekte - Harvey Cox: Krishna-Bewußtsein und Christentum - Larry D. Shinn: Die Rolle des Guru einst und jetzt - Thomas J. Hopkins: Die
Entwicklung der Bewegung für Krishna-Bewußtsein als religiöser Institution - A.L. Bas-
ham: Die historische Bedeutung der Hare-Krishna-Bewegung - Shrivatsa Goswami: Der
Prüfstein, ob Sie ein Vaisnava sind oder nicht, ist Ihre bhakti, Ihre Liebe zu Krishna.

DOCUMENTA IRENICA

BAND I

AMYRAUT, MOISE. IRENICUM sive De ratione pacis in religionis negotio inter Evangelicos constituendae consilium. Nachdruck der Ausgabe EIPHNI-KON 1652. Herausgegeben von Axel Hilmar Swinne. 1981 VIII, (14), 403, (7) S., kart.

Das 17. Jhdt. des calvinistischen Frankreichs findet seinen Höhepunkt in der Ausformung der Irenik durch die Schule von Saumur, deren führender Vertreter Amyraut ist. Aus den Aporien der Prädestinationslehre entsteht in neuer Besinnung auf die Reformatoren ein neues System der Heilsgeschichte durch Einbeziehung der Lehre von drei Bündnissen (Förderaltheologie), was zur Grundformel der unionistischen Bemühungen der Saumurer wurde. Amyraut beteiligte sich aktiv an den Verhandlungen für eine Wiedervereinigung der Kirchen - mit dem Ziel einer Akkommodation der Konfessionen unter dem Aspekt der Philanthropia Gottes. Mit der großartigen Konzeption seiner Irenik wird Amyraut auch zu einem Vorläufer der modernen Ökumenik. Schließlich stellt die Irenik Amyrauts ein wichtiges Bindeglied zwischen Reformation und Humanismus zur religionsphilosophischen Aufklärung und zu den heilsgeschichtlich-biblizistischen Spekulationen des Pietismus dar.

BAND II

PHILIPP, WOLFGANG. Die Absolutheit des Christentums und die Summe der Anthropologie. Grundlegung der Wiss. Irenik. Hildesheim 1982. 432 S. + IX S. (Register)

Philipp zieht in einer ganzheitlichen Schau mittels der Strukturanalyse die Summe all der Anthropologie, die sich seit Anfang der Kulturen bis zu unserer Gegenwart angehäuft hat, und stellt ihr den Absolutheitsanspruch des Christentums gegenüber. Damit schrieb Philipp eine neue christliche Apologetik, aber nicht als theologisches System, sondern als „Antwortwissenschaft" auf die Fragen der Welt. Er stellt vor allem den aus dem „Gesetz der zersetzenden Metaphysik" sich ergebenden „Strukturzwang", der zu einseitiger Kategorisierung führt, an allen nur erdenklichen Bereichen des Lebens dar (Religionsgeschichte, Literaturgeschichte, Staatslehren, politische Theorien u.a.) dar, um schließlich den „transkategorialen" biblischen Glauben als einzige und letzte Wahrheit zu erhöhen. Dieses Buch gilt zwischenzeitlich als Standardwerk der von ihm begründeten Wissenschaftlichen Irenik.

BAND III

PELLEGRINO, MICHELE. Camminare Insieme. Den Weg gemeinsam gehen. Ein katholischer Hirtenbrief und eine evangelische Antwort. Einführung, Übersetzung und Stellungnahmen von Dieter Stoodt und Edmund Weber. 1982. 91 S., kart.

Kardinal Pellegrino gehört zu den bedeutendsten Kirchenpolitikern der Gegenwart, ist Mitglied des Kardinalkollegiums und war bis 1977 Erzbischof von Turin. Als international angesehener Patristiker sowie durch seine antifaschistische Vergangenheit und sein soziales Engagement ist er in der italienischen Bevölkerung eine bekannte und beliebte Persönlichkeit. Der Hirtenbrief Camminare Insieme aus dem Jahre 1971 ist ein hervorragendes Beispiel zu dem Dialog zwischen der konziliarisch-römischen Kirche und der Arbeiterschaft der heutigen Industriegesellschaft.

STUDIA IRENICA

DOCUMENTA IRENICA